# 보는 법(鑑定法)· 예: 一五一쪽 참조

一、먼저 年齡數에다 그 해 太歲數를 合한 數를 八로 나누어 나머지 數로 上卦를 만들고、

二、다음에 그 해 生月 月建數에다 月大면 三十을 놓고 月小면 二十九를 더하여 六으로 나누어 나머지 數로 中卦를 만들고、

三、다시 生日日辰數에다 만약 初一日이면 一을 놓고 三十日이면 三十을 더하여 三으로 나누어 나머지 數로 下卦를 만들어 본다。

右上中下三卦를 合하여 一卦象을 이루니 百四十四卦가 된다。

## 月建法(遁月法)

甲己之年丙寅頭、乙庚之年戊寅頭、丙辛之年庚寅頭、丁壬之年壬寅頭、戊癸之年甲寅頭、

例를 들면 甲年과 己年의 正月의 月建은 丙寅이 되고 乙年과 庚年 正月의 月建은 戊寅이 된다

| 年 \ 月 | 正月 | 二月 | 三月 | 四月 | 五月 | 六月 | 七月 | 八月 | 九月 | 十月 | 十一月 | 十二月 |
|---|---|---|---|---|---|---|---|---|---|---|---|---|
| 甲己之年(丙寅頭) | 丙寅 | 丁卯 | 戊辰 | 己巳 | 庚午 | 辛未 | 壬申 | 癸酉 | 甲戌 | 乙亥 | 丙子 | 丁丑 |
| 乙庚之年(戊寅頭) | 戊寅 | 己卯 | 庚辰 | 辛巳 | 壬午 | 癸未 | 甲申 | 乙酉 | 丙戌 | 丁亥 | 戊子 | 己丑 |
| 丙辛之年(庚寅頭) | 庚寅 | 辛卯 | 壬辰 | 癸巳 | 甲午 | 乙未 | 丙申 | 丁酉 | 戊戌 | 己亥 | 庚子 | 辛丑 |
| 丁壬之年(壬寅頭) | 壬寅 | 癸卯 | 甲辰 | 乙巳 | 丙午 | 丁未 | 戊申 | 己酉 | 庚戌 | 辛亥 | 壬子 | 癸丑 |
| 戊癸之年(甲寅頭) | 甲寅 | 乙卯 | 丙辰 | 丁巳 | 戊午 | 己未 | 庚申 | 辛酉 | 壬戌 | 癸亥 | 甲子 | 乙丑 |

## 定時法(遁日法)

| 日 \ 時 | 子時 | 丑時 | 寅時 | 卯時 | 辰時 | 巳時 | 午時 | 未時 | 申時 | 酉時 | 戌時 | 亥時 |
|---|---|---|---|---|---|---|---|---|---|---|---|---|
| 甲己(夜半生甲子)日 | 甲子 | 乙丑 | 丙寅 | 丁卯 | 戊辰 | 己巳 | 庚午 | 辛未 | 壬申 | 癸酉 | 甲戌 | 乙亥 |
| 乙庚(夜半生丙子)日 | 丙子 | 丁丑 | 戊寅 | 己卯 | 庚辰 | 辛巳 | 壬午 | 癸未 | 甲申 | 乙酉 | 丙戌 | 丁亥 |
| 丙辛(夜半生戊子)日 | 戊子 | 己丑 | 庚寅 | 辛卯 | 壬辰 | 癸巳 | 甲午 | 乙未 | 丙申 | 丁酉 | 戊戌 | 己亥 |
| 丁壬(夜半生庚子)日 | 庚子 | 辛丑 | 壬寅 | 癸卯 | 甲辰 | 乙巳 | 丙午 | 丁未 | 戊申 | 己酉 | 庚戌 | 辛亥 |
| 戊癸(夜半生壬子)日 | 壬子 | 癸丑 | 甲寅 | 乙卯 | 丙辰 | 丁巳 | 戊午 | 己未 | 庚申 | 辛酉 | 壬戌 | 癸亥 |

# 太歲數·月建數·日辰數(數理法)

| 干支 | 年 (태세수) | 月 (월건수) | 日 (일진수) |
|---|---|---|---|
| 甲子 | 二十 | 十八 | 十八 |
| 甲戌 | 廿二 | 十四 | 二十 |
| 甲申 | 廿一 | 十六 | 十九 |
| 甲午 | 十八 | 十八 | 十六 |
| 甲辰 | 廿二 | 十四 | 二十 |
| 甲寅 | 十九 | 十六 | 十七 |
| 乙丑 | 廿一 | 十六 | 十九 |
| 乙亥 | 十九 | 十二 | 十七 |
| 乙酉 | 二十 | 十四 | 十八 |
| 乙未 | 廿一 | 十六 | 十九 |
| 乙巳 | 十七 | 十二 | 十五 |
| 乙卯 | 十八 | 十四 | 十六 |
| 丙寅 | 十七 | 十四 | 十五 |
| 丙子 | 十八 | 十六 | 十六 |
| 丙戌 | 二十 | 十二 | 十八 |
| 丙申 | 十九 | 十四 | 十七 |
| 丙午 | 十六 | 十六 | 十四 |
| 丙辰 | 二十 | 十二 | 十八 |
| 丁卯 | 十六 | 十二 | 十四 |
| 丁丑 | 十九 | 十四 | 十七 |
| 丁亥 | 十七 | 十 | 十五 |
| 丁酉 | 十八 | 十二 | 十六 |
| 丁未 | 十九 | 十四 | 十七 |
| 丁巳 | 十五 | 十 | 十三 |
| 戊辰 | 十八 | 十 | 十六 |
| 戊寅 | 十五 | 十二 | 十三 |
| 戊子 | 十六 | 十四 | 十四 |
| 戊戌 | 十八 | 十 | 十六 |
| 戊申 | 十七 | 十二 | 十五 |
| 戊午 | 十四 | 十四 | 十二 |
| 己巳 | 十八 | 十三 | 十六 |
| 己卯 | 十九 | 十五 | 十七 |
| 己丑 | 廿二 | 十七 | 二十 |
| 己亥 | 二十 | 十三 | 十八 |
| 己酉 | 廿一 | 十五 | 十九 |
| 己未 | 廿二 | 十七 | 二十 |
| 庚午 | 十七 | 十七 | 十五 |
| 庚辰 | 廿一 | 十三 | 十九 |
| 庚寅 | 十八 | 十五 | 十六 |
| 庚子 | 十九 | 十七 | 十七 |
| 庚戌 | 廿一 | 十三 | 十九 |
| 庚申 | 二十 | 十五 | 十八 |
| 辛未 | 二十 | 十五 | 十八 |
| 辛巳 | 十六 | 十一 | 十四 |
| 辛卯 | 十七 | 十三 | 十五 |
| 辛丑 | 二十 | 十五 | 十八 |
| 辛亥 | 十八 | 十一 | 十六 |
| 辛酉 | 十九 | 十三 | 十七 |
| 壬申 | 十八 | 十三 | 十六 |
| 壬午 | 十五 | 十五 | 十三 |
| 壬辰 | 十九 | 十一 | 十七 |
| 壬寅 | 十六 | 十三 | 十四 |
| 壬子 | 十七 | 十五 | 十五 |
| 壬戌 | 十九 | 十一 | 十七 |
| 癸酉 | 十七 | 十一 | 十五 |
| 癸未 | 十八 | 十三 | 十六 |
| 癸巳 | 十四 | 九 | 十二 |
| 癸卯 | 十五 | 十一 | 十三 |
| 癸丑 | 十八 | 十三 | 十六 |
| 癸亥 | 十六 | 九 | 十四 |

## 一一一

乾之姤

【註解】 有變化之意

【卦象】 東風解凍 枯木逢春

【해왈】 이제야 좋은 운이 돌아왔으니 재물은 왕성하고 경영하는 일은 칠팔월에 되리로다 사월과 오월에는 다른 사람의 구설을 조심하라

### 卦辭

東風解凍 枯木逢春 동풍에 얼음이 풀리니 마른나무가 봄을 만나도다
月明中天 天地明朗 달이 중천에 밝으니 천지가 명랑하다
君謀大事 何必疑慮 큰일을 꾀하고자 하는데 어찌 의심과 염려를 하랴
小往大來 積小成大 작게 가고 크게 오니 작은 것으로 큰 것을 이룬다
春回故國 百草回生 봄이 고국에 돌아오니 백초가 회생한다
若逢貴人 身榮家安 만일 귀인을 만나면 몸은 영화롭고 집은 편안하다
災消福來 心神自安 재앙이 사라지고 복이 오니 마음이 편안하다
卯月之中 必生貴子 이월달에는 반드시 귀자를 낳는다
春雖小通 勞力恒大 봄에 재수가 조금 통하나 노력이 항상 크다

### 正月

春和日暖 鳳雛麟閣 봄날이 따뜻한데 봉이 인각에 새끼치도다
災消福來 弄璋之慶 재앙이 사라지고 복이 오니 생남할 수다
若非如此 進財添土 만약 그렇지 아니하면 재물과 밭을 더한다

### 二月

東園桃李 逢時滿發 동원에 도리가 때를 만나서 만발한다
身數大吉 財物自來 신수 대길하니 재물이 스스로 온다
若無財數 反爲傷心 만약 재수가 없으면 도리어 마음이 상한다

### 三月

名山祈禱 必有安靜 명산에 기도하면 반드시 안정하리라
所謀經營 不中奈何 경영하는 일은 되지 아니하니 어찌할고
心神無定 東奔西走 심신이 정함이 없으니 동으로 닫고 서로 간다

### 四月

財數平吉 口舌愼之 재수는 길하나 구설을 조심하라
運數亦通 諸事順成 운수가 열리니 제사가 순성한다
經過山路 前程大路 산길을 지나니 앞으로는 큰길이로다

### 五月

此月之數 守口如甁 이달의 운수는 입을 병같이 하라
莫近是非 不利之事 시비를 가까이 하지마라 불리하다
他鄕客地 親友愼之 타향객지에 친구 친하기를 조심하라

### 六月

莫近女人 口舌可畏 만약 여자를 가까이하면 구설이 두렵다
若近安氏 不利之事 만약 안씨를 가까이하면 불리하리라
莫動出行 安分最吉 출행하지마라 안분함이 제일이다

### 七月

桃李逢春 花開成實 도리가 봄을 만나니 꽃이 피고 열매가 열린다
若非官祿 子孫有慶 만약 관록이 아니면 자손에 경사있도다
若非如此 橫厄可畏 만약 그렇지 아니하면 횡액이 두렵다

### 八月

有形無形 必有虛荒 유형무형하니 반드시 허황함이 있다
財物自來 一身自安 재물이 스스로 오니 일신이 안락하다
此月之數 先困後旺 이달운수는 처음은 곤하고 나중은 좋다

### 九月

歲月如流 財物自去 세월은 흐르는 것 같은데 재물이 스스로 간다
莫近訟事 損財可畏 송사를 가까이 하지마라 손재가 두렵다
勿近金姓 訟事不利 금성을 가까이 하지마라 송사는 불리하리라

### 十月

驛馬有數 奔走之格 역마수가 있으니 분주하다
身數不利 愼之疾病 신수가 불리하니 질병을 조심하라
若非如此 堂上有變 만약 그렇지 아니하면 당상에 변이 있다

### 十一月

財數不利 心神不安 재수는 불리하고 마음도 편하지 못하다
東北之方 不利出行 동북지방에는 출행하면 불리하리라
在家有益 守分上策 집에 있는 것이 좋고 분수를 지키는 것이 좋다

### 十二月

勿謀經營 虛費心力 경영을 하지마라 헛되이 심력만 허비한다
身旺財消 吉凶相半 몸은 왕성하고 재물은 없으니 길흉이 상반하도다
大往小來 反爲無用 많이 가고 적게 오니 도리어 쓸데없다

## 一一二 乾之同人

【註解】先滿後虧之意

【卦象】望月圓滿 更有虧時

【해왈】영업은 원만하게하나 만일 뜻밖에 손재수가 없으면 근심이 있도다 만약 그렇지 아니하면 구설수가 있으니 조심하라

**卦辭**

望月圓滿 更有虧時 보름달이둥그나 다시이지러질때가있다
勿貪非理 先得後失 비리를탐하지마라 먼저는얻고뒤에는잃는다
誠心勞力 必有亨通 성심으로노력하면 반드시형통한다

三春財旺 三秋多滯 봄석달은재물이성하고 가을석달은많이막힌다
先笑後嚬 終見損財 먼저웃고뒤에찌푸리니 마침내는손재함을본다
家有小憂 家人不和 집에작은근심이있고 집안사람이불화한다

秋草逢霜 何事有益 가을풀이서리를만나니 무슨일이유익하리오
家運太否 憂苦不離 가운이비색하니 근심이떠나지않는다
勿近喪家 吊殺侵身 상가를가까이하지말라 조객살이침노한다

**正月**
先吉後凶 諸事愼之 처음은길하고뒤에는흉하니 모든일을주의하라
入山求魚 終時不得 산에 들어가고기를구하니 마침내얻지못한다
此月之數 平而無害 이달의수는 평평하고해는없다

**二月**
東北之方 財物自來 동북지방에서 재물이스스로오리라
虛中有實 心神自安 헛된중에실상이있으니 마음이스스로편안하다
以小得大 僥倖可知 작은걸로큰것을얻으니 요행함을알리라

**三月**
非賊則憂 盜賊愼之 도둑이없으면근심이있으니 도둑을조심하라
山生水疎 親友不得 산도설고물도선데 친한벗을얻지못하도다
此月之數 官災愼之 이달의수는 관재를조심하라

**四月**
雖有財數 口舌愼之 비록재수는있으나 구설을조심하라
若近火姓 損財可畏 만약화성을가까이하면 손재할까두렵다
雖得財物 入手則消 비록재물은얻으나 손에들어오자없어진다

**五月**
欲進不進 運數奈何 가려하나나가지못하니 운수를어찌할고
無端之事 口舌入耳 무단한일로 구설이귀에들어온다
身出他鄕 親友愼之 몸이타향에나가니 친한벗을조심하라

**六月**
在家心亂 出外無益 집에있으면심란하고 외방에가도이익이없다
南方不利 勿爲出行 남방은불리하니 출행하지마라
五六月數 無事得謗 오월유월의수는 일이없이비방을얻는다

**七月**
片舟浮海 無風多畏 조각배를바다에띄우니 바람이없어도위태하다
初困復興 終時成功 처음은곤하나뒤에일어나 마침내성공한다
誠心所到 天賜幸福 성심이이르는곳에 하늘이행복을주도다

**八月**
雖有財數 疾病可畏 비록재수는있으나 질병이두렵다
勿貪分外 必是虛荒 분수밖것을탐하지마라 반드시허황하다
官鬼發動 刑殺支離 관귀가움직이니 관재가두렵다

**九月**
玉在石中 其光不見 옥이돌속에있으니 광채를나타내지못한다
謀事虛荒 憂愁日至 일을꾀하니허황하고 근심은날로온다
莫近是非 可慮傷身 시비를가까이하지마라 몸이상할까염려된다

**十月**
若非親憂 身數不利 만약부모의근심이아니면 신수가불리하다
驛馬臨身 奔走東西 몸에역마가임하였으니 분주동서하리라
在家有吉 出行則害 집에있으면길하고 출행하면해롭다

**十一月**
守分上策 動則有悔 수분함이상책이고 동하면후회가있다
北方不利 出行則害 북방이불리하니 출행하면해롭다
運數亦滯 財數不全 운수가또막히니 재수도좋지못하다

**十二月**
欲行不進 運數奈何 행하고자하나가지못하니 운수를어찌할고
勿交親友 有損無益 새로친구를사귀지마라 손해만있고이익은없다
財消身旺 吉凶相半 재물은없어지고몸은왕성하니 길흉이상반하다

## 一一三

### 乾之履

【註解】 上有天하고 下有澤하니 天地光明之意

【卦象】 鶯上柳枝 片片黃金

【해왈】 상서의 용이 돌아오니 귀인이 도와줄수로다 유월과 구월에는 금슬이 불화하고 섣달에는 귀인의 도움을 받으리라

**卦辭**

鶯上柳枝 片片黃金 꾀꼬리가버들가지에깃드니조각조각황금이다

若非移徙 服制可畏 만일이사하지아니하면복제가두렵다

對人對酒 生計其中 사람과술을대하니살계교가그가운데있다

若非生財 膝下有榮 만일재물이생기지않으면슬하에영화가있다

三春之數 必有喜事 삼춘의운수는반드시기쁜일이있다

一室和平 心神安樂 집안이화평하니마음이안락하다

斫石見玉 勞後可得 돌을쪼아옥을보니수고한뒤에얻는다

今年之數 口舌愼之 금년의운수는구설을조심하라

利在木姓 可交橫財 이가목성에있으니사궤서횡재한다

**正月**

春草逢雨 郁郁青青 봄풀이비를만났으니욱욱하고청청하다

財物豐滿 一身自安 재물이풍만하니일신이스스로편하다

運回如春 家有吉慶 운수돌아온것이봄같으니 집안에경사있다

**二月**

此月之數 事有成就 이달의운수는일이있어성취하리라

身遊外方 意外橫財 몸이외방에가놀면의외에횡재하리라

一家和合 諸事順成 한집안이화평하니모든일이순성한다

**三月**

家有吉慶 心神安樂 집안에경사가있으니마음이안락하다

若非婚姻 弄璋之慶 만일혼인하지않으면생남할수다

有人來助 意外成事 사람이와서도와주니의외에성사한다

**四月**

水流東海 其源長久 물이동해로흘러가니그의기원이장구하다

勿信他言 都是無益 다른사람의말을듣지마라 도무지이익이없다

財生身安 稀貴之事 재물생기고몸도편안하니 희귀한일이다

**五月**

財數大吉 意外得財 재수가대길하니의외에재물을얻는다

或有疾病 誠心度厄 혹질병이있거든성심으로도액하라

若非服制 火災可畏 만일복을입지아니하면화재가두렵다

**六月**

風雨初晴 日月明朗 풍우가처음으로개이니일월이명랑하다

財星臨身 小往大來 재성이몸에임하니작은것이가고큰것이온다

未月之數 琴瑟不和 유월의운수는금슬이불화하다

**七月**

財運大通 橫財豐饒 재수운이대통하니횡재하여풍요하다

財祿臨身 疾病侵身 재록은몸에임하나질병이몸에침노한다

若遇人助 意外成功 만약다른사람의도움을받으면의외에성공한다

**八月**

貴人相助 官祿臨身 귀인이도와주니관록이몸에임한다

一身自安 添口之數 일신이스스로편안하고식구를더할수다

暗夜得燭 前程有明 어둔밤에촛불을얻으니전정에밝음이있다

**九月**

時雨降來 百草更舞 때마침비가내리니백초가다시춤춘다

火姓可親 其利不少 화성을친하면그이익이적지않다

若非如此 吉反爲凶 만약그렇지아니하면길함이도리어흉하게된다

**十月**

亥月之數 妙計在中 시월의운수는계교가맞음이있다

身無憂愁 常有煩悶 몸에근심은없으나항상번민이있다

若非內患 口舌相爭 만약내환이없으면구설로서로다툰다

**十一月**

吉星照門 晚得登科 길성이문에비치니늦게벼슬하리라

出行不利 橫厄愼之 출행함이불리하니횡액을조심하라

斫石見金 勞而得實 돌을깨어금을보니노력하면귀함을얻으리라

**十二月**

一室和樂 利在其中 한집안이화락하니이익이그가운데있다

東西兩方 貴人來助 동서양방에서귀인이와서도와준다

若非科甲 弄璋之數 만일과거하지아니하면득남하리라

## 一二一　履之訟

☰☱　☰☵

【註解】 天降雨水하니 平安之意

【卦象】 圍棊消日 落子丁丁

【해설】 근심과 걱정은 조금도 없고 집안이 화합하다 간혹 조그만 해가 있으니 조심하라 여름철에는 믿는 사람이 도리어 해롭게 하니 편안한 것을 부러워하지 마라 출행하여 외방에 가면 좋으리라

| | | | |
|---|---|---|---|
| 卦辭 | 圍碁消日 落子丁丁 바둑을두며소일하니떨어지는소리가쟁쟁하다 | 井魚出海 意氣揚揚 우물고기가바다에나가니 의기가양양하다 | 家人和合 一家和平 집안사람이화합하니 집안이화평하다 |
| | 貴人相助 必有吉利 귀인이서로도우니반드시길하고이로우리라 | 三春之數 無憂自安 삼춘의수는 근심이없고편안하다 | 三夏之數 事有多逆 여름철에는 일에거슬림이많다 |
| | 東園桃李 逢時爛漫 동원에도리가때를만나난만하다 | 財祿臨身 意外橫財 재록이몸에임하니 뜻밖에횡재한다 | 雲散月出 天地明朗 구름은흩어지고달이나오니 천지가명랑하다 |
| 正月 | 和氣到門 無憂自樂 화기가집에이르니 근심없이즐거워한다 | 上下和睦 仁聲四隣 상하가화목하니 어진소리가이웃에들린다 | 福德臨身 身無憂慮 복덕이몸에임하니 신상에근심이없다 |
| 二月 | 魚入池中 活氣洋洋 고기가못가운데드니 활기가양양하다 | 添口添土 財物自旺 식구와토지를더하니 재물이스스로왕성한다 | 桃李逢春 花落結實 도리가봄을만나니 꽃이떨어지고열매가연다 |
| 三月 | 辰月之數 外笑內愁 삼월의운수는 밖은웃고안은근심한다 | 是非莫近 官災可畏 시비를가까이하지마라 관재가두렵다 | 此月之數 凶多吉少 이달의운수는 흉함은많고길함은적다 |
| 四月 | 出路逢山 無路不進 길에나가서산을만나니 길이없어가지못한다 | 莫近是非 口舌可畏 시비를가까이하지마라 구설이두렵다 | 春節多逆 夏節亦滯 봄에는거슬림이많고 여름에는막힘이있다 |
| 五月 | 謀事不利 勿謀他營 모사가불리하니 다른경영을하지마라 | 夏三月數 信人爲賊 여름석달의수는 믿는사람이도둑이된다 | 在家無益 動則爲吉 집에있으면이익이없으니 활동하면길하다 |
| 六月 | 莫出遠程 怪賊可畏 먼길을가지마라 도둑이두렵다 | 若有家憂 安宅爲吉 만약집에우환이있으면 안택하면길하다 | 身在路上 一次遠程 몸이노상에있으면 한번먼길을가리라 |
| 七月 | 外方得財 錦衣還鄕 외방에서재물을얻으니 금의로고향에돌아온다 | 不利水姓 去來愼之 수성이불리하니 거래를조심하라 | 事有支障 豫先愼之 일에지장이있으니 미리조심하라 |
| 八月 | 天地相合 利在其中 천지가서로합하니 이가그가운데있다 | 財數大吉 積小成大 재수가대길하니작은 것을쌓아큰것을이룬다 | 此月之數 西方不利 이달의운수는 서방이불리하도다 |
| 九月 | 三秋之數 財生不大 칠팔구석달수는재물 은생기나크지못하다 | 有人相助 安過太平 사람이있어서로도와주니 편안하고태평하다 | 有益水物 魚商則吉 이익이어물에있으니 어물장사를하면좋다 |
| 十月 | 福星照臨 外財入門 복성이임하여비치니 외재가문에들어온다 | 勿近女人 口舌臨身 여인을가까이하지마라 구설이몸에임한다 | 所爲經營 有頭無尾 경영하는일은 머리는있고꼬리는없다 |
| 十一月 | 土姓不利 交則有害 토성이불리하니 사귀면해가있다 | 財運亦好 橫財之數 재수가또좋으니 횡재할수로다 | 若遇貴人 官祿臨身 만약귀인을만나면 관록이몸에임한다 |
| 十二月 | 吉方何處 西南兩方 길한방위는어디인고 서쪽과남쪽두방위라 | 吉星照門 貴人來助 길성이문에비치니 귀인이와서도와준다 | 諸事愼之 或有損害 모든일을조심하라 혹손해가있다 |

## 一二二 履之無妄

【註解】 事有災禍하니 不成事之意

【卦象】 畫虎不成 反爲狗子

【해왈】 가히 망령되이 움직이지 말자니 허망한데 빠질 수니 조심을 하여 모든 일을 하라 삼월과 유월 칠월과 구월에 소망을 성취하고 귀인도 만나리라

| | | | |
|---|---|---|---|
| 卦辭 | 畫虎不成 反爲狗子 범을 그리려다 이루지 못하고 도리어 개가 된다<br>今年之數 妄動有害 금년의 운수는 망령되이 동하면 해가 있다<br>毫厘之差 千里之謬 조금 틀린 것이 천리 같이 어긋난다 | 勿爲移徙 或有家憂 이사를 하지마라 혹 집에 근심이 있다<br>先難後易 先損後得 어렵다가 쉬우니 손하다가 뒤에는 얻는다<br>福空祿虛 財數暫滯 복록이 비었으니 재물이 잠깐 막히도다 | 事多虛荒 徒費心力 일에 허황함이 많으니 한갓 심력만 허비한다<br>三秋之數 事有順成 가을석달의 수는 일에 순성함이 있다<br>以財傷心 夜不成寢 재물로 마음을 상하여 밤에 잠을 이루지 못한다 |
| 正月 | 無妄以動 事有虛妄 무망이 동하니 일에 허망이 있다 | 每事多滯 徒傷心慮 매사가 막힘이 많으니 도시 마음이 상한다 | 所望之事 不中奈何 바라는 일은 맞지 아니하니 어찌할고 |
| 二月 | 疾病侵身 莫近病家 질병이 몸에 침노하니 병있는 집을 가까이 마라 | 莫近是非 口舌可數 시비를 가까이 하지 마라 구설이 두렵다 | 雲雨滿空 徒望不雨 구름비가 공중에 찼으니 도무지 바라도 비가 없다 |
| 三月 | 運數大吉 事有成就 운수가 대길하니 일에 성취함이 있다 | 家人同心 一家和平 집안 사람의 마음이 같으니 집안이 화평하다 | 東南之方 終來有吉 동방과 남방에는 마침내 길함이 있다 |
| 四月 | 事有多滯 家人不和 일에 많이 막힘이 있고 집안사람이 불화하다 | 三夏之節 厄運窺身 여름석달에는 액운이 몸을 엿본다 | 名山祈禱 可免此數 명산에 기도하면 가히 이 수를 면한다 |
| 五月 | 財物入手 人離奈何 재물은 손에 들어오나 사람이 떠나니 어찌할고 | 此月之數 先笑後哭 이달의 수는 먼저는 웃고 뒤에는 운다 | 心神散亂 不坐不立 심신이 산란하니 앉지도 서지도 못한다 |
| 六月 | 若遇人助 財源萬生 타인의 도움을 받으면 재물이 바야흐로 생긴다 | 雨後江山 草色靑靑 비온뒤 강산에 풀빛이 청청하다 | 諸事可成 進財之數 모든일을 가히 이루고 재물을 더할 수다 |
| 七月 | 申月之數 貴人相對 칠월의 수는 귀인을 서로 만난다 | 災消病去 必有吉事 재앙과 병이 사라지니 반드시 좋은 일이 있다 | 安靜守分 轉禍爲福 안정하여 분수를 지키면 화가 굴러 복이 된다 |
| 八月 | 土姓不利 可親則害 토성이 불리하니 가히 친하면 해롭다 | 家有不安 東西有憂 집에 불안함이 있고 동서에 근심이 있다 | 若非損財 疾病可畏 만일 손재가 아니면 질병이 두렵다 |
| 九月 | 莫近是非 口舌侵身 시비를 가까이하지 마라 구설이 몸에 침노한다 | 官鬼發動 官災可畏 관귀가 발동하니 관재수가 두렵다 | 運數不逢 心多辛苦 운수를 만나지 못하였으니 마음에 신고가 많다 |
| 十月 | 土地不利 金物無益 토지에 이익이 없고 금광과 금물에 이가 없다 | 權金兩姓 近則多害 권가와 김가 두성은 가까이하면 해가 많다 | 有名無實 徒費心力 이름은 있고 실상은 없으니 심력만 허비한다 |
| 十一月 | 運數助我 橫財之數 운수가 나를 도우니 횡재할 수로다 | 木姓害我 勿近爲吉 목성이 나를 해하니 가까이 않으면 길하다 | 利在他處 西北兩方 이는 어느 곳에 있는고 서북양방이다 |
| 十二月 | 一年財數 全在三冬 일년의 재수는 겨울석달에 있다 | 家人合心 一家太平 집안사람의 마음이 합하니 집안이 태평하다 | 諸事愼重 福祿自來 모든일을 조심하면 복록이 스스로 온다 |

## 一二三 履之乾

【註解】 外親內疎之意

【卦象】 雖曰箕箒 舊主尙存

【해왈】 친구를 믿으면 해를 볼수요 옛것을 버리고 새것을 좇을 수요 겨울의 운수는 수성과 화성으로 재물이 생길수 다

### 卦辭

- 雖曰箕箒 舊主尙存 — 비록장가처라 하나 옛주인이있다
- 虛荒之事 愼勿行之 — 허황한일은 삼가고행하지마라
- 有志未就 身數奈何 — 마음은있고이루지못하니 신수를어찌할고
- 仕則不利 農則有利 — 벼슬하면불리하고 농사하면이가있다
- 莫信親友 終見失敗 — 친구를믿지마라 마침내실패하리라
- 今年之運 去舊從新 — 금년연운은 옛것을버리고새것을좇아라
- 莫向雲地 親人不仁 — 운자땅을향하지말라 친한사람이어질지않다
- 事在落眉 橫危可畏 — 일이낙미지액에있으니 횡액이두렵다
- 爭論有數 訟事愼之 — 시비수가있으니 송사를조심하라

### 正月

- 身運不利 內患可畏 — 신운이불리하니 내환이가히두렵도다
- 財數不通 求財不得 — 재수가통하지아니하니 재물을구하다못얻는다
- 寅月之數 欲速不達 — 정월의운수는 속히하려하나달치못한다

### 二月

- 雪上加霜 身有辛苦 — 눈위에서리를더하였으니 몸에신고만있다
- 若非損財 必有人離 — 만약손재가아니면 반드시사람이떠난다
- 口舌愼之 失物之數 — 구설을조심하라 실물할수다

### 三月

- 枯木逢春 千里有光 — 고목이봄을만났으니 천리에빛이있다
- 害方何處 北方不利 — 해로운방위는어디인고 북방이불리하다
- 玄武發動 盜賊愼之 — 현무란귀신이발동하니 도둑을조심하라

### 四月

- 與人登樓 盡日樂樂 — 사람과같이누에오르니 날이다하도록즐겁다
- 勿貪分外 所望不利 — 분수밖의것을탐치마라 바라는것이불리하다
- 勿他人言 後悔莫及 — 남의말을하지마라 후회해도미치지못한다

### 五月

- 身運不利 求財不得 — 신운이불리하니 재물을구해도얻지못한다
- 心神散亂 謀事不成 — 마음이산란하니 일을꾀하나이루지못한다
- 若非損財 口舌生禍 — 만약손해가아니면 구설로화가생긴다

### 六月

- 運數多逆 多有致敗 — 운수가거슬림이많으니 치패함이많으리라
- 莫信友人 口舌入耳 — 친구를믿지마라 구설이귀에들어온다
- 或恐敗數 諸事愼之 — 혹패수가두려우니 모든일을조심하라

### 七月

- 此月之數 去舊從新 — 이달의운수는 옛을버리고새것을좇는다
- 春草逢雨 日益成長 — 봄풀이비를만나니 날로더성장한다
- 運數平吉 身數平平 — 운수는평길하고 신수도평평하다

### 八月

- 東南之方 必有生財 — 동남지방에서 반드시재물이생긴다
- 身旺財旺 安過太平 — 몸에재물이왕성하니 태평히지낸다
- 莫近女人 口舌臨身 — 여인을가까이하지마라 구설이몸에임한다

### 九月

- 風雨初晴 月明山窓 — 풍우가처음개니 달이산창에밝다
- 害人何姓 土姓之人 — 해롭게할사람의성은 토성이다
- 君之運數 水火愼之 — 그대의운수는 물과불을조심하라

### 十月

- 利有何姓 木姓最吉 — 이익한성은무슨성인가 목성이가장길하다
- 利在何處 西方爲吉 — 이익은어느곳에있는고 서방에있다
- 轉禍爲福 吉凶相半 — 화가옮겨복이되니 길흉이상반하다

### 十一月

- 運數不吉 求事不成 — 운수가불길하니 일을구하여도이루지못한다
- 登山求魚 事多虛妄 — 산에올라고기를구하니 일에허망함이많다
- 莫近訟事 必有損害 — 송사를하지마라 반드시손해가있다

### 十二月

- 勿入官家 損害可畏 — 관가에들어가지말라 손해가두렵다
- 莫近病家 疾病窺身 — 병있는집을가까이마라 질병이몸에임한다
- 丑月之數 必有餘慶 — 섣달의운수는 남은경사가있다

# 一三一

☰☰ ☲☶ 同人之遯

【註解】 有危孤獨之意

【卦象】 老人對酌 醉睡昏昏

【해왈】 세상사가 부운같으니 깊이 산으로 들어가리로다 삼월과 사월은 기뻔일에 마가 많고 겨울에는 식록이 많다

| | | | |
|---|---|---|---|
| 卦辭 | 老人對酌 醉睡昏昏 노인이 잔을 대하니 취하여 졸음이 혼혼하다 | 日中則傾 月盈則虧 해가 중천에 오르면 기울고 달이 차면 이지러진다 | 若而移舍 晩時生光 만일 이사하면 늦게 생광한다 |
| | 若非如此 改業則吉 만일이 같지않으면 업을 고치면 길하다 | 三春之數 勿謀他營 봄석달의 운수는 다른경영을 하지마라 | 三夏之數 口舌紛紛 여름석달의 운수는 구설이 분분하다 |
| | 欲不可長 樂不可極 욕은 가히 기르지 못하고 낙을 극하게 하지 못한다 | 以下從上 改舊從新 아래로써 위를 좇으니 옛을 고치고 새것을 좇다 | 分外之事 有害無益 분수밖의 일은 해만 있고 유익은 없다 |
| 正月 | 殘雪不消 百草不生 남은눈이 사라지지 않았으니 백초가 나오지 않는다 | 身在山谷 心甚辛苦 몸이 산골에 있으니 마음이 심히 신고하다 | 家人不和 恩人反仇 집안사람이 불화하니 은인이 도리어 원수된다 |
| 二月 | 驛馬臨身 一次遠行 역마가 몸에 임하였으니 한번 원행한다 | 勿謀他營 事有無益 다른경영을 하지마라 일이 무익하다 | 經營之事 有頭無尾 경영하는 일은 머리는 있고 꼬리는 없다 |
| 三月 | 意外成功 名振遠近 뜻밖에 성공하여 이름이 원근에 떨친다 | 貴人來助 必是成功 귀인이 도와주니 반드시 성공한다 | 今月吉方 東南兩方 이달의 길한방위는 동쪽과 남쪽이다 |
| 四月 | 春草逢霜 成長不完 봄풀이 서리를 만나니 성장하기 완전치 못하다 | 若非損財 口舌紛紛 만약 손재가 아니면 구설이 분분하다 | 小女失路 不分東西 소녀가 길을 잃었으니 동서를 분간치 못한다 |
| 五月 | 與人同遊 吉凶相半 사람으로 더불어 같이 노니 길흉이 상반하다 | 守口如瓶 是非有數 입을 병같이 지켜라 시비할 수가 있다 | 在家有益 橫財可得 집에 있으면 유익하니 횡재할 수로다 |
| 六月 | 名聞千里 虛名無實 이름이 천리에 들리나 헛이름만 나고 실상은 없다 | 身數平吉 財數不吉 신수는 평길하나 재수는 좋지 못하다 | 兄耶弟耶 勿說內情 형이냐 아우냐 안의 정을 말하지마라 |
| 七月 | 江南歸鴻 書信奉傳 강남으로 돌아가는 기러기 서신을 받들어 전한다 | 諸事有吉 官祿臨身 모든일에 길함이 있고 관록이 몸에 임한다 | 動土不利 愼之愼之 동토가 불리하니 조심하고 조심하라 |
| 八月 | 靜則大吉 動則不利 정하면 대길하고 동하면 불리하다 | 守分安居 偶然得財 직분을 지켜 편안히 거하면 우연히 재물을 얻는다 | 無室無家 不配佳人 무실무가하니 가인을 짝하지 못한다 |
| 九月 | 諸水相合 小川成海 모든물이 서로 합하니 작은 내가 바다를 이룬다 | 外實內虛 誰有可知 밖은 차고 안은 비었으니 누가 알수 있으랴 | 身數平吉 財則不聚 신수 평길하나 재물은 모으지 못한다 |
| 十月 | 帶笠觀天 不見好月 삿갓을 쓰고 하늘을 보니 좋은 달을 보지 못한다 | 利在何方 東方可知 이익은 어느방위에 있는고 동방에 있다 | 害之何姓 火姓不利 해할성은 무슨성인고 화성이 불리하다 |
| 十一月 | 此月之數 勞而無功 이달의 운수는 수고하나 공이 없다 | 正心守分 凶反爲吉 바른마음으로 신분을 지키면 흉한것이 길해진다 | 子月之數 水火愼之 동짓달의 운수는 물과 불을 조심하라 |
| 十二月 | 貴人在傍 財利大吉 귀인이 곁에 있으니 재수와 이익이 대길하다 | 秋鼠得庫 食祿大吉 가을쥐가 창고를 얻었으니 식록이 대길하다 | 丑月之數 吉多無凶 섣달의 운수는 길함은 많고 흉함은 없다 |

## 一三二 同人之乾

【註解】 有生生之意

【卦象】 草綠江邊 郁郁靑靑

【해왈】 몸이 편안하고 복록이 자연히 오며 또 공명할 것이다 오월과 유월에는 일이 뜻과 같이 되리라 구월과 시월에는 재수있을 괘

**卦辭**

草綠江邊 郁郁靑靑 풀이 강변에 푸르니 울울하고 청청하다
雖有小吉 恒多愁心 비록 조금 길함은 있으나 항상 수심이 많다
渴龍飮水 喜事重重 목마른 용이 물을 마시니 기쁜 일이 중중하도다
名利俱興 一室和氣 명리가 함께 일어나니 한집에 화기로다
三春之數 意外成功 삼춘의 수는 뜻밖에 성공한다
橫財有數 人口增加 횡재수가 있고 인구가 더하리라
家庭和平 必有餘慶 가정이 화평하니 반드시 남은 경사가 있다
五六月令 事有順成 오월과 유월에는 일에 순성함이 있다
於財於身 近遠咸新 재수나 신수가 원근간에 다 새롭다

**正月**

人口增進 廣置田庄 인구가 늘고 널리 전장을 장만한다
去舊生新 積小成大 옛것이 가고 새것이 오니 작은 것으로 큰 것이 된다
財運旺盛 身遊花間 재운이 왕성하니 몸이 꽃사이에 논다

**二月**

春日和暢 百花爭發 봄날이 화창하니 백화가 다투어 핀다
人口旺盛 財數興旺 인구가 왕성하고 재수가 흥왕하다
魚龍得水 變化無雙 어룡이 물을 얻었으니 변화가 무쌍하다

**三月**

意外成功 名振四方 뜻밖에 성공하여 이름이 사방에 떨친다
貴人相助 利大不小 귀인이 서로 도와주니 이익이 적지 않다
道德高名 家産豊饒 도덕과 이름이 높으니 가산이 풍족하다

**四月**

北方不利 愼之口舌 북방이 불리하니 구설을 조심하라
積德之家 必有餘慶 적덕지가에는 반드시 많은 경사가 있다
莫近是非 不利之事 시비를 가까이 하지 마라 불리하리라

**五月**

午月之數 謀事如意 오월의 운수는 일을 꾀하니 여의하다
利在何處 東北之間 이익은 어느 곳에 있는고 동북사이다
若非官祿 意外橫財 만약 관록이 아니면 뜻밖에 횡재한다

**六月**

携酒登山 情友同樂 술을 가지고 산에 올라서 친구와 같이 즐긴다
一身平安 財數興旺 일신이 평안하고 재수가 흥왕하다
遠行不利 在家爲吉 원행하면 불리하고 집에 있으면 길하다

**七月**

新凉七月 財運大吉 칠월의 운수는 재수가 대길하다
晴天月出 明朗世界 개인 하늘에 달이 나오니 명랑한 세계로다
東西兩方 必有吉事 동서양방에 반드시 좋은 일이 있다

**八月**

斫石見玉 千金自來 돌을 쪼아 옥을 보니 천금이 스스로 온다
若非官祿 生男之數 만약 관록이 아니면 생남할 수로다
妻宮有慶 一家爭春 처궁에 경사가 있으니 한집안이 봄을 다툰다

**九月**

明月淸風 閑座弄琴 맑은 달 청풍에 한가히 앉아 거문고를 탄다
吉星照門 財數興旺 길성이 집에 비치니 재수가 흥왕하다
細雨東風 白雪自消 세우동풍에 흰 눈이 스스로 사라진다

**十月**

身邊東方 貴人扶助 몸이 동방에 놀면 귀인이 부조하여 준다
春草逢雨 日益成長 봄풀이 비를 만나니 날로 더 성장한다
三冬之數 終得財利 삼동의 운수는 마침내 재물을 얻는다

**十一月**

子月之數 謀事如意 동짓달의 운수는 일을 꾀하면 여의하다
雨順風調 落花結實 비가 순하고 바람이 고르니 꽃지고 열매 맺는다
此月之數 財數大吉 이달의 운수는 재수가 대길하다

**十二月**

莫近是非 口舌紛紛 시비를 가까이 하지 마라 구설이 분분하다
出行有吉 財數大吉 출행하면 길하고 재수가 대길하다
運數亨通 一身自安 운수가 형통하고 일신이 스스로 편안하다

# 一三三

☰☰ ☲☷

同人之无妄

【註解】有親相別之意니 其形이 孤獨也

【卦象】雪滿窮巷 孤松獨立

【해왈】타향에가서고생하고무슨일이든지되는것이적다술을먹고취하여누었다가늦게야정신이나는괘

**卦辭**

雪滿窮巷 孤松獨立 눈이궁항에가득하니 외로운솔이홀로섰다

雖有生財 入手則消 비록재물은생기나 손에들어오면사라진다

惟君一念 來住他人 그대의한생각이 와서타인에게머문다

雖有孤寞 心神自安 비록고적함은있으나 마음은스스로편안하다

子孑單身 孤獨無依 혈혈한단신이 고독하여의지함이없다

捉蟹放水 功歸西天 게를잡아물에넣으니 공이서천으로돌아간다

周遊四方 身上有喜 두루사방에노니 신상에기쁨이있다

今年之數 是非愼之 금년의운수는 시비를조심하라

枯木逢火 危在一髮 마른나무가불을만나니 위태함이한털에있도다

**正月**

山中失路 東西不辨 산중에서길을잃고 동서를분별치못한다

害方何處 南方無益 해로운방위는어느곳일까 남방은이익이없다

在家有吉 出行不利 집에있으면길하고 출행하면불리하다

**二月**

人不信我 不如強求 사람이나를믿지아니하니 강구아니함만못하다

幸偶貴人 苦盡甘來 다행히귀인을만나면 쓴것이다가고단것이온다

金入火爐 終成大器 금이화로에들어가니 마침내큰그릇을이룬다

**三月**

千里他鄉 孑孑單身 천리타향에 혈혈한외로운몸이다

身運不利 損財多端 신운이불리하니 손재가다단하다

辰巳之月 口舌愼之 삼사월에는 구설을조심하라

**四月**

運數不利 好事多魔 운수가불리하니 좋은일에마가많다

莫近是非 橫厄可畏 시비를가까이하지마라 횡액이두렵도다

若非官災 口舌可畏 만약관재가아니면 구설이가히두렵다

**五月**

吉星照門 幸逢貴人 길성이집에비치니 다행히귀인을만난다

午月之數 諸事亨通 오월의운수는 모든일이형통한다

財運亨通 日得財物 재운이형통하니 날로재물을얻는다

**六月**

若遇人助 婚姻之數 만약사람의도움을입으면 혼인할수다

心中無主 每事虛荒 심중에주장이없으니 매사가허황하다

活氣有數 一家和平 활기의수가있으니 집안이화평하다

**七月**

若非損財 身憂間間 만약손재가아니면 몸의근심이간간이있다

在家無益 出行有吉 집에있으면무익하고 출행하면길하다

秋月高樓 身遊花間 가을달높은누에 몸이꽃사이에논다

**八月**

花林路上 貴人相逢 꽃수풀길위에서 귀인을서로만난다

莫近女色 損財可畏 여색을가까이하지마라 손재가두렵다

有始無終 事有虛荒 시작은있고끝이없으니 일에허황함이있다

**九月**

戊亥之月 一笑一悲 구월과시월에는한번은 웃고한번은슬퍼한다

此月之數 守分上策 이달의운수는 직분을지킴이상책이다

疾病侵身 南方求醫 질병이몸에침노하면 남방의의원을구하라

**十月**

泛舟大海 有風不進 배를큰바다에띄우니바람이 있어나가지못한다

莫信友人 其實不全 친구를믿지마라 그실상이완전치못하다

身數平吉 財數大吉 신수가평길하고 재수가대길하다

**十一月**

小求大得 所望如意 작은것을구하다큰것을 얻으니소망이여의하다

橫財豐饒 一家和平 횡재하여넉넉하니 한집이화평하다

三冬之數 事有成就 삼동의운수는 일이있어성취한다

**十二月**

雖有貴人 有言無益 비록귀인은있으나 말만있고실상은없다

勿爲妄動 事多有魔 망동하지마라 일에마가많다

每事愼重 終時有吉 매사를신중히하면 마침내길함이있다

## 一四一

☰☰ ☷☳ 无妄之否

**【註解】** 有災不亨通之意

**【卦象】** 萬頃滄波 一葉片舟

**【해왈】** 타향에 있는 몸이 의지할 곳 없이 이곳저곳으로 돌아다니는 괘 집안이 화목치 못하고 우환과 질고 많고 마음을 정하지 못하여 심란하다

**卦辭**

萬頃滄波 一葉片舟 만경창파에 잎파리 같은 한조각 배라
若非家憂 反有口舌 만일 집안 근심이 아니면 도리어 구설이 있다
細雨東風 虛花滿發 가는 비와 동녘바람에 헛된 꽃이 만발한다
財在外方 出則入手 재물이 외방에 있으니 나가면 손에 들어온다
身遊他鄕 別無所益 몸이 타향에서 노니 별로 소익이 없다
人市求鹿 不見頭足 저자에서 사슴을 구하니 머리와 발을 보지 못한다
身在路中 一次遠行 몸이 길가운데 있으니 한번 원행한다
今年之數 莫近是非 금년의 운수는 시비를 가까이 하지 마라
一人耕之 十人食之 한사람이 농사지어 열사람이 먹는다

**正月**

若無親憂 膝下有憂 만일 친환이 없으면 슬하에 근심이 있다
六冲發動 先吉後凶 육충이 발동하니 처음은 길하고 뒤는 흉하다
出家何向 利在他處 집을 나와 어디를 행하는고 이익이 타향에 있다

**二月**

吉凶相半 一喜一悲 길흉이 상반하니 한번 기뻐하고 한번 슬프다
身在田家 百思無用 몸이 전가에 있으니 일백가지 생각이 무용이다
六親冷情 自手成家 육친이 냉정하니 자수로 성가한다

**三月**

雖有財數 重服可畏 비록 재수는 있으나 중복수가 두렵다
身在路中 財有損失 몸이 노중에 있으니 재물을 손실함이 있다
此月之數 半凶半吉 이달의 운수는 반흉반길하다

**四月**

訟事有數 東奔西走 송사수가 있으니 동분서주한다
莫近是非 官災可畏 시비를 가까이하지 마라 관재수가 두렵다
巳月之數 口舌愼之 사월의 운수는 구설을 조심하라

**五月**

大人則吉 小人則凶 대인은 길하고 소인은 흉하다
幸逢吉運 諸事可成 다행히 길한 운을 만나니 모든 일을 가히 이룬다
求財如意 謀事成就 재물을 구하면 여의하고 모든 일을 성취한다

**六月**

在家不利 出行有吉 집에 있으면 불리하고 출행하면 길하다
午未之月 利在他鄕 오월과 유월에는 이익이 타향에 있다
山生水疎 身遊他鄕 산도 설고 물도 선데 몸이 타향에서 논다

**七月**

先吉後凶 勞而有功 처음은 길하고 뒤에 흉하니 수고하고 공이 있다
諸事可愼 終時有吉 모든 일을 가히 조심하면 마침내 길함이 있다
心神難定 心中煩悶 심신을 정하기 어려우니 마음에 번민이 있다

**八月**

謀事不利 勿謀經營 일을 꾀하면 불리하니 경영을 하지 마라
此月之數 守分上策 이달의 운수는 분수 지키는 것이 상책이다
事事虛荒 勿貪分外 일이 허황하니 분수 밖의 것을 탐하지 마라

**九月**

魚龍失時 終無活氣 고기와 용이 때를 잃었으니 마침내 활기가 없다
身有疾病 豫爲度厄 몸에 질병이 있거든 미리 도액하라
戌月之數 小財可得 구월의 수는 작은 재물을 가히 얻는다

**十月**

臨江無舟 欲渡不渡 강을 임하여 배가 없으니 건너고자 하되 못 건넌다
莫信他言 有名無實 남의 말을 믿지 마라 이름은 있고 실망은 없다
亥月之數 欲進不進 시월의 수는 나가려하나 나가지 못한다

**十一月**

身數不利 橫厄愼之 신수가 불리하니 횡액을 조심하라
勿貪他財 無益有害 남의 재물을 탐하지 마라 이익은 없고 해만 있다
守分爲吉 杜門不出 분수를 지킴이 길하니 문닫고 나가지 마라

**十二月**

盡力求事 有頭無尾 힘을 다하여 일을 구하나 시작은 있고 끝은 없다
與人謀事 都無成事 남과 같이 일을 꾀하나 성사됨이 없다
些少之事 口舌紛紛 사소한 일로 구설이 분분하다

☰☳ ☰☱ 无妄之履

【註解】無咎無禍之意

【卦象】百人作之 年祿長久

【해왈】사방에서 도와주는 사람이 많아서 곤궁한 사람이 부자되고 천한 사람이 귀히 되며 정월과 이월에는 배가 성이 도와서 이익이 많고 동짓달과 섣달에는 집안이 풍족하고 좋은 일이 있을 괘

## 卦辭

百人作之 年祿長久 백사람이 농사를 지으니 해의 녹이 장구하다

外富內貧 有名無實 밖은 부자고 안은 가난하니 실상은 없다

生財之道 以口以文 재물이 생기는 도리는 말하는 구변과 문서로 된다

七年大旱 喜逢甘雨 칠년대한에 기쁘게 단비를 만난다

有人多助 利在其中 사람이 있어 많이 도와주니 이가 그 가운데 있다

龍潛碧海 其志莫測 용이 바다에 숨어 있으니 그 뜻을 측량할 수 없다

出入有吉 功名可得 출입하면 대길함이 있으니 공명을 가히 얻는다

困而得安 意外生財 곤하다가 편안함을 얻으니 뜻밖에 재물이 생긴다

陰谷回春 萬物皆生 응달에 봄이 돌아오니 만물이 모두 회생한다

## 正月

利在何姓 裵姓可知 이익은 무슨 성에 있는고 배가 성인 줄 가히 알지라

偶然扶助 意外得財 우연히 도와주니 뜻밖에 재물을 얻는다

春風和照 萬物和生 봄바람이 따뜻하니 만물이 화하여 생긴다

## 二月

雖有財數 損失奈何 비록 재수는 있으나 손실하니 어찌할고

名譽有吉 財數不利 명예는 길함이 있으나 재수는 불리하다

振財者憂 取利愼之 손재할 염려가 있으니 취리를 조심하라

## 三月

靜則有吉 動則不利 가만히 있으면 길함이 있고 움직이면 불리하다

此月之數 口舌愼之 이달의 수는 구설을 조심하라

三春之數 吉凶相半 삼춘의 수는 길흉이 상반하다

## 四月

桃李逢春 花落結實 도리가 봄을 만나서 꽃이 떨어지고 열매가 연다

若非官祿 弄璋之慶 만약 관록이 아니면 생남할 수로다

巳月之數 必有吉慶 사월의 운수는 반드시 경사가 있다

## 五月

莫貪外財 口舌紛紛 외재를 탐하지 마라 구설이 분분하다

午未之月 欲求反失 오월과 유월에는 얻으려다가 도리어 잃는다

兩心不同 謀事不成 두 마음이 같지 아니하니 일을 이루지 못한다

## 六月

身數平吉 財數不全 신수는 평길하나 재수는 완전치 못하다

勿貪分外 損財可畏 분수 밖의 것을 탐하지 마라 손재할까 두렵다

若非官祿 是非有數 만약 관록이 아니면 시비할 수가 있다

## 七月

幸逢吉人 意外財數 다행히 귀인을 만나면 뜻밖에 횡재한다

申酉之月 飢者得食 칠월과 팔월에는 주린 자가 밥을 만난다

雲外萬里 必有慶事 구름 밖 만리에 반드시 경사가 있다

## 八月

東園桃李 蜂蝶來會 동원의 도리에 봉접이 와서 모인다

遠方有信 情友可知 원방에서 서신이 있으니 정우인 줄 가히 안다

衆人相助 財數興旺 여러 사람이 서로 도와주니 재수가 흥왕하다

## 九月

吉星來照 名振四方 길성이 와서 비치니 이름이 사방에 떨친다

九月菊花 一朝花發 구월의 국화가 하루아침에 꽃이 피었다

今年之內 意外多生 금년 내로 뜻밖에 많이 생긴다

## 十月

秋月三更 啼雁何去 가을달 삼경에 우는 기러기가 어디로 가나

若無親憂 膝下有厄 만약 부모에 근심이 없으면 자손에 액이 있도다

少得多出 身數奈何 적게 얻고 많이 나가니 신수를 어찌할고

## 十一月

小求大得 謀事有吉 작은 것을 구하다가 큰 것을 얻으니 모사가 길하다

一家豐饒 家人和平 한집안이 넉넉하니 집안 사람이 화평하다

喜事重重 心神和平 기쁜 일이 중중하니 심신이 화평하다

## 十二月

土姓可親 橫厄自甚 토성을 가히 친하면 횡액이 자심하다

土地不利 米穀無利 토지에도 불리하고 미곡에도 이익이 없다

勿貪分外 致敗可畏 분수 밖의 것을 탐하지 마라 치패할까 두렵다

## 一四三 无妄 同人

☰☷ 无妄 同人
☰☲ 之人

【註解】 有災有苦之意

【卦象】 夜雨行人 進退苦苦

【해왈】 곤란한 일이 많고 무슨 얻을 하고자 하여도 마음과 같지 아니하며 한탄이 많고 심란하나 여자의 관계는 이익이 있을 수 있다

### 卦辭

夜雨行人 進退苦苦 밤비에 행하는 사람이나 아가고 물러감이 괴롭다
若棄舊業 新業難定 만일 옛업을 버리면 새업을 정하기 어렵다
雖有小喜 尚多悲悵 비록 적은 기쁨이 있으나 오히려 많은 슬픔이 있다

身運不利 求之不得 신운이 불리하니 구하여도 얻지 못한다
身上有苦 事事不成 신상에 괴로움이 있으니 매사를 성공하지 못한다
雖得人助 不甚大焉 비록 남의 도움을 얻으나 심히 크지 못하다

些少之事 一次落淚 사소한 일로 한번 눈물을 흘린다
三春之數 橫厄愼之 삼춘의 수는 횡액을 조심하라
七八月間 金姓欲助 칠월과 팔월 사이에 금성이 도와준다

### 正月
春草逢霜 成長不完 봄풀이 서리를 만나니 성장이 완전치 못하다
在家有吉 動則有害 집에 있으면 길하고 동하면 해가 있다
出行不利 愼之愼之 출행함이 불리하니 조심하고 조심하라

### 二月
勿爲妄動 橫厄可畏 망동하지 마라 횡액이 두렵도다
莫信他言 必受其害 다른 사람의 말을 듣지 마라 반드시 그 해를 받는다
二人各心 事有虛妄 두 사람 마음이 각각이니 일에 허황함이 있다

### 三月
辰月之數 妻憂難免 삼월의 수는 내환을 면하기 어렵다
相沖相剋 悲淚可流 상충상극하니 슬픈 눈물을 가히 흘린다
他人相從 必有失敗 타인과 상종하면 반드시 실패가 있다

### 四月
心中有苦 事有虛荒 심중에 괴로움이 있고 일에 허황함이 있다
凶多吉少 運也奈何 흉함이 많고 길함이 적으니 운이라 어찌할고
君之芳緣 女人最吉 그대의 꽃다운 인연은 여인이 가장 길하다

### 五月
安靜則吉 出家不利 안정하면 길하고 집을 나가면 불리하다
好運挽回 勿失好機 좋은 운이 늦게 돌아오니 좋은 기회를 잃지 마라
身旺財旺 親憂奈何 몸도 재물도 왕성하나 부모의 근심을 어찌할까

### 六月
若非疾病 口舌不免 만약 질병이 아니면 구설을 면하기 어렵다
莫近是非 官災不利 시비를 가까이 하지 마라 관재가 불리하다
東南兩方 出行不利 동남방에는 출행함이 불리하다

### 七月
申酉之月 橫厄愼之 칠월과 팔월에는 횡액을 조심하라
細雨東風 草色靑靑 세우동풍에 초색이 청청하다
幸逢舊緣 利入我家 다행히 옛인연을 만나면 이익이 내 집에 들어온다

### 八月
出家東行 其禍不少 집을 나가서 동으로 가면 그 화가 적지 않다
西北之方 出行則害 서쪽과 북쪽 지방에는 출행하면 해롭다
身數不吉 諸事愼之 신수가 불길하니 모든 일을 조심하라

### 九月
戌亥之月 財數大吉 구월과 시월에는 재수가 대길하다
勿謀他營 必有失敗 다른 경영을 하지 마라 반드시 실패가 있다
南北兩方 財物自旺 남북양방에는 재물이 스스로 왕성하다

### 十月
上下不調 吉凶相半 상하가 고르지 못하니 길흉이 상반하다
心無所定 必有失敗 마음의 정한 바가 없으니 반드시 실패가 있다
今年之數 移舍不吉 금년의 운수는 이사함이 불리하다

### 十一月
子丑之月 財祿自旺 동짓달 섣달에는 재록이 스스로 왕성하다
若非生產 服制之數 생산을 아니하면 복입을 수다
米木不利 愼之愼之 쌀과 나무는 불리하니 조심하라

### 十二月
東方不利 土地有吉 동방은 불리하고 토지에는 길하다
吳權兩姓 必者損害 오가 권가 양성은 반드시 손해가 있다
朴崔可親 其益不少 박가와 최가를 친하면 그 이익이 적지 않다

# 一五一

☰☰ ☴☰ 姤之乾

【註解】有凶不成功之意니 安靜則無咎니라

【卦象】緣木求魚 事事多滯

【해왈】아니되는 일을 하매 되지아니하고 도와주는 사람을 찾아도 만나지 못하고 공연히 마음이 떠서 갈팡질팡하는 괘

**卦辭**

- 緣木求魚 事事多滯 나무에 올라가 고기를 구하니 일에 막힘이 많다
- 心神散亂 事有多滯 마음이 산란하니 일에 막힘이 많다
- 自知爪病 不知腸痛 스스로 손톱병은 아나 복통은 알지 못하도다
- 欲動反居 得人又別 동하려다가 거하니 사람을 얻었다가 이별한다
- 分外之事 愼勿行之 분수밖의 일은 삼가고 행하지 마라
- 莫作强求 因人作怨 억지로 구하지 마라 남으로 해서 원망을 짓는다
- 心無所定 行如浮雲 마음의 정한 바가 없으니 행하는 것이 뜬구름 같다
- 人不助我 謀事不成 사람이 나를 돕지 않으니 꾀하는 일을 못 이룬다
- 角失其用 不成利刀 뿔이 그 씀을 잃으니 좋은 칼을 이루지 못한다

| | | | |
|---|---|---|---|
| 正月 | 不意之禍 忽然來到 불의의 화가 홀연히 와서 이른다 | 寅卯之月 勿謀他營 정월과 이월에는 다른 경영을 하지 마라 | 財數有吉 先吉後凶 재수는 길하되 처음은 길하고 뒤에 흉하다 |
| 二月 | 家神發動 非遷則憂 가신이 발동하니 이사 아니하면 우환이 있다 | 三春財數 必有興旺 삼춘의 재수는 반드시 흥왕함이 있다 | 西天暮日 勿聽人言 서천 저문 날에 다른 사람의 말을 듣지 마라 |
| 三月 | 農失其時 秋收不得 농사에 때를 잃으니 추수를 얻지 못한다 | 莫近病家 疾病可畏 병있는 집을 가까이 하지 마라 질병이 두렵다 | 雖有財數 急則不得 비록 재수는 있으나 급하게 하면 얻지 못한다 |
| 四月 | 花落無實 何望大財 꽃이 져도 열매가 없으니 어찌 큰 재물을 바랄고 | 謀事不利 人口不和 일을 꾀함에 불리하니 인구가 불화하다 | 守分上策 勿謀他營 수분함이 상책이니 다른 경영을 하지 마라 |
| 五月 | 旱草逢雨 其色青青 가뭄에 풀이 비를 만나니 그 빛이 청청하다 | 求事如意 意外橫財 일을 구하면 여의하고 뜻밖에 횡재한다 | 身數大吉 家中和樂 신수가 대길하고 집안이 화락하다 |
| 六月 | 先凶後吉 吉凶相半 처음은 흉하고 뒤는 길하니 길흉이 상반하다 | 未月之數 黑白不明 유월의 수는 흑백이 분명치 못하다 | 遠行不利 在家則吉 원행하면 불리하고 집에 있으면 길하다 |
| 七月 | 若非損財 官災口舌 만약 손재가 아니면 관재와 구설이 있다 | 欲免災厄 移基則吉 재액을 면하고자 하면 이사하면 길하다 | 雖有財數 先吉後凶 비록 재수는 있으나 처음은 길하고 뒤에 흉하다 |
| 八月 | 鬼殺照門 疾病愼之 귀신살이 문에 비치니 질병을 조심하라 | 家人分離 距離相遠 집안사람이 떠나니 거리가 서로 멀다 | 此月之數 凶多吉少 이달의 운수는 흉함은 많고 길함은 적다 |
| 九月 | 戌亥之月 得男之數 구월과 시월에는 생남할 수다 | 財星照宅 意外得財 재성이 집에 비치니 의외에 재물을 얻는다 | 九月丹楓 勝於牧丹 구월의 단풍이 모란보다 낫다 |
| 十月 | 害在何方 東北兩方 해는 어떤 방위에 있는고 동쪽과 북쪽 양방이다 | 出行不利 在家則吉 출행하면 불리하고 집에 있으면 길하다 | 利在何方 西北有吉 이익은 어느 방위에 있는고 서쪽과 북쪽에 있다 |
| 十一月 | 子丑之月 財産北方 동짓달과 섣달에는 재물이 북방에서 생긴다 | 安身保居 風塵不侵 편안한 몸이 잘 사니 풍진이 침노치 않는다 | 木姓不利 若近有害 목성이 불리하니 만약 가까이하면 해가 있다 |
| 十二月 | 身旺財旺 一家和平 몸도 재물도 왕성하니 한집안이 화평하다 | 勿謀他營 喜事臨身 다른 일을 경영하지 마라 기쁜 일이 몸에 임한다 | 有人相助 意外成功 사람이 있어 도와주니 뜻밖에 성공한다 |

## 一五二

䷫ ䷠

姤之遯

【註解】 小求大失之象이니 不利之意

【卦象】 火及棟梁 燕雀何知

【해왈】 대화가 당도함을 알지 못하고 마음대로 하려해도 겁나는 것이 있어서 못하고 타향에 돌아다니는 괘

### 卦辭

火及棟梁 燕雀何知 불이 들보에 미치나 제비와 참새가 어찌 알리오

一喜一悲 此亦身數 한번 기쁘고 한번 슬프니 이것도 또한 신수다

事有多滯 虛度光陰 일에 많은 막힘이 있으니 헛되이 세월을 보낸다

母行求養 反見空瓢 어미가 먹이를 구하더니 도리어 빈 표주박을 본다

聚散無定 得失者數 모으고 흩음이 정치 않아 득실의 수가 있도다

今年之數 移徙則吉 금년의 수는 이사하면 길하다

渴馬上山 絕無水泉 목마른 말이 산에 오르니 샘이 전혀 없도다

天寒地白 獨鳥飛下 하늘이 차고 땅이 희니 외로운 새가 날아 내린다

外人愼之 不利於我 외인을 조심하라 나에게 이롭지 못하도다

**正月**
飛鳥折羽 進退不知 나는 새가 날개가 부러지니 진퇴를 모르도다
水火者驚 愼之愼之 물과 불에 놀랄 것이 있으니 부디 조심하라
寅卯之月 半凶半吉 정월과 이월에는 반은 길하고 반은 흉하다

**二月**
勿爲人助 吉反爲凶 다른 사람을 도와주지 마라 길함이 도리어 흉하다
中春有憂 妻憂子憂 중춘에 근심이 있으니 처와 아들의 근심이다
身數有苦 出行不吉 신수가 고단하니 출행은 불길하다

**三月**
貴人何在 西北地方 귀인은 어디 있는고 서쪽과 북쪽 지방이다
辰巳之月 預先祈禱 삼월과 사월에는 미리 기도하라
子孫之厄 妻患間或 자손의 액과 처첩에 우환이 간혹 있다

**四月**
甘言利說 虛名無實 감언이설은 헛이름이고 실상은 없다
預先防厄 轉禍爲福 미리 액을 막으면 화가 굴러 복이 된다
心中有苦 恒思出家 심중에 괴로움이 있으니 항상 집을 나가려 한다

**五月**
財數論之 誠求少得 재수를 의논하면 정성껏 하라 조금은 얻는다
東方木姓 偶來助我 동방의 목성이 우연히 와서 도와준다
大財不得 小財可得 큰 재물은 얻지 못하나 작은 재물은 얻는다

**六月**
陰陽和合 所望如意 음양이 화합하니 바라는 바가 여의하다
與人同力 可致財產 다른 사람과 힘을 같이하면 가히 재산을 이룬다
身數大吉 財數興旺 신수도 대길하고 재수도 흥왕하다

**七月**
申酉之月 壽福綿綿 칠월과 팔월에는 수복이 면면하다
若非官祿 膝下之慶 만약 관록이 아니면 자손의 경사다
花朝月夕 身醉花間 꽃아침과 달저녁에 몸이 꽃사이에 취하였다

**八月**
與人謀事 吉反爲凶 다른 사람과 일을 꾀하면 길함이 도리어 흉하다
守分上策 動則無益 분수를 지킴이 상책이니 동하면 이익이 없다
此月之數 凡事愼之 이달의 수는 범사를 조심하라

**九月**
所謂經營 有頭無尾 이른바 경영한 것은 머리는 있고 꼬리는 없다
莫貪外財 必有其害 외재를 탐하지 마라 반드시 그 해가 있다
貴人何在 西北兩方 귀인은 어디 있는고 서쪽과 북쪽이다

**十月**
欲行不進 心中有害 가려하나 나가지 못하니 심중에 괴로움이 있다
莫近酒色 必受其害 만약 주색을 가까이하면 반드시 그 해를 입는다
利在何方 西北地方 이익은 어디에 있는고 서쪽과 북쪽이다

**十一月**
雖有生財 他人有害 비록 재물은 생기나 다른 사람의 해가 있다
東方不利 西方有吉 동방은 불리하고 서방은 길함이 있다
利在何姓 火金兩姓 이익은 어느 성에 있는고 화성과 금성이다

**十二月**
祈禱七星 凶反爲吉 칠성에 기도하면 흉함이 도리어 길하다
與人謀事 預撰其心 다른 사람과 일을 꾀하면 미리 그 마음을 가리라
山鳥失家 進退兩難 산새가 집을 잃으니 진퇴양난하다

## 一五三

☰☴ ☰☵ 姤之訟

【註解】 避凶就吉之意

【卦象】 年雖値凶 飢者逢豐

【해왈】 지금은 곤란하나 불구에 곤란을 면하고 태평히 지낼 뿐 아니라 횡재도 하고 전장도 많이 장만할 괘

| | | | |
|---|---|---|---|
| 卦辭 | 年雖値凶 비록흉년을만났으나<br>飢者逢豐 주린자풍년을만나다 | 雨順風調 우순풍조하니<br>舜之乾坤 순임금의세상이다 | 意外橫財 뜻밖에횡재하여<br>廣置田庄 널리전장을장만한다 |
| | 勿爲人爭 남과다투지마라<br>事有未決 일에미결함이있다 | 初雖困難 처음은비록곤란하나<br>晩得運回 늦게는운수가돌아온다 | 意外橫財 뜻밖에횡재하여<br>安過太平 태평히지내리라 |
| | 勿事驕傲 거만함을부리지말라<br>滿則招損 교만하면손해를당한다 | 培其根本 뿌리를북돋우면<br>達其枝葉 가지와잎이무성하리라 | 夢裡蝴蝶 꿈속에나비가 몇번이<br>幾度繁華 나번화를지냈을고 |
| 正月 | 寅卯之月 정월과이월에는<br>財星照門 재물별이와서비친다 | 出動有吉 출동하면길하며<br>意外得財 뜻밖에재물을얻는다 | 時和年豐 때가고르고풍년되니<br>太平世界 태평세계로다 |
| 二月 | 福神照臨 복신이비쳐임하니<br>百事可成 백사를가히이룬다 | 渴龍得水 마른용이물을얻었으니<br>必有吉事 반드시길한일이있다 | 喜中有憂 기쁜중에근심이있으니<br>口舌愼之 구설을조심하라 |
| 三月 | 利在何方 이익은어느방위에있는고<br>西北兩方 서쪽과북쪽양방이다 | 若非官祿 만약관록이아니면<br>必有弄璋 생남할수다 | 意外成功 뜻밖에성공하니<br>意氣洋洋 의기가양양하다 |
| 四月 | 辰巳之月 삼월과사월에는<br>和氣到門 화기가문에이른다 | 飛龍在天 나는용이하늘에있으니<br>利見大人 이는큰사람보는것같다 | 厄消福來 액이사라지고복이오니<br>貴人在傍 귀인이곁에있다 |
| 五月 | 利在到處 이익이도처에있으니<br>日得千金 하루에천금을얻는다 | 貴人來助 귀인이와서도와주니<br>其功不少 그공이적지않다 | 雨順風調 비가순하고바람이고르<br>百穀成實 니백곡이열매를이룬다 |
| 六月 | 未月之數 유월의운수는<br>災厄愼之 재액을조심하라 | 與人相爭 다른사람과다투는것은<br>終時未決 종시미결이다 | 財星臨身 재성이몸에임하니<br>意外生財 뜻밖에재물이생긴다 |
| 七月 | 申酉之月 칠월과팔월에는<br>人厄難免 남의액을면하기어렵다 | 若無此數 만약이수가없으면<br>可被他欺 가히남의속임을입는다 | 可親土姓 가히토성을친하면<br>無端口舌 무단히구설이있다 |
| 八月 | 所望之事 바라는일은<br>不中奈何 아니맞으니어찌할고 | 身數不通 신수가불통하니 재물<br>求財不得 을구하나얻지못한다 | 勿貪分外 분수밖의것을탐치마라<br>所謀難成 꾀한바를이루지못한다 |
| 九月 | 戌亥之月 구월과시월에는<br>必有喜事 반드시기쁜일이있다 | 謀事可成 일을꾀하여가히이루니<br>人多欽仰 사람이많이흠앙한다 | 陰陽和合 음양이화합하니<br>萬物自旺 만물이스스로왕성한다 |
| 十月 | 添口添土 식구와토지를더하니<br>福祿俱存 복록이구존하다 | 莫近女色 여색을가까이하지마라<br>口舌臨身 구설이몸에임한다 | 利在何處 이익은어느곳에있는고<br>西北兩方 서쪽과북쪽양방이다 |
| 十一月 | 子丑之月 동짓달과섣달에는<br>魚龍得水 어룡이물을얻는격이다 | 南方不利 남방이불리하니<br>不宜出行 출행하지마라 | 此月之數 이달의운수는<br>口舌紛紛 구설이분분하다 |
| 十二月 | 與人東去 남과함께동으로가니<br>半凶半吉 반은흉하고반은길하다 | 莫近是非 시비를가까이하지마라<br>口舌可畏 구설이두렵다 | 守分上策 분수를지킴이상책이고<br>妄動有害 망녕되이동하면해롭다 |

## 一六一

☰☰ ☷☵ 訟之履

【註解】

有華有德之意

【卦象】

春雨霏霏

一枝梅花

【해왈】

처음은 도와주는 사람도 있고 횡재수가 있으나 다른 사람과 일을 경영하매 조심하고 질병 있을 수이니 모든 일에 주의하라

| | | | |
|---|---|---|---|
| 卦辭 | 春雨霏霏 봄비가 비비하니<br>一枝梅花 한가지 매화로다<br>如干財數 여간 재수는<br>得而半失 얻으나 반은 잃는다<br>江南江北 강남강북에<br>草色青青 풀빛이 청청하다 | 有人多助 많이 도와주는 사람이 있어<br>所望如意 소망을 성취한다<br>初吉後凶 처음은 길하나 뒤에 흉하니<br>每事愼之 매사에 조심하라<br>春桃秋菊 봄복사와 가을국화가<br>憂喜相半 근심과 기쁨이 상반하다 | 運數大吉 운수가 대길하니<br>到處春風 도처에 춘풍이로다<br>利在他鄕 이가 타향에 있으니<br>出行得利 출행하면 이익을 얻는다<br>閨裡殘月 규방에 쇠잔한 달이<br>流照千里 흘러서 천리를 비치도다 |
| 正月 | 寅卯之月 정월과 이월에는<br>不見其益 이익을 보지 못한다 | 雖有財物 비록 재물은 있으나<br>入手則消 손에 들어오면 소비된다 | 謀事多數 일을 꾀하는 것이 많으나<br>不得利益 이익은 얻지 못한다 |
| 二月 | 出門南行 문을 나서 남쪽으로 가면<br>先困後旺 먼저 곤하고 뒤에 성한다 | 東西兩方 동쪽과 서쪽 양방에<br>閱事多端 보는 일이 많다 | 青江求魚 청강에서 구어격이니<br>求財如意 재물을 구하면 여의하다 |
| 三月 | 移基有吉 터를 옮기는 것이 좋으니<br>勿爲遲滯 지체하지 마라 | 利在何處 이로운 곳은 어디인고<br>南方最吉 남방이 가장 길하다 | 辰巳之月 삼월과 사월에는<br>勿謀財物 재물을 꾀하지 마라 |
| 四月 | 求事多處 일을 여러 곳에서 구하나<br>別無所益 별로 이익은 없다 | 若非移舍 만약 이사 아니하면<br>文書相爭 문서로 서로 다툰다 | 莫近是非 시비를 가까이하지 마라<br>其害不少 그 해가 적지 않다 |
| 五月 | 金姓有害 금성은 해가 있으니<br>近則大害 가까이하면 해가 많다 | 莫近訟事 송사를 가까이하지 마라<br>終時大敗 마침내 대패한다 | 此月之數 이달의 운수는<br>凶多吉少 흉함은 많고 길함은 적다 |
| 六月 | 出行遠方 출행하여 멀리 가면<br>利在水邊 이익이 물가에 있다 | 商路有吉 장사길에 길함이 있으니<br>勿失此時 이때를 잃지 마라 | 所望如意 소망이 여의하니<br>喜喜樂樂 희희낙락하다 |
| 七月 | 宋姓有助 송가성이 도와줌이 있으니<br>同業則吉 동업하면 길하다 | 最忌遠行 원행함이 가장 꺼리니<br>在家有吉 집에 있으면 길하다 | 申月之數 칠월의 수는<br>疾病愼之 질병을 조심하라 |
| 八月 | 月明紗窓 달밝은 사창에<br>貴人來到 귀인이 와서 이른다 | 不求自至 구하지 아니하여도 스스로<br>大得財物 큰 재물을 얻도다 | 助我何姓 나를 도와줄 성은 무슨 성<br>土姓可知 인고 토성인 줄 알아라 |
| 九月 | 戌月之數 구월의 수는 분수를<br>安分最吉 지킴이 가장 길하다 | 莫慮人情 인정을 생각지 마라<br>不利之事 불리한 것이다 | 若非官祿 만약 관록이 아니면<br>添口之數 식구를 더할 수다 |
| 十月 | 經營之事 경영하는 일은<br>必有虛妄 반드시 허망함이 있다 | 事有複雜 일에 복잡함이 있고<br>口舌紛紛 구설이 분분하다 | 身數不均 신수가 고르지 못하니<br>身運奈何 신운을 어찌할고 |
| 十一月 | 諸事多逆 모든 일이 많이 거스르니<br>在家則吉 집에 있으면 길하다 | 利在何方 이익은 어느 방위에 있는<br>西方有吉 고 서방에 길함이 있다 | 此月之數 이달의 수는<br>半凶半吉 반흉반길하다 |
| 十二月 | 一身自安 일신이 저절로 편안하니<br>諸事亨通 모든 일이 형통한다 | 財數大吉 재수가 대길하니<br>手弄千金 손으로 천금을 희롱한다 | 若非如此 만약 그렇지 아니하면<br>弄璋之數 생남할 수로다 |

# 一六二

☰☵ 訟之否
☰☷

【註解】 無害有吉之意

【卦象】 夏雲起處 魚龍浴水

【해왈】 용이 물에 있으니 생애가 넉넉하고 무슨 일을 하든지 성명이 있으나 아니될 것은 경영하지 마라 송사 있을까 두렵다 삼월과 사월에는 경사가 있고 동지섣달에는 화기가 만당할 괘

| | | | |
|---|---|---|---|
| 卦辭 | 夏雲起處 魚龍浴水<br>여름구름 일어나는 곳에 고기와 용이 목욕한다<br>財數興旺 動則滿利<br>재수가 흥왕하니 동하면 이익이 많다<br>鳥返故巢 宜其室家<br>새가 옛집에 돌아오니 그 집을 화락케 하리라 | 勿貪非理 恐或訟事<br>비리를 탐하지 마라 혹 송사가 두렵다<br>生活太平 事事如意<br>생활이 태평하니 매사가 뜻과 같다<br>名播四方 萬人仰視<br>이름이 사방에 퍼지니 만인이 우러러 본다 | 進退南北 謀事可成<br>남북에 진퇴하면 꾀하는 일을 가히 이룬다<br>今年之數 訟事不利<br>금년의 운수는 송사가 불리하다<br>上下泰平 身安心和<br>상하가 태평하니 몸이 편코 마음이 화하다 |
| 正月 | 寅卯之月 意氣洋洋<br>정월과 이월에는 의기가 양양하다 | 三人相合 財望可得<br>세사람이 서로 합하니 재물을 바라면 얻는다 | 百花爭發 千里有光<br>백화가 다투어 피니 천리에 빛이 있다 |
| 二月 | 莫行東西 所謀不成<br>동서로 가지 마라 꾀한 바를 이루지 못한다 | 心中有憂 不知人事<br>마음 가운데 근심이 있으니 인사를 알지 못한다 | 江邊求兎 不得回還<br>강가에서 토끼를 구하니 얻지 못하고 돌아온다 |
| 三月 | 辰巳之月 必有慶事<br>삼월과 사월에는 반드시 경사가 있다 | 驛馬照門 身遊外方<br>역마가 문에 비치니 몸이 외방에 논다 | 西北有吉 東南大害<br>서쪽과 북쪽은 길하고 동쪽과 남쪽은 흉하다 |
| 四月 | 莫近女色 有害無益<br>여색을 가까이하지 마라 해는 있어도 이익이 없다 | 有財外方 出行得財<br>재물이 외방에 있으니 나가면 재물을 얻는다 | 四月南風 凡事有吉<br>사월남풍에 범사에 길함이 있다 |
| 五月 | 午未之月 一次相爭<br>오월과 유월에는 한번 다툰다 | 如此兩月 莫行東南<br>이 두 달에는 동쪽과 남쪽에 가지 마라 | 人情雖多 何事是非<br>인정은 비록 많은데 무슨 일로 시비나 |
| 六月 | 不知進退 黑白不分<br>진퇴를 알지 못하니 흑백을 분간하지 못한다 | 莫信親人 損財不少<br>친한 사람을 믿지 마라 손재가 적지 않다 | 莫向東西 害人必隨<br>동서로 향하지 마라 해할 사람이 반드시 따른다 |
| 七月 | 魚龍得水 活氣數倍<br>고기와 용이 물을 얻으니 활기가 수배나 된다 | 魚遊春水 食祿陣陣<br>고기가 봄물에 노니 식록이 진진하다 | 靜則有吉 動則有害<br>고요하면 길하고 동하면 해롭다 |
| 八月 | 旱天降雨 萬物皆喜<br>가문 하늘에 비가 오니 만물이 다 즐긴다 | 莫近木姓 財上有害<br>목성을 가까이하지 마라 재산상 해가 있다 | 身旺財旺 一家和平<br>몸도 재물도 왕성하니 집안이 화평하다 |
| 九月 | 莫行東南 其害不少<br>동남으로 가지 마라 그 해가 적지 않다 | 身數大吉 意外得財<br>신수가 대길하니 뜻밖에 재물을 얻는다 | 與人同事 利益相當<br>다른 사람과 같이 일하면 이익이 상당하다 |
| 十月 | 財旺身旺 所望如意<br>재물도 몸도 왕성하니 소망이 여의하다 | 或有口舌 愼之愼之<br>혹 구설이 있으니 조심하라 | 守分安居 利在其中<br>분수를 지켜 안거하라 이익이 그 가운데 있다 |
| 十一月 | 子丑之月 和氣滿堂<br>동짓달과 섣달에는 화기가 집에 가득하다 | 若非橫財 必有慶事<br>만약 횡재 아니면 반드시 경사가 있다 | 六親和合 一家爭春<br>육친이 화합하니 한 집이 봄을 다툰다 |
| 十二月 | 貴人相助 意外成功<br>귀인이 서로 도와주니 뜻밖에 성공한다 | 莫近火姓 損財有數<br>화성을 가까이하지 마라 손재할 수가 있다 | 財星照門 福祿自來<br>재성이 문에 비치니 복록이 스스로 온다 |

# 一六三

☰☵ 訟之姤
☰☴

【註解】 入則不安하고 出則無益之意

【卦象】 白露既降 秋扇停止

【해왈】 처음은 진퇴양난한 경우이나 다행하 귀인을 만나서 귀히 되고 재수있으며 분수를 잘지키는 것이 제일 좋으니 다른 경영은 하지마라

| | | | |
|---|---|---|---|
| 卦辭 | 白露既降 秋扇停止<br>흰이슬이이미내리니 가을부채가정지하도다<br>若無是非 間或口舌<br>만일시비가없으면 간혹구설이있다 | 進退有路 可而成功<br>진퇴함에길이있으니 가히성공한다<br>先困後旺 貴人助我<br>처음곤하고뒤에왕성하니 귀인이나를도운다 | 吉變爲凶 凡事愼之<br>길함이변하여흉하게되니 범사를조심하라<br>身上榮貴 財祿可隨<br>신상이영귀하니 재록이가히따른다 |
| | 去舊生新 財數大通<br>옛것이가고새것이나니 재수가대통하다 | 對面共語 心隔萬里<br>얼굴을대해같이말하나 마음은천리같이막히다 | 名滿四方 囊箱俱虛<br>이름은사방에가득하나 주머니와상자가비도다 |
| 正月 | 寅卯之月 喜中憂生<br>정월과이월에는기쁜 가운데근심이생긴다 | 雖有財物 聚財不能<br>비록재물은있으나 재물모으기는어렵다 | 若逢貴人 官祿臨身<br>만약귀인을만나면 관록이몸에임한다 |
| 二月 | 身遊他鄕 世俗難辨<br>몸이타향에노니세상 풍속을분간치못한다 | 貴人相助 所求必得<br>귀인이서로도와주니구 하는것을반드시얻는다 | 利在四方 求財如意<br>이익이사방에있으니 재물구하면여의하다 |
| 三月 | 一身安樂 心神和暢<br>일신이안락하고 심신이화창하다 | 南方貴人 偶來助力<br>남방귀인이 우연히와서조력한다 | 進退有路 前進有吉<br>진퇴하는데길이있으니 앞으로나아가면길하다 |
| 四月 | 一輪孤月 獨照千里<br>일륜고월이 홀로천리를비친다 | 財數論之 先吉後凶<br>재수를논하면먼저 는길하고뒤에는흉하다 | 口舌可畏 愼之愼之<br>구설이두려우니 조심하라 |
| 五月 | 少得多用 身數奈何<br>적게얻고많이쓰니 신수를어찌할고 | 安靜有吉 動則不利<br>안정하면길하고 동하면불리하다 | 東方之財 終時不利<br>동방의재물은 종시불리하다 |
| 六月 | 世事如夢 相離有吉<br>세상일이꿈같으니 서로떠나면길하다 | 遠方有信 何時歸鄕<br>먼곳에서서신이있으니 어느때고향에돌아올고 | 兄弟相別 必有災厄<br>형제가서로이별하면 반드시재액이있다 |
| 七月 | 貴星照門 因人成事<br>귀성이문에비치니사 람으로인하여성공한다 | 自此以後 始得財物<br>이후부터는 비로소재물을얻는다 | 若近女人 後悔莫及<br>만약여자를가까이하면 후회막급하다 |
| 八月 | 信人有害 交友愼之<br>사람을믿으면해가있으 니친구를조심하라 | 守舊大吉 動則不利<br>옛을지키면대길하고 동하면불리하다 | 凶反爲吉 豈不義理<br>흉함이도리어길하니 어찌의리가아니냐 |
| 九月 | 家人不睦 先吉後凶<br>집안사람이화목치못하 니좋다가나빠진다 | 疾苦相半 失物愼之<br>질고가상반하니 실물을조심하라 | 此月之數 凶多吉少<br>이달의수는 흉함이많고길함이적다 |
| 十月 | 古基不利 移居則吉<br>옛터는불리하니 옮겨살면길하다 | 白雪乾坤 小財可得<br>백설천지에 작은재물을얻는다 | 金物有害 土地有利<br>금물은해가있고 토지에는이익이있다 |
| 十一月 | 子丑之月 口舌紛紛<br>동짓달섣달에는 구설이분분하다 | 若非揚名 橫財之數<br>만약이름이아니나면 횡재할수다 | 若非如此 間或身病<br>만약그렇지않으면 혹간신병이있다 |
| 十二月 | 貴人到門 必有喜事<br>귀인이문에이르니 반드시기쁜일이있다 | 財星照門 求財如意<br>재물별이문에비치니 재물을구하면여의하다 | 今年之數 守分上策<br>금년의운수는분수지 키는것이상책이다 |

## 二一一

夬之大過

**【註解】** 有危나 謹愼하면 無咎하여 終得吉利之意

**【卦象】** 晝耕夜讀 錦衣還鄉

**【해왈】** 부지런하고 조심하면 복록을 얻을 것이고 정월과 이월에는 재수있으며 동짓달에는 기쁜 일이 있을 괘이다

**卦辭**

晝耕夜讀 錦衣還鄉 낮에갈고 밤에읽으니 비단옷으로 고향에간다
莫出妄計 反有損害 망녕된계교를내지마라 도리어손해있다
虎威百獸 意氣揚揚 범이백짐승을위협하니 의기가양양하다
勤勞以後 壽福自來 부지런히수고한뒤에는 수복이스스로온다
春夏之間 必有慶事 봄과여름사이에 반드시경사가있다
以羊易牛 財運吉利 양으로써소를바꾸니 재수가길하다
身上無憂 一身便安 신상에근심이없으니 일신이편안하리라
今年之數 到處得利 금년의수는 이르는 곳마다이익을얻는다
長男執事 家道日盛 맏아들이일을잡으니 집안일이날로성하도다

**正月**

天地相合 必有慶事 천지가서로합하였으니 반드시경사가있다
若非婚姻 意外得財 만약혼인이아니면 뜻밖에재물을얻는다
兩人同心 謀事順成 두사람이마음이같으니 일을꾀하며여의하다

**二月**

吉星照門 膝下有慶 길성이집에비치니 슬하에경사가있다
勿貪人財 有志未就 남의재물을탐하지마라 뜻은있으나못이룬다
勞而後得 天賜其福 수고한후에얻으니 하늘이준그복이로다

**三月**

魚變成龍 造化無雙 고기가변하여용이되니 조화가짝이없다
明月高樓 喜喜樂樂 달밝은높은누에서 희희낙락하다
身在路上 外財可得 몸이노상에있으니 외재를가히얻도다

**四月**

枯木逢春 花發生葉 고목이봄을만나니 꽃이피고잎이난다
若非橫財 必有慶事 만약횡재가아니면 반드시경사가있다
交友有害 愼之愼之 친구사귀는데해가있다 조심하라

**五月**

財物旺盛 人多欽仰 재물이왕성하니 사람이많이우러러본다
身數大吉 到處春風 신수가대길하니 도처춘풍이라
莫信人言 他人欺我 사람의말을믿지마라 다른사람이나를속인다

**六月**

以小易大 家產豐足 작은것으로큰것을바꾸니 가산이풍족하다
利在何姓 李氏可吉 이익은어느성에있는고 이씨가가히길하다
與人營事 其利不少 사람과일을경영하면 그이익이적지않다

**七月**

莫近酒色 其害不少 주색을가까이하지마라 그해가적지않다
酒色成病 百藥無効 주색으로병이되면 백약이무효로다
莫行東方 吉反爲凶 동방에가지마라 길함이도리어흉하다

**八月**

勞後得吉 終時大吉 수고한뒤에길하니 종시대길하다
他人有害 莫近親友 타인의해가있으니 친한친구를가까이마라
莫近酒家 別無所益 술집을가까이하지마라 별로이익이없다

**九月**

戊亥之月 天賜福祿 구월과시월에는 하늘이복을준다
財數大吉 有財有權 재수가대길하니 재물도있고권리도있다
貴人相助 意外成功 귀인이서로도와주니 의외에성공한다

**十月**

若非官祿 弄璋之慶 만약관록이아니면 생남할수다
財運興旺 大財入門 재운이왕성하니 큰재물이문에들어온다
害在何姓 金木二姓 해할성은무슨성인고 금성목성두성이다

**十一月**

子丑之月 所望如意 동짓달과섣달에는 소망이여의하다
求財如意 待時安靜 재물을구하면여의하니 때를기다려편안히있다
雖有生財 得而半失 비록재물은생기나 얻으면반은잃는다

**十二月**

火姓可親 凡事有成 화성을가히친하면 범사에이룸이있다
富貴常前 人人仰視 부귀가앞에당하니 사람마다우러러본다
莫貪分外 事有虛妄 분수밖을탐하지마라 일에허망함이있다

## 二一二

☱☰ ☱☲ 夬之革

【註解】 有段革變形之意

【卦象】 金入鍊爐 終成大器

【해왈】 처음에 곤궁하나 나중은 복록이 많고 기쁜 일이 많으니 때를 잃으면 성공하기 어려운 괘

| | | | | | | |
|---|---|---|---|---|---|---|
| 卦辭 | 金入鍊爐 終成大器 | 금이 단련된 화로에 드니 마침내 큰 그릇을 이룬다 | 身運逢吉 立身揚名 | 신운이 길함을 만났으니 입신양명하도다 | 萬人稱讚 喜滿家庭 | 만인이 칭찬하니 기쁨이 가정에 가득하다 |
| | 天神助我 官祿隨身 | 천신이 나를 도우니 관록이 몸에 따른다 | 吉星照宅 一身榮貴 | 길성이 집에 비치니 일신이 영귀하리라 | 一次榮華 一次愁心 | 한번은 영화있고 한번은 근심한다 |
| | 垂釣淸江 世事無關 | 낚시를 맑은 강에 드리니 세상일과 상관없다 | 心淸如水 何憂官厄 | 마음이 맑기가 물같으니 어찌 관액을 근심하리오 | 一心不懈 必成大功 | 일심으로 게을리 아니하면 반드시 공을 이루리라 |
| 正月 | 寅卯之月 必有陰事 | 정월과 이월에는 반드시 음사가 있다 | 官鬼臨門 或恐官災 | 관귀가 몸에 임하니 혹 관재가 두렵다 | 一枝花開 一枝葉落 | 한가지는 꽃이 피고 한가지는 잎이 떨어진다 |
| 二月 | 月明紗窓 必逢佳人 | 달밝은 사창에서 반드시 귀인을 만난다 | 若非弄璋 婚姻之數 | 만약 생남하지 아니하면 혼인할 수로다 | 移基開業 漸入佳境 | 이사하거나 직업을 고치면 점점 좋은 지경에 든다 |
| 三月 | 三月東風 黃鳥雙飛 | 삼월동풍에 황조가 쌍으로 난다 | 吉星照門 福祿自來 | 길성이 문에 비치니 복록이 스스로 온다 | 若非添口 意外得財 | 만약 식구를 더하지 아니하면 의외에 횡재하리라 |
| 四月 | 龍得明珠 喜事重重 | 용이 구슬을 얻었으니 기쁜 일이 중중하다 | 經營之事 必有亨通 | 경영한 일은 반드시 형통한다 | 與人謀事 必得大財 | 다른 사람과 일을 꾀하면 반드시 큰 재물을 얻는다 |
| 五月 | 春草逢雨 日就月將 | 봄풀이 비를 만나니 일취월장한다 | 有人相助 百事順成 | 사람이 있어 서로 도와주니 백사를 순성한다 | 鶯上柳枝 片片黃金 | 꾀꼬리가 버들가지에 오르니 조각조각 황금이라 |
| 六月 | 携酒登樓 可謂仙人 | 술을 끌고 누에 오르니 가히 이르되 신선이라 | 若非吉事 身數不利 | 만약 좋은 일이 아니면 신수가 불리하다 | 身運有吉 口舌愼之 | 신운은 길하나 구설을 조심하라 |
| 七月 | 登山求兎 必有求得 | 산에 올라 토끼를 구하니 반드시 구하여 얻는다 | 利在何方 東南兩方 | 이익은 어느 방위에 있는고 동쪽과 남쪽 양방이다 | 貴人在北 可親有益 | 귀인이 북방에 있으니 가히 친하면 유익하다 |
| 八月 | 兩人同心 福祿陳陳 | 두 사람의 마음이 같으니 복록이 진진하다 | 莫近女色 橫厄可畏 | 만약 여색을 가까이하면 횡액이 두렵도다 | 終成大器 立身揚名 | 마침내 큰 그릇을 이루니 입신양명할 수로다 |
| 九月 | 在家無益 出行得財 | 집에 있으면 이익이 없고 출행하면 재물을 얻는다 | 晴天月出 天地明朗 | 개인 하늘에 달이 나니 천지가 명랑하다 | 財在東方 行則可得 | 재물이 동방에 있으니 가면 얻는다 |
| 十月 | 東方金姓 必有吉利 | 동방의 금성은 반드시 길하고 유익하다 | 火木兩姓 近則有害 | 화성 목성은 가까이하면 해가 있다 | 守分則吉 妄動則敗 | 분수를 지키면 길하고 망녕되이 동하면 패한다 |
| 十一月 | 十五夜月 有情照門 | 십오야월이 유정하게 문에 비친다 | 若非登科 膝下有慶 | 만약 과거가 아니면 슬하에 경사가 있다 | 家在吉慶 一家和平 | 집에 경사 있고 집안이 화평하다 |
| 十二月 | 崔朴金鄭 同事不利 | 최가 박가 김가 정가는 일을 같이하면 불리하다 | 財物隨我 所望如意 | 재물이 나를 따르니 소망이 여의하다 | 財物陳陳 田庄有益 | 재물이 진진하니 전장에 이익이 있다 |

# 二一三

夬之兌

【註解】 有虛驚之意

【卦象】 平地風波 驚人損財

【해왈】 손재가 있으니 문을 닫고 집을 나가지 말고 시비와 송사에 참여하지 마라 잘되면 크게 되고 못되더라도 해는 없다

| | | | |
|---|---|---|---|
| 卦辭 | 平地風波 驚人損財 평지에풍파가 사람을 놀라게하고손재한다<br>勿發虛慾 反有不利 허욕을내지마라 도리어불리함이있다<br>萬里行雲 無心出山 만리를행하는구름이 무심히산에서나온다 | 若非損財 一次驚人 만일손재가아니면 한번사람이놀란다<br>損財有數 勿爲出行 손재가있으니 출행하지마라<br>財數無欠 抱病之數 재수는흠이없으나 병들수다 | 勿爲出行 或有訟事 출행을하지마라 혹송사가있다<br>勿參訟事 不利之兆 송사에참여하지마라 불리하리라<br>莫聽甘言 親人反害 단말을듣지마라 친한사람이도리어해한다 |
| 正月 | 馬行山路 進退苦苦 말이산길에행하니 가고물러가기가괴롭다 | 臨江無船 前路暗暗 강에임하여배가없으니 앞길이암암하다 | 暗夜失燭 不知東西 어둔밤에촛불을잃으니 동서를알지못한다 |
| 二月 | 深山失路 進退兩難 깊은산에서길을잃었으니 진퇴양난하다 | 心中有憂 誰向可說 심중에근심이있으니 누구를향하여말할고 | 求之不得 勿爲妄動 구하여도얻지못하니 망녕되이동하지마라 |
| 三月 | 家有憂患 必是內患 집에우환이있으니 반드시내환이리라 | 魚龍失水 一時困苦 어룡이물을잃었으니 한때곤하고괴롭다 | 諸事如意 心有和平 모든일이여의하니 마음이화평하도다 |
| 四月 | 行人問路 樵童引導 행인이길을물으니 나무하는아이가인도한다 | 內患可畏 預先防厄 내환이가히두려우니 미리액을막으라 | 莫近他人 必有損財 타인을가까이하지마라 반드시손재가있다 |
| 五月 | 午未之月 官厄不免 오월과유월에는 관액을면하지못한다 | 官鬼發動 間或虛驚 관귀가발동하니 간혹헛되이놀란다 | 凡事在人 勿爲干之 모든일이타인에게있으니 간섭하지마라 |
| 六月 | 奔走東西 不知安分 분주동서하니 안분할줄을모른다 | 謀事不利 安靜則吉 일을꾀함에불리하니 안정하면길하다 | 此月之數 每事不成 이달의수는 매사를이루지못한다 |
| 七月 | 深山求魚 終時不得 깊은산에서고기를구하니 마침내얻지못한다 | 出行不利 訟事不利 출행함이재미없고 송사하면불리하다 | 莫爲人爭 損財不吉 다른사람과다투지마라 손재하고불리하다 |
| 八月 | 每事難成 勿貪分外 매사를이루기어려우니 분수밖의것을탐치마라 | 事多未決 必有心苦 일을많이결단치못하니 반드시마음이괴롭다 | 諸事有滯 心中有憂 모든일에막힘이있으니 마음에근심이있다 |
| 九月 | 月入黑雲 不見好月 달이검은구름에들어가니 좋은달을보지못한다 | 財數不通 損財多端 재수가불통하고 손재가많다 | 若非損財 口舌間間 만약손재가아니면 구설이간간이있다 |
| 十月 | 春草逢霜 更生難望 봄풀이서리를만나니 다시살기가어렵다 | 勿謀經營 虛名無實 경영을하지마라 헛이름뿐이고실상은없다 | 琴宮有患 預先祈禱 아내에우환이있으니 미리기도하라 |
| 十一月 | 子丑之月 平平之數 동짓달과섣달에는 평평한운수로다 | 至誠修養 利在其中 지성껏수양하면 이가그가운데있다 | 家神發動 移基則吉 가신이발동하니 터를옮기면길하다 |
| 十二月 | 勿爲出路 不利之事 길에나가지마라 불리한일이라 | 南北不吉 出則有害 남북이불길하니 나가면해가있다 | 遠行不利 橫厄可愼 원행함이불리하고 횡액을가히조심하라 |

# 二二一

兌之困

【註解】 先吉後凶之意

【卦象】 不知安分 反有乖常

【해왈】 분수를 지키지 아니하면 해가 된다 겸하여 재수도 없고 곤난하게 지내는 패

**卦辭**

不知安分 反有乖常 — 안분할줄알지못하니 도리어괴상함이있다
若非移徙 與人相爭 — 만일이사하지아니하면 남과서로다툰다
六親無德 恩反爲仇 — 육친이덕이없으니 은혜가도로원수가된다
草木逢霜 何望生計 — 초목이서리를만났으니 어찌살피를바랄고
勿爲妄動 安分最吉 — 망녕되이동하지마라 안분하는것이가장길하다
財帛退敗 田蠶虛耗 — 재물이물러가고패하니 농사와누에가잘못된다
財旺三春 東方有損 — 재물은삼춘에왕성하고 동방에는손해가있다
今年之數 親者反損 — 금년의수는 친한자가 도리어손해한다
損財有數 愼之水火 — 손재수가있으니 수화를조심하라

**正月**

身遊外方 何時歸家 — 몸이외방에노니 어느때집에돌아올고
若非作客 必有移舍 — 만약작객하지아니하면 반드시이사한다
莫信人言 親人爲賊 — 남의말을믿지마라 친한사람이도둑된다

**二月**

卯月之數 困苦不免 — 이월의수는 곤란함을면하지못한다
老龍失水 江邊垂淚 — 노룡이물을잃고 강변에서눈물을흘린다
莫貪非理 天不賜私 — 비리를탐하지마라 하늘이복을주지않는다

**三月**

擧頭他望 他人害我 — 머리를들어다른걸보니 다른사람이나를해한다
斫石見玉 治木成家 — 돌을쳐서옥을보고 나무를다스려집을이룬다
勿謀分外 反見其害 — 분수밖의것을꾀하지마라 도리어그해를본다

**四月**

四月南風 黃鳥隨柳 — 사월남풍에 꾀꼬리가버들을따른다
守分安居 外凶內吉 — 분수를지키고편안히살면 밖은나쁘고안은좋다
與人謀事 必有虛荒 — 다른사람과일을꾀하면 반드시허황하다

**五月**

山中有雨 川流不息 — 산중에비가오니 냇물은흘러쉬지않는다
莫近是非 口舌紛紛 — 시비를가까이하지마라 구설이분분하다
如兄如弟 損財多端 — 형도같고아우도같은데 손재가다단하다

**六月**

千里他鄕 喜逢故人 — 천리타향에서 기쁘게고인을만난다
虛中有實 天與其福 — 헛된중에실상이있으니 하늘이그복을준다
貴人助我 宜行南方 — 귀인이나를도와주니 남방으로가라

**七月**

申酉之月 事有虛妄 — 칠월과팔월에는 일에허망함이있다
他人之財 意外到家 — 타인의재물이 뜻밖에집에온다
土姓可近 不利其事 — 토성을가까이하면 그일에불리하다

**八月**

財上有損 勿謀他營 — 재산상에손이있으니 다른경영을하지마라
有頭無尾 事有失敗 — 머리는있고꼬리는없으니 일에실패가있다
在家則吉 動則有敗 — 집에있으면길하고 동하면패가있다

**九月**

利在何方 南方有吉 — 이익은어느방위에있는고 남방에있다
此月之數 外財入門 — 이달의운수는 외방재물이문에들어온다
危中有安 虛中有實 — 위태한중에편안하고 헛된중에실상이있다

**十月**

東方有吉 西方有敗 — 동방은길함이있고 서방은패함이있다
貴人何姓 朴宋大吉 — 귀인은무슨성인고 박가송가가길하다
不利水姓 損財之數 — 수성은불리하니 손재할수로다

**十一月**

勿謀大事 必有失敗 — 큰일을꾀하지마라 반드시실패가있다
心中有苦 所望不成 — 마음에괴로움이있으니 바라는바를못이룬다
如干財數 入手則耗 — 여간재수는 손에들어오면없어진다

**十二月**

兩人各心 不知黑白 — 두사람마음이각각이니 흑백을알지못한다
財數不吉 損財甚多 — 재수가불길하니 손재가심히많다
在家心亂 出行有吉 — 집에있으면심란하고 출행하면길하다

二三二

兌之隨

【註解】 吉變爲凶之意

【卦象】 青天白日 陰雨濛濛

【해왈】 뜻밖에 변사가 생겨 원한을 맺고 그래도 부족하여 불효 광경이 생기는 괘

**卦辭**

青天白日 陰雨濛濛 청천백일에 궂은비가 몽몽하다
三春已過 狂蝶失路 삼춘이 이미 지났으니 광접이 길을 잃는다
陰陵月黑 美人失容 음릉에 달이 어두우니 미인이 용태를 잃었다
財在東方 北方有吉 재물은 동방에 있고 북방에 길함이 있다
欲進無力 身數奈何 나가고자 하나 힘이 없으니 신수를 어찌할고
一夫當關 萬夫莫開 한사람이 관문을 막으면 일만 사람이 열지 못한다
一身困苦 或有家憂 일신이 곤고하며 혹 집에 근심이 있다
意外有禍 身上有憂 뜻밖에 화가 있어 신상에 근심이 있다
擧頭東南 不利前程 머리를 동남에 드니 앞길이 이롭지 못하다

**正月**

先凶後吉 金玉滿堂 먼저는 흉하고 뒤에 길하니 금옥이 집에 가득하다
他人有防 其源不長 다른 사람이 있어 막으니 그 근원이 길지 못하다
月入雲中 不見其光 달이 구름속에 드니 그 빛이 나타나지 않는다

**二月**

有財東方 木姓可親 재물이 동방에 있으니 목성을 가히 친하라
身數不吉 病疾可畏 신수가 불길하니 질병이 두렵다
每事不成 不利出行 매사를 이루지 못하니 출행하면 불리하다

**三月**

辰巳之月 先困後吉 삼월과 사월에는 먼저 곤하고 뒤에 길하다
若非疾病 生男之數 만약 질병이 아니면 생남할 수다
若得貴人 財數大吉 만약 귀인을 얻으면 재수가 대길하다

**四月**

吉星照門 財寶入門 길성이 문에 비치니 재물 보배가 문에 들어온다
財在東方 得而半失 재물은 동방에 있으나 얻어서 반은 잃는다
先吉後凶 凡事愼之 먼저 길하고 뒤에 흉하니 범사를 조심하라

**五月**

農失其時 生活有苦 농사에 그때를 잃으니 생활에 괴로움이 있다
金姓可親 必受損害 금성을 가히 친하면 반드시 손해를 입는다
百事順成 必有弄璋 백사를 순성하고 반드시 생남한다

**六月**

莫信他言 其害不少 다른 사람 말을 믿지 마라 그 해가 적지 않다
木姓不利 勿聽其言 목성이 불리하니 그 말을 듣지 마라
若非橫財 添口之數 만약 횡재가 아니면 식구를 더할 수다

**七月**

申酉之月 始得財物 칠월과 팔월에는 비로소 재물을 얻는다
東方有財 得而半失 동방에 재물이 있으나 얻어도 반은 잃는다
先得後失 凋不如初 먼저는 얻고 뒤에는 잃으니 점점 처음만 못하다

**八月**

事有虛荒 口舌入耳 일에 허황함이 있고 구설이 귀에 들어온다
心有苦悶 世事如夢 마음에 고민함이 있으니 세상일이 꿈 같다
若無疾苦 反爲損財 만약 질고가 없으면 도리어 손재한다

**九月**

戌亥之月 口舌相侵 구월과 시월에는 구설이 서로 침노한다
害姓何姓 金姓不吉 해할 성은 무슨 성인고 금성이 불길하다
若親金姓 每事不成 만약 금성을 친하면 매사를 이루지 못한다

**十月**

身運不利 每事有滯 신운이 불리하니 매사가 막힘이 있다
所望之事 必是虛事 바라는 일은 반드시 허사다
朱雀發動 是非口舌 주작이 발동하니 시비와 구설이 있다

**十一月**

子丑之月 火災愼之 동짓달과 섣달에는 불을 조심하라
欲求財數 宜行市場 재수를 구하고자 하면 마땅히 시장으로 가라
身遊東方 手弄千金 몸이 동방에 가서 놀면 수롱천금하리라

**十二月**

木姓害我 莫行北方 목성이 나를 해하니 북방에 가지 마라
經營之事 終時未決 경영하는 일은 종시 미결이라
南北兩方 助我者少 남북 양방에는 나를 도와주는 자가 적다

## 二一三

☱☱ ☰☱ 兌之夬

【註解】 先凶後吉之意

【卦象】 一枝花凋 一枝花開

【해왈】 근심과 즐거움이 상반하니 덧없는 세월이 어느 겨를에 가는지 알지 못하는 괘

| | | | | | | |
|---|---|---|---|---|---|---|
| 卦辭 | 一枝花凋 一枝花開 | 한가지는 꽃이 시들고 한가지는 꽃이 핀다 | 勿貪虛欲 吉中有凶 | 허욕을 탐하지 마라 길한 가운데 흉함이 있다 | 一身有苦 損財多端 | 일신에 괴로움이 있으니 손재가 다단하다 |
| | 雖有財物 得而難聚 | 비록 재물은 있으나 얻어도 모으기 어렵다 | 喜憂相半 虛送歲月 | 기쁨과 근심이 상반하니 허송세월한다 | 三夏之數 遠行不利 | 여름철에는 원행하면 불리하다 |
| | 洛陽城東 何人屹立 | 낙양성 동쪽에 누가 우뚝하게 섰는고 | 風花落厠 拾之無香 | 꽃이 측간에 떨어지니 주워도 향기가 없다 | 月明星稀 烏鵲南飛 | 달이 밝고 별이 드묾에 오작이 남으로 날도다 |
| 正月 | 一有喜事 一有悲事 | 한번은 기쁜 일이 있고 한번은 슬픈 일이 있다 | 吉凶相半 一喜一悲 | 길흉이 상반하니 한번은 기쁘고 한번은 슬프다 | 心中有憂 度厄則吉 | 마음에 근심이 있으나 도액하면 길하다 |
| 二月 | 月出雲外 天地明朗 | 달이 구름 밖에 나니 천지가 명랑하다 | 祈禱名山 凶反爲吉 | 명산에 기도하면 흉한 것이 도리어 길하다 | 雪消未盡 春草一困 | 눈이 다스러지지 않았으니 봄풀이 한번 곤하다 |
| 三月 | 上下不和 守分第一 | 상하가 불화하니 분수 지키는 것이 제일이다 | 害方何處 東南兩方 | 해로운 방위는 어느 곳인고 동남 양방이다 | 辰月之數 損財愼之 | 삼월의 수는 손재를 조심하라 |
| 四月 | 莫信人言 謀事反誤 | 남의 말을 믿지 마라 모사가 도리어 그릇된다 | 琴瑟不和 身數奈何 | 금슬이 불화하니 신수를 어찌할고 | 有路南北 奔走東西 | 남북에 길이 있어 분주 동서한다 |
| 五月 | 三夏蜂蝶 貪香無益 | 삼하 봉접이 향기를 탐하나 이가 없다 | 雖有財物 入則卽出 | 비록 재물은 있으나 들어오면 곧 나간다 | 火姓不利 損財愼之 | 화성은 불리하니 손재를 조심하라 |
| 六月 | 出行不利 杜門不出 | 출행함이 불리하니 두문불출하라 | 財數亦滯 與受可愼 | 재수가 또 막히니 여수를 조심하라 | 若非如此 必有內患 | 만약 그렇지 아니하면 반드시 내환이 있다 |
| 七月 | 岩上孤松 籬下黃菊 | 바위 위에 외로운 소나무요 울타리 아래 국화다 | 若非口舌 官災疾病 | 만약 구설이 아니면 관재와 질병이로다 | 家中有慶 必得貴子 | 가중에 경사가 있으니 반드시 귀자를 얻는다 |
| 八月 | 若非科甲 必有慶事 | 만일 과거가 아니면 반드시 경사가 있다 | 勿聽人言 先吉後凶 | 다른 사람 말을 듣지 마라 먼저는 좋고 뒤에 나쁘다 | 心神散亂 在家上策 | 마음이 산란하니 집에 있는 것이 상책이다 |
| 九月 | 戌亥之月 因人生財 | 구월과 시월에는 사람으로 인하여 생재한다 | 若非如此 家有疾病 | 만약 그렇지 아니하면 집에 질병이 있다 | 家運旺盛 月出黑雲 | 가운이 왕성하니 달이 검은 구름에서 나온다 |
| 十月 | 功勞過人 謀事多滯 | 공로는 남보다 더하나 일을 꾀함에 막힘이 많다 | 貴人多助 必是得財 | 귀인이 많이 도와주니 반드시 재물을 얻는다 | 求事如意 一身自安 | 일을 구함에 여의하니 일신이 편안하다 |
| 十一月 | 子丑之月 必有喜事 | 동짓달과 섣달에는 반드시 기쁜 일이 있다 | 若非官祿 意外橫財 | 만일 관록이 아니면 뜻밖에 횡재한다 | 宜行西南 大財可得 | 서남으로 가면 큰 재물을 가히 얻는다 |
| 十二月 | 雲散月出 世界明朗 | 구름이 흩어져 달이 나오니 세계가 명랑하다 | 莫近是非 口舌相侵 | 시비를 가까이하지 마라 구설이 서로 침노한다 | 膝下有憂 預爲祈禱 | 슬하에 근심이 있으니 미리 기도하라 |

# 二三一

☱☲ 革之咸
☱☶

【註解】 時違面動하니 必有不完之意

【卦象】 逢時不爲 更待何時

【해왈】 매사에 때를 잃어 어찌할고 아무리 귀한 손이라도 나를 해코자 하니 도를 닦고 악을 멀리하라

| | | | |
|---|---|---|---|
| 卦辭 | 逢時不爲 更待何時 때를만나도아니하면 다시어느때를기다릴고 | 大財難望 小財入手 큰재물은어려우나 작은재물은들어온다 | 千里遠客 勿爲相對 천리의원객은 서로대하지마라 |
| | 勿爲遲滯 速圖有吉 지체하지마라 속히도모하는것이길하다 | 勿失好機 貴客反害 좋은기회를잃지마라 귀한손이도리어해한다 | 守分上策 妄動不利 수분하는것이상책이니 망동하면불리하다 |
| | 西江一斗 能濡涸鱗 서강의한말물이 능히마른비늘을적신다 | 羝羊觸藩 到處有害 수양이울을찌르니 도처에해가있으리라 | 避人匿鹿 爲虎所得 사람을피해숨은사슴이 범의얻은바가된다 |
| 正月 | 秋天無雲 明月更新 가을하늘구름이없으니 밝은달이다시새롭다 | 利在何處 西方得利 이익은어느곳에있는고 서방에서이익을얻는다 | 若非添口 必是官祿 만약식구를더하지않으면 필시관록이다 |
| 二月 | 心高志足 求財如意 마음이높고뜻이족하니 재물을구하면여의하다 | 此月之數 失物愼之 이달의수는 실물을조심하라 | 財星照門 大財到門 재성이문을비치니 큰재물이문에이른다 |
| 三月 | 正心修德 利在其中 바른마음으로덕을닦으면 이익이그가운데있다 | 北方有吉 勿失好期 북방에길함이있으니 좋은기회를잃지마라 | 膝下有憂 用藥南方 슬하에우환이있으면 남방의약을쓰라 |
| 四月 | 勿近惡人 守分則吉 악인을가까이말고 분수를지키면길하다 | 晴天月白 其色光明 개인하늘에달이희니 그빛이가장맑다 | 凡事如意 所望成就 범사가여의하니 소망을성취한다 |
| 五月 | 事不如意 一成一敗 일이여의치못하니 한번이루고한번패한다 | 因人致敗 其害不少 사람으로인하여패하니 그해가적지않다 | 事有虛妄 謀事不利 일에허망함이있으니 일을꾀하면불리하다 |
| 六月 | 君臣唱和 貴人來助 임금과신하가화창하니 귀인이와서도와준다 | 恩人何在 東方木姓 은인은어디에있는고 동방의목성이다 | 去舊從新 積小成大 새것만좇으면 작은것을쌓아큰것을이룬다 |
| 七月 | 一枝梅花 一家光明 한가지매화가 한집을밝히고빛낸다 | 若非妻憂 堂上有憂 만약내환이아니면 친환의근심이있다 | 利在何姓 鄭李兩姓 이익은무슨성에있는고 정가와이가두성이라 |
| 八月 | 經營之事 貴人來助 경영하는일은 귀인이와서도와준다 | 雖有財旺 得而半耗 비록재물은왕성하나 얻어도반은없어진다 | 勿貪虛慾 必有其害 허욕을탐하지마라 반드시그해가있다 |
| 九月 | 莫信他言 終時不利 다른사람의말을듣지마라 종시불리하리라 | 與人謀事 兩人各心 다른사람과일을꾀하면 두사람의마음이다르다 | 所謂經營 必是逢空 이른바경영은 필시공을만난다 |
| 十月 | 東南兩方 貴人助我 동남양방에서 귀인이나를도와준다 | 利在何方 西方有吉 이익은어느방위에있는고 서방에길함이있다 | 若非木物 田庄得利 만약목물이아니면 전장으로이익을얻는다 |
| 十一月 | 虛慾更發 大害難免 허욕이다시발하면 큰해를면하기어렵다 | 莫貪人財 凶事不免 남의재물을탐하지마라 흉한일을면하지못한다 | 土姓不利 近則有害 토성이불리하니 가까이하면해가있다 |
| 十二月 | 利在南方 偶來助力 이익이남방에있으니 우연히와서힘을돕는다 | 財運旺盛 大財入門 재운이왕성하니 큰재물이문에들어온다 | 或有盜賊 失物愼之 혹도둑이있으니 실물을조심하라 |

## 二三二

革之夬

【註解】 進退兩難之象이니 別無災禍나 若不謹愼하면 落眉之厄이라

【卦象】 夜逢山君 進退兩難

【해왈】 나를 해코자 하는 사람뿐이오 지도하는 사람도 없다 늦게야 운수가 조금 나을 괘

| | | | |
|---|---|---|---|
| 卦辭 | 夜逢山君 進退兩難 밤에 범을 만나니 나아가고 물러감이 어렵다 | 事有多滯 徒費心力 일에 막힘이 많으니 심력만 허비한다 | 若貪虛慾 必受困苦 만일 허욕을 탐하면 반드시 곤고함을 받는다 |
| | 勿爲妄動 必有失敗 망녕되이 동하지 마라 반드시 실패함이 있다 | 人多害我 心神不安 사람이 나를 많이 해하니 마음이 불안하다 | 初雖辛苦 晩得吉運 처음은 비록 신고하나 늦게는 좋은 운을 얻는다 |
| | 未決之事 可問山翁 미결되는 일이 있거든 가히 산옹에게 물으라 | 爲山九仞 功虧一簣 산에 아홉길을 쌓는데 일궤로 공이 이지러진다 | 缺月半圓 秋夢入春 이지러진 달이 반쯤 둥글고 가을꿈이 봄에 든다 |
| 正月 | 寅卯之月 欲動反居 정월과 이월에는 동하려다가 도로 앉는다 | 吉星照門 喜事重重 길성이 문에 비치니 기쁜일이 중중하다 | 三春有吉 勿失此期 봄석달에 길함이 있으니 이 기회를 잃지 마라 |
| 二月 | 桃李逢春 花開結實 도리가 봄을 만났으니 꽃이 피고 열매를 맺는다 | 祿在到處 到處春風 녹이 곳곳마다 있으니 곳곳마다 봄바람이다 | 若非官厄 疾病侵身 만약 관액이 아니면 질병이 몸에 침노한다 |
| 三月 | 他人之財 偶然到家 타인의 재물이 우연히 집에 이른다 | 東南之財 意外入門 동남의 재물이 뜻밖에 문에 들어온다 | 必有陰事 利在其中 반드시 음사가 있으니 이익이 그 가운데 있다 |
| 四月 | 莫近他人 疾病相侵 딴사람을 가까이 하지 마라 질병이 서로 침노한다 | 喜中有憂 官厄愼之 기쁜중에 근심이 있으니 관액을 조심하라 | 守分安居 意外成功 분수를 지키고 편안히 있으면 뜻밖에 성공한다 |
| 五月 | 陰事方盛 非親則戚 음사가 방성하니 동족이 아니면 외척이다 | 吉祥臨身 必有喜事 길상이 몸에 임하니 반드시 기쁜일이 있다 | 心中有憂 安靜則吉 마음에 근심이 있으나 안정하면 길하다 |
| 六月 | 月入雲間 不見好月 달이 구름에 드니 좋은 달을 보지 못한다 | 南方不利 勿爲出行 남방이 불리하니 출행하지 마라 | 若非損財 橫厄可畏 만약 손재가 아니면 횡액이 두렵다 |
| 七月 | 身數有吉 凶中有吉 신수가 길하니 흉한중에도 길함이 있다 | 路有南北 奔走無暇 길이 남북에 있으니 분주하여 여가가 없다 | 猛虎出林 其勢堂堂 맹호가 수풀에 나오니 그 형세가 당당하다 |
| 八月 | 轉禍爲福 心中無憂 화가 도리어 복이 되니 마음에 근심이 없다 | 陰陽相生 必有吉祥 음양이 서로 생기니 반드시 길함이 있다 | 若非官祿 弄璋之慶 만약 관록이 아니면 생남할 수다 |
| 九月 | 兩虎相爭 誰勝誰負 양호가 서로 다투니 누가 이기고 누가 질까 | 若近是非 口舌紛紛 만약 시비를 가까이 하면 구설이 분분하다 | 若非如此 官災可畏 만약 그렇지 아니하면 관재수가 두렵다 |
| 十月 | 出行不利 守舊安靜 출행하면 불리하니 옛을 지키고 안정하라 | 或有家憂 預爲祈禱 혹 집에 우환이 있거든 미리 기도하라 | 去舊從新 人人仰視 옛을 버리고 새것을 좇으니 사람마다 우러러본다 |
| 十一月 | 木姓有害 勿爲取利 목성에게 해가 있으니 취리를 하지 마라 | 身數不吉 疾病可愼 신수가 불길하니 질병을 조심하라 | 此月之數 凶多吉少 이달의 운수는 흉함은 많고 길함은 적다 |
| 十二月 | 身安無憂 太平安過 몸이 편하고 근심이 없으니 태평히 지낸다 | 雲散月出 所望可成 구름 흩어지고 달이 나오니 소망을 이룬다 | 雖有改業 虛勞心力 비록 직업을 고치나 심력만 허비한다 |

## 二三三

革之隨

【註解】 隨時有吉之意

【卦象】 潛龍得珠 變化無窮

【해왈】 재물이 많이 생기며 무슨 일이든지 뜻과 같이 되고 귀인을 만나 성공하고 신수도 좋을 괘

### 卦辭

潛龍得珠 變化無窮 잠긴용이 구슬을 얻으니 변화가 무궁하다
幸逢貴人 可得功名 다행히 귀인을 만나서 공명을 얻는다
或有官災 一身勞苦 혹 관재수가 있으면 일신이 수고롭고 괴롭다

莫信人言 反有不利 남의 말을 믿지 마라 도리어 불리함이 있다
財物興旺 百事如意 재물이 흥왕하니 백사가 여의하도다
貴人恒助 必是成功 귀인이 항상 도우니 반드시 성공한다

好雨知時 年事大豐 좋은 비가 때를 찾아오니 연사가 크게 풍년든다
鳳生五雛 長於南郭 봉이 다섯 새끼를 낳아서 남쪽 성에서 기른다
出門大吉 意外得財 문을 나가면 크게 길하니 의외에 재물을 얻는다

### 正月

天地相應 萬物化生 천지가 서로 응하니 만물이 화생한다
寅卯之月 壽福來應 정월과 이월에 수복이 응해준다
貴人在傍 偶然助我 귀인이 곁에 있으니 우연히 나를 도와준다

### 二月

謀事最速 利益不少 일을 꾀하면 속히 하니 이익이 적지 않다
歸鴻時飛 千里可行 돌아가는 기러기 때에 나니 천리를 가히 행한다
若非揚名 必是生男 만약 이름이 나지 아니하면 반드시 생남한다

### 三月

家道興旺 添口添土 가도가 흥왕하고 식구와 토지를 더한다
經營之事 他人先謀 경영하는 일은 다른 사람이 먼저 꾀한다
諸事順成 大財入門 모든 일이 순성되고 큰 재물이 문에 들어온다

### 四月

凶鬼窺身 橫厄可愼 흉귀가 몸을 엿보니 횡액을 조심하라
愼之盜賊 失物有數 도둑을 조심하라 실물수가 있다
北方不吉 勿爲出行 북방이 불길하니 출행을 하지 마라

### 五月

雖有謀事 他人有害 비록 일은 꾀하지만 다른 사람의 해가 있다
莫近西人 其害不少 서쪽 사람을 가까이 마라 그 해가 적지 않다
金姓可親 損財多數 금성을 가히 친하면 손재가 많다

### 六月

利在南北 宜行是方 이익이 남북에 있으니 마땅히 남북으로 가라
百事有成 人人仰視 백사에 이룸이 있으니 사람마다 우러러 본다
虛慾有害 勿貪分外 허욕은 해가 되니 분수 밖의 것을 탐하지 마라

### 七月

是非莫近 財上有害 시비를 가까이 하지 마라 재물에 해가 있다
事理正當 人不言行 사리가 당연하니 남이 말을 못한다
若非橫財 弄璋之慶 만약 횡재가 아니면 생남할 수다

### 八月

莫近是非 官災可畏 시비를 가까이 마라 관재가 두렵다
利在遠方 出則得財 이익이 원방에 있으니 나아가면 재물을 얻는다
名振四方 人多欽仰 이름이 사방에 떨치니 사람들이 흠앙한다

### 九月

頭插桂花 人皆仰視 머리에 계화를 꽂으니 사람마다 우러러 본다
絕處逢生 凶中有吉 궁지에서 살기를 만나니 흉한 가운데 길함이 있다
小人不吉 君子有吉 소인은 불길하고 군자는 길하다

### 十月

吉星來照 家有慶事 길성이 비쳐주니 집에 경사가 있다
利在何處 南北兩方 이익은 어느 곳에 있는고 남쪽 북쪽 양방이다
若偶人助 意外得財 만약 사람이 도우면 뜻밖에 재물을 얻는다

### 十一月

子丑之月 喜事臨身 동짓달과 섣달에는 기쁜 일이 몸에 임한다
雖有心苦 反爲吉祥 비록 마음 괴로움은 있으나 도리어 길함이 된다
名振遠近 百事順成 이름이 원근에 떨치고 백사가 순성된다

### 十二月

因人被害 損財多端 사람으로 해서 해를 입으니 손재가 다단하다
火姓可親 財上有害 화성을 친하면 재물에 해가 있다
心中無憂 安處太平 마음에 근심이 없으니 편한 곳에 태평히 지낸다

# 二四一

☱☷ 隨之萃

【註解】 取善遠惡하면無咎나有功他處之意

【卦象】 居家不安 出他心閑

【해왈】 집안 일을 버리고 유람도 다니고 남과 시비도 있고 그러나 재물도 생기고 기쁜 일도 있으며 삼사월에 귀인을 만나면 오월과 유월에는 재수 대통하고 동지섣달에 길하리라

## 卦辭

居家不安 出他心閑 집에있으면편치못하고 출타하면맘이한가롭다
空然之事 一次相爭 공연한일로 한번서로다툰다
有始無終 行如浮雲 시작은있고끝이없으니 행하는일이뜬구름같다

財數平吉 心亂奈何 재수는평길하나 심란하니어찌할고
入則困苦 出則有吉 들어오면곤고하고 나가면길함이있다
東北兩方 必有吉事 동북양방에 반드시기쁜일이있다

鷹逐群雉 莫知所指 매가뭇꿩을쫓으니 가리킨바를알지못한다
寂寂春林 孤鶯獨啼 적적한봄수풀에 외로운꾀꼬리홀로운다
露下天高 秋扇無用 이슬내리고하늘이높으니 가을부채가쓸데없다

| | | | |
|---|---|---|---|
| 正月 | 在家心亂 出行則吉 집에 있으면마음이어지럽고 나아가면길하다 | 西方北方 不宜出行 서쪽과북쪽양방에는 출행에마땅치않다 | 東方有吉 行則得利 동방에길함이있으니 가면이익을얻는다 |
| 二月 | 身運不均 有苦多憂 신운이고르지못하니괴로움이있고근심이많다 | 莫近是非 口舌臨身 시비를가까이하지마라 구설이몸에따른다 | 家中有憂 出行則吉 집에근심이있으니 출행하면길하다 |
| 三月 | 深山失路 東西不辨 깊은산에서길을잃으니 동서를분별치못한다 | 心無定處 事有虛荒 마음에정한곳이없으니 일에허황함이있다 | 預爲安宅 庶免此數 미리안택하면 거의이운수를면한다 |
| 四月 | 貴星照宅 貴人來助 귀성이집에비치니 귀인이도와준다 | 南北有吉 與人同事 남북에길함이있으니 다른사람과동사하라 | 積小成大 財祿滿堂 작은것을쌓아큰것을이루니 재록이만당하다 |
| 五月 | 財在四方 到處有吉 재물이사방에있으니이르는곳마다길함이있다 | 喜色滿面 百事可成 기쁜빛이얼굴에가득하니 백사를이룬다 | 利在何物 米木有益 이익은무슨물건에있는고 쌀과나무가유익하다 |
| 六月 | 商路得財 廣置田庄 장사로재물을얻어서 널리전장을장만한다 | 月入雲中 一時有苦 달이구름에들어가니 한때는괴로움이있다 | 若非損財 膝下有厄 만약손재가아니면 슬하에액이있다 |
| 七月 | 身數有滯 內患何免 신수가막힘이있으니 내환을어찌면할고 | 財入家門 半失奈何 재물이집에들어오나 반은잃으니어찌할고 | 先吉後凶 先山有欠 먼저는길하고뒤에흉하니 선산에흠이있다 |
| 八月 | 雲雨滿空 大雨卽降 구름비가공중에가득하니 큰비가곧온다 | 兩人同心 日得大財 두사람의마음이같으니 날로큰재물을얻는다 | 得而難聚 運也奈何 얻어도모으기어려우니 운이라어찌할고 |
| 九月 | 千里有信 喜逢親友 천리에서신이있으니 기쁘게친구를만난다 | 莫近訟事 口舌難免 시비를가까이하지마라 구설을면하기어렵다 | 東西兩方 求事不成 동서양방에는 일을구하나이루지못한다 |
| 十月 | 雖有經營 不中奈何 비록경험함은있으나 맞지아니하니어찌할고 | 莫貪人財 反受其害 다른자의재물을탐하지마라도리어해를받는다 | 不發虛慾 別無所益 허욕을발하지마라 별로이익이없다 |
| 十一月 | 金姓有害 莫行東方 금성에해가있으니 동방에가지마라 | 財物到家 反爲有害 재물이집에오나 도리어해가있다 | 山路有險 欲行不進 산길에험함이있으니 가려해도가지못한다 |
| 十二月 | 財運始回 凡事有吉 재운이비로소돌아오고 모든일에길함이있다 | 恒愼官家 終時有吉 항상관가를삼가면 종시길함이있다 | 貴人來助 必有得財 귀인이와서도와주니 반드시재물을얻는다 |

# 二四二

☱☳ 隨之兌 ☱☱

【註解】 雖有變化나 謹愼하면 無咎有吉之意

【卦象】 古人塚上 今人葬之

【해왈】 하던일하면크게곤란하다가 다시일이피어격정과근심이 없어지고 늦게야길할괘

| | | | |
|---|---|---|---|
| 卦辭 | 古人塚上 今人葬之 옛사람무덤위에 이제사람을장사지내도다 | 兩人各心 必有分離 양인의마음이각각이니 반드시분리함이있다 | 若非親憂 家庭不安 만일친환이아니면 가정이불안하리라 |
| | 若而妄動 損財口舌 만일망령되이동하면 손재하고구설이있다 | 初困後泰 終見吉利 처음곤하고뒤에형통하니 마침내길함이있다 | 事有順成 身上無憂 일에순성함이있으니 신상에근심이없다 |
| | 東隣有友 不如西隣 동쪽이웃에벗이있으나 서쪽이웃만같지못하다 | 雖有過咎 改之爲貴 비록허물은있으나 고침이귀함이된다 | 喜笑且語 不能掩口 웃고서말하니 입을잘가리지못한다 |
| 正月 | 運數不吉 堂上有憂 운수가불길하여 친환이있다 | 雖有求事 不中奈何 비록일을구하나 맞지아니하니어찌할고 | 東方貴人 偶來助我 동방에귀인이 우연히 와서나를도와준다 |
| 二月 | 利在何處 西方有吉 이익은어느곳에있는고 서방에길함이있다 | 身上有憂 財數大吉 신상에근심은있으나 재수는대길하다 | 春風二月 桃花滿發 봄바람부는이월에 도화가만발하였다 |
| 三月 | 心無所主 夜夢散亂 마음에주장이없으니 밤에꿈이산란하다 | 凶變爲吉 大利當到 흉함이변하여길하게되니 큰이익이당도한다 | 財星入門 財物自來 재성이문에드니 재물이스스로온다 |
| 四月 | 財如阜山 心神自安 재물이산과같으니 마음이스스로편하다 | 西方有吉 必是財帛 서방에길함이있으니 반드시재백이다 | 夜夢不吉 凡事有虛 밤에꿈이불길하니 범사에헛됨이있다 |
| 五月 | 基地發動 移舍則吉 기지가발동하니 이사하면길하다 | 若居新屋 凶變爲吉 만약새집에살면 흉함이변하여길하다 | 勿爲妄動 以商失敗 망동하지마라 장사로써실패한다 |
| 六月 | 若非是非 口舌間或 만약시비가아니면 구설이간혹있다 | 生疎之人 近則有敗 생소한사람은 가까이하면패가있다 | 靜則大吉 動則有害 고요하면대길하고 동하면해가있다 |
| 七月 | 緣木求魚 畫中之餠 나무로서고기를구하니 그림가운데떡이다 | 身在路上 四方我家 몸이길위에있으니 사방이우리집이다 | 利在何處 南方大吉 이익은어느곳에있을까 남방이대길하리라 |
| 八月 | 心中有望 卽時求得 마음속에있는소망은 즉시구하면얻는다 | 財福隨身 終時得財 재복이몸에따르니 종시재물을얻는다 | 東西兩方 意外得財 동서양방에서 뜻밖에재물을얻는다 |
| 九月 | 如干財數 得而半失 여간재수는 얻어도반은잃는다 | 朱雀臨門 口舌紛紛 주작이문에임하니 구설이분분하다 | 財數不吉 莫貪外財 재수가불길하니 외재를탐하지마라 |
| 十月 | 垂釣靑江 必得大魚 낚시를푸른강에드리우니 반드시큰고기를얻는다 | 水鬼誤名 水火可愼 물귀신이이름을그르치니 물과불을조심하라 | 或有官厄 預先祈禱 혹관액이있으니 미리기도하라 |
| 十一月 | 小牛有病 不行千里 작은소가병이있으니 천리를가지못한다 | 子丑之月 每事不成 동짓달과섣달에는 매사를이루지못한다 | 以此論之 出他不利 이로써의논하면 다른데가면불리하다 |
| 十二月 | 身上有危 勿爲妄動 신상에위태함이있으니 망동하지마라 | 些少之事 口舌入耳 사소한일로 구설이귀에들어온다 | 預先防厄 凶化爲吉 미리액을막으면 흉함이화하여길하다 |

# 二四三

☱☲ 隨之革

【註解】 若不謹愼하면 有禍之意

【卦象】 傳相告引 罪及念外

【해왈】 구설수가 있으니 가정이나 타인이나 말로 다투지 말 것이다 조그마한 일이라도 크게 소문나면 다정한 사람이라도 다 이별할 괘니 조심하면 관계없다

| | | | |
|---|---|---|---|
| 卦辭 | 傳相告引 罪及念外 서로고발하다가 죄가뜻밖에미쳤다 | 財數論之 得而反失 재수를말하면 얻었다가도리어잃는다 | 財數不吉 小得多耗 재수가불길하니 적게얻고많이흩어진다 |
| | 勿貪分外 安靜則吉 분수밖의것을탐하지마라 안정하면길하다 | 口舌有數 莫爲人爭 구설수가있으니 남과다투지마라 | 今年之數 水火愼之 금년의운수는 수화를조심하라 |
| | 月隱西窓 怪夢頻頻 달이서창에숨으니 괴이한꿈이빈번하도다 | 化體歸本 晩脫其殼 몸이근본에돌아오니 늦게야그껍질을벗도다 | 財多泄氣 勿營他事 재물이설기가많으니 다른일을경영치말라 |
| 正月 | 心有悲憂 訟事紛紛 마음에슬픔과근심이있으니 송사가분분하다 | 我心正直 曖昧甚多 나의마음은정직하나 애매한것이심히많도다 | 莫信親友 外實內虛 친한친구를가까이마라 밖은실상안은허황하다 |
| 二月 | 行馬失路 行進可難 말이길을잃었으니 가려하나나가기가어렵다 | 謀事不成 損財不少 일을꾀하나이루지못하니 손재가적지않다 | 親友無情 因人被害 친구가무정하니 사람으로인하여해를입는다 |
| 三月 | 守分在家 別無過失 분수를지키고집에있으면 별로과실이없다 | 心中無憂 財數不利 마음에근심은없으나 재수는불리하다 | 家人不和 心不安靜 집안사람이불화하니 마음이안정치못하다 |
| 四月 | 修身遠惡 庶無過失 몸을닦고악을멀리하면 거의과실이없다 | 勿近女子 口舌損財 여자를가까이말라 구설손재가있다 | 握手登樓 故人無情 손을잡고누에오르니 친구가무정하다 |
| 五月 | 財則可得 口舌是非 재물은가히얻으나 구설과시비가있다 | 心身不安 莫近是非 심신이불안하니 시비를가까이하지마라 | 莫近水姓 諸事虛妄 수성을가까이하지마라 모든일이허망하다 |
| 六月 | 飢者逢豐 生活自足 주린자가풍년을만났으니 생활이자족하다 | 名振四方 人多欽仰 이름이사방에떨치니 사람이많이흠앙한다 | 利在何物 田庄多益 이익은어느물건에있는고 전장에이가많다 |
| 七月 | 立而不安 坐席不安 서도불안하고 자리에앉아도불안하다 | 南北有吉 東西有害 남북은길하나 동서에는해가있다 | 經營之事 如成不成 경영하는일은 될것같고이루지못한다 |
| 八月 | 積小成大 百川歸海 작은절로큰것을이루니 모든내가바다로흐른다 | 雖有得財 口舌奈何 비록재물은얻었으나 구설을어찌할고 | 水火有驚 水火可愼 물과불에놀람이있으니 수화를조심하라 |
| 九月 | 身在路中 一次遠行 몸이길가운데있으니 한번멀리행한다 | 火姓有害 莫親火姓 화성에해가있으니 화성을친하지마라 | 心中有憂 誰能可知 마음에근심이있으니 누가능히알까 |
| 十月 | 荊山白玉 其色所藏 형산백옥이 그빛을감추고있다 | 若非服制 疾病可畏 만약복제가아니면 질병이두렵다 | 吉凶相半 苦盡甘來 길흉이상반하니 쓴것이다하고단것이온다 |
| 十一月 | 水鬼照門 水鬼可畏 수귀가문에비치니 물귀신이두렵다 | 若非如此 家有一驚 만약그렇지아니하면 집에한번놀랄일이있다 | 若無訟事 口舌不免 만약송사가없으면 구설을면하기어렵다 |
| 十二月 | 東園回春 百花滿發 동원에봄이돌아오니 백화가만발한다 | 幸運到家 家産自旺 행운이집에오니 가산이스스로왕성한다 | 李金兩姓 不謀同事 이가김가양성과는 같은일을하지마라 |

大過之夬

【註解】

先吉後凶하니 凡事를 謹愼하면 無咎니라

【卦象】

蓬萊求仙 反似虛妄

【해왈】

의뢰할데없이 허탄한 일 하지마라 도무지 제 불찰이지 누구를 원망할까 자연 화가 나서 돌아다니는 괘

**卦辭**

蓬萊求仙 反似虛妄 봉래산에 신선을 구하니 도리어 허망한것 같다
若偶人助 橫財之數 만일 남의 도움을 만나면 횡재할 수다
無端虛慾 必有失敗 무단한 허욕으로 반드시 실패가 있다

莫信人言 損財口舌 남의 말을 믿지마라 손재하고 구설이 있다
虛荒之事 勿爲行之 허황한 일은 행하지 마라
若而妄動 後悔難免 만일 망녕되이 동하면 후회를 면하기 어렵다

兄征燕北 弟伐遼西 형은 연나라 북방을 치고 아우는 요서를 치도다
貴人何在 東南兩方 귀인이 어디있는고 동남 두 방위에 있다
事多蒼茫 速成速敗 일에 창망함이 많으면 속히 이루고 속히 패한다

**正月**
事有失敗 求事不成 일에 실패가 있으니 일을 구하나 이루지 못한다
察察不明 徒費心力 살피는 것이 밝지 못하니 심력만 허비한다
諸事有害 不如在家 모든일에 해가 있으니 집에 있기만 못하다

**二月**
海中求玉 不見好玉 바다속에서 구슬을 구하니 좋은 옥을 보지 못한다
事不如意 先笑後嚬 일이 여의치 못하니 먼저는 웃고 뒤에 찌푸린다
莫信親人 損財多端 친한 사람을 믿지 마라 손재가 다단하다

**三月**
杜門不出 先哭後笑 문밖에 나가지 아니하니 먼저는 울고 뒤에 웃는다
家有小憂 心身不平 집에 작은 근심이 있으니 심신이 불평하다
不意之事 爭訟不已 뜻하지 아니한 일로 쟁송을 마지 않는다

**四月**
大人有吉 小人有害 대인은 길하고 소인은 해가 있다
到處有財 水姓來助 도처에 재물이 있으니 수성이 와서 도와준다
財物臨身 勿失好期 재물이 임하니 좋은 기회를 잃지 마라

**五月**
在家則吉 出他有害 집에 있으면 길하고 다른데 나가면 해가 있다
移舍變業 凶變爲吉 이사하고 업을 고치면 흉함이 변하여 길하다
朴氏有吉 意外助我 박씨가 길하니 뜻밖에 나를 도와준다

**六月**
捨小取大 反爲其害 소를 버리고 대를 취하니 도리어 그것이 해롭다
二人各心 東西各離 양인의 마음이 각각이니 동서로 각각 떠난다
與人謀事 反受其害 다른 사람과 일을 꾀하면 도리어 그 해를 받는다

**七月**
雖有生財 得而半失 비록 재물은 생기나 얻어도 반은 잃는다
訟事不絶 損財甚多 송사가 부절하니 손재가 많다
捨近望遠 必有失敗 가까운것을 버리고 먼것을 바라니 반드시 실패한다

**八月**
斫石見金 必是得財 돌을 쪼아 금을 보니 반드시 재물을 얻는다
他人之財 偶然到家 타인의 재물이 우연히 집에 온다
名泰身旺 閑處求財 이름나고 몸이 성하니 한가한데서 재물을 구한다

**九月**
草木逢秋 心多煩悶 초목이 가을을 만나니 마음에 번민이 많다
若非移基 出行則吉 만약 이사를 아니하면 출행하는게 길하다
身運不利 必有素服 신운이 불리하니 반드시 복입을 수가 있다

**十月**
兩人同心 求事可成 두사람 마음이 같으니 일을 구하면 이룬다
莫近金姓 反爲損財 금성을 가까이하지 마라 도리어 손재한다
火姓可親 田庄有益 화성을 가히 친하면 전장에 유익하다

**十一月**
財數不吉 勿爲他營 재수가 불길하니 다른일을 경영하지 마라
莫信人言 必有狼狽 남의 말을 믿지마라 반드시 낭패가 있다
百事有滯 在家最吉 백사에 막힘이 있으니 집에 있는 것이 가장 좋다

**十二月**
雖有得財 得而難聚 비록 재물은 얻으나 얻어도 모으기 어렵다
南方其人 偶然救我 남방의 그 사람이 우연히 나를 구한다
在家有吉 出門有害 집에 있으면 길하고 문을 나가면 해가 있다

# 二五二

大過之咸

【註解】 靜則吉하나 若而妄動하면 不利之數라

【卦象】 靡室靡家 窮居無聊

【해왈】 일없이 돌아다니며 세월을 보내다가 늦게야 비로소 자기의 잘못한 것을 깨닫고 마음을 고치는 괘

| | | | |
|---|---|---|---|
| 卦辭 | 靡室靡家 窮居無聊 집이없어 살곳이없이 구차히사니 취미가없다<br>吉中有凶 身數奈何 길한가운데 흉함이있으니 신수를어찌할고<br>結繩之政 太古之風 노를맺는정사는 태고적풍속이다 | 生涯淡泊 虛送歲月 생애가담박하니 헛되이세월을보낸다<br>家憂不離 心亂事滯 집안에근심이있으면 되는것이없다<br>一室兩姓 不合意義 한방안에두성이 뜻이맞지않는다 | 口舌有數 莫與人爭 구설수가있으니 남과다투지마라<br>初雖事逆 終見亨通 처음은비록일이거슬리나 마침내형통함을본다<br>兩虎相爭 利在獵夫 두범이서로다투니 이가사냥군에게있도다 |
| 正月 | 家無財産 生活困苦 집에재산이없으니 생활이곤고하다 | 日落西窓 寃心退去 날이서창에떨어지니 원심이물러간다 | 家神發動 求財不利 가신이발동하니 재물을구하면불리하다 |
| 二月 | 閑臥高亭 喜喜樂樂 한가히높은정자에누워 희희낙락한다 | 到處有財 人人仰視 도처에재물이있으니 사람마다우러러본다 | 兩姓同心 財物自來 두성이마음을같이하니 재물이스스로온다 |
| 三月 | 上下不和 口舌不絶 상하가불화하니 구설이끊이지않는다 | 有吉反凶 此亦奈何 길함이도리어흉하여지니 이것을또어찌할고 | 若非親憂 疾病可畏 만약친환이아니면 질병이두렵다 |
| 四月 | 着冠出門 奔走之格 갓을쓰고문을나가니 분주한격이다 | 守分爲吉 求財不得 분수를지키면길하고 재물을구하나얻지못한다 | 口舌紛紛 不察之故 구설이분분하니 살피지못한까닭이다 |
| 五月 | 鼠失米庫 財路可絶 쥐가쌀곳간을잃었으니 재물길이끊어지도다 | 身在他鄕 奔走之像 몸이타향에있으니 분주한형상이다 | 勞而無功 身數奈何 수고하나공이없으니 신수를어찌할고 |
| 六月 | 勿爲相爭 口舌不免 서로다투지마라 구설을면하기어렵다 | 謀事多端 不中奈何 일을꾀하는것이많으나 맞지아니하니어찌할고 | 誠心祭基 庶免此數 성심으로터에제사하면 거의이수를면한다 |
| 七月 | 官鬼發動 官厄難免 관귀가발동하니 관액을면하기어렵다 | 若有人助 婚姻有慶 만일돕는사람이있으면 혼인하여경사있다 | 若非爭論 訟事當前 만약쟁론이아니면 송사를앞으로당한다 |
| 八月 | 經營之事 必是狼狽 경영하는일은 반드시낭패한다 | 吉變爲凶 徒費心力 길함이변하여흉하니 심력만허비한다 | 莫出東方 損財不免 동방에나가지마라 손재를면하기어렵다 |
| 九月 | 文上有吉 必有得財 문서상에길함이있으니 반드시재물을얻는다 | 他鄕旅窓 喜逢故人 타향의객사에서 기쁘게친구를만난다 | 勿貪分外 必是虛妄 분수밖의것을탐하지마라 반드시허망하다 |
| 十月 | 亥月之數 小財可得 시월달의수는 작은재물은가히얻는다 | 官災口舌 間或有之 관재와구설이 간혹있다 | 此月之數 先吉後凶 이달의운수는 먼저길하고뒤에는흉하다 |
| 十一月 | 飢者得食 金玉滿堂 주린자가밥을얻었으니 금옥이집에가득하다 | 財星照門 橫財豊饒 재성이문에비치니 횡재하여풍요하다 | 花林高樓 貴人相逢 꽃수풀속높은누에 귀인을만난다 |
| 十二月 | 積德之家 必有餘慶 적덕한집에는 반드시남은경사가있다 | 修身齊家 福祿相隨 수신제가하니 복록이서로따른다 | 朴金不利 木姓助我 박가김가는불리하고 목성이나를돕는다 |

# 二五三

大過之困

【註解】 卦象은 雖吉이나 此數는 有大凶之意니라

【卦象】 花爛春城 萬和方暢

【해왈】 가족이 화락하고 벼슬이 높으며 지도하는 사람이 많고 도와주는 사람이 많으니 반드시 경사있을 괘

| | | | |
|---|---|---|---|
| 卦辭 | 花爛春城 萬和方暢 꽃이 봄성에 난만하니 만사가 바야흐로 화창하다 | 身數泰平 到處有吉 신수가 태평하니 이르는 곳마다 길함이 있다 | 吉星照我 恩人助我 길성이 나를 비치니 은인이 나를 돕는다 |
| | 莫近女色 疾病可畏 여색을 가까이하지 마라 질병이 두렵도다 | 家人和合 官祿隨身 집안사람이 화합하고 관록이 몸에 따른다 | 若非如此 身數不利 만일 이같지 않으면 신수가 불리하다 |
| | 口吐雄辯 六國縱橫 입으로 웅변을 토하며 육국을 유세한다 | 小人道消 君子道長 소인의 도는 사라지고 군자의 도는 자라도다 | 人口不寧 生計蕭條 인구가 편치 못하고 살계책이 쓸쓸하다 |
| 正月 | 始逢大運 萬事有成 비로소 대운을 만나니 만사에 이룸이 있다 | 南北兩方 必有妙計 남북양방에 반드시 묘한 계교가 있다 | 若非官祿 弄璋之慶 만약 관록이 아니면 생남할 수다 |
| 二月 | 美人枏對 必有喜事 미인을 서로 대하였으니 반드시 기쁜 일이 있다 | 東南兩方 財物興旺 동쪽과 남쪽 양방에서 재물이 왕성한다 | 利在何人 必有金姓 이익은 어떤 사람에게 있나 반드시 금성에 있다 |
| 三月 | 和氣到門 萬物化生 화기가 문에 이르니 만물이 화생한다 | 龍得明珠 造化無窮 용이 밝은 구슬을 얻었으니 조화가 무궁하다 | 春風三月 萬物得意 춘풍삼월에 만물이 뜻을 얻었다 |
| 四月 | 草綠江邊 恩人助我 풀이 푸른 강가에 은인이 나를 돕는다 | 出行不利 在家則吉 출행함이 불리하니 집에 있으면 길하다 | 龍得天門 必有榮貴 용이 천문을 얻었으니 반드시 영귀함이 있다 |
| 五月 | 運數大通 一家和平 운수가 대통하며 한집이 화평하다 | 財物論之 利在鄭金 재물을 의논할진대 이익이 정가 김가에 있다 | 若近酒色 疾病侵身 만약 주색을 가까이하면 질병이 몸에 침노한다 |
| 六月 | 我先折桂 人皆仰視 내가 먼저 계수를 꺾으니 사람이 다 우러러본다 | 意外榮貴 必是貴人 뜻밖에 영귀하니 반드시 귀인이다 | 南北兩方 必得大財 남북양방에서 반드시 큰 재물을 얻는다 |
| 七月 | 財運旺盛 必有得財 재운이 왕성하니 반드시 재물을 얻는다 | 勿高心志 吉變爲凶 마음을 높게 말라 길함이 변하여 흉하게 된다 | 若非親憂 膝下有驚 만약 친환이 아니면 슬하에 놀람이 있다 |
| 八月 | 身遊高閣 意氣男兒 몸이 높은 집에 노니 의기남아라 | 一家和平 豈不美哉 한집안이 화평하니 어찌 아름답지 않으랴 | 西北兩方 出行有吉 서북양방에 출행하면 길하다 |
| 九月 | 明月高樓 飮酒自樂 달 밝은 높은 누에서 술을 마시고 스스로 즐긴다 | 家中有慶 弄璋之慶 집에 경사가 있으니 생남할 경사다 | 西南兩方 千金自來 서남양방에 천금이 온다 |
| 十月 | 暗夜失燈 東西不辨 어두운 밤에 등불을 잃으니 동서를 분간치 못한다 | 失財失意 盜賊可愼 재물도 잃고 뜻도 잃으니 도둑을 조심하라 | 利在何姓 必有火姓 이익은 무슨 성에 있는고 반드시 화성에 있다 |
| 十一月 | 運數亨通 意氣洋洋 운수가 형통하니 의기양양하다 | 若無此數 反爲虛荒 만약 이 수가 없으면 도리어 허황하다 | 意外貴人 必然助我 뜻밖에 귀인이 꼭 나를 돕는다 |
| 十二月 | 家人合心 利在其中 집안사람이 마음을 합하니 이가 그 가운데 있다 | 利在何姓 必然鄭氏 이는 어느 성에 있는고 반드시 정씨다 | 雖得財物 少得多用 비록 재물을 얻었으나 적게 얻고 많이 쓴다 |

# 二六一

䷮ ䷹

困之兌

【註解】憂散喜生之意라

【卦象】千里他鄕 喜逢故人

【해왈】반가운 사람을 만나고 대관의 지위를 언고 추절에는 생남하고 재수도 좋을 괘

**卦辭**
千里他鄕 喜逢故人 천리타향에 기쁘게 옛친구를 만난다
心多煩悶 財數大吉 마음에 번민함은 많으나 재수는 대길하다
飛花滿席 可思酒情 날으는 꽃이 자리에 차니 가히 술정을 생각한다
莫恨困苦 終得安樂 곤고함을 한하지마라 마침내 안락함을 얻는다
貴人相逢 必得功名 귀인을 서로 만나서 반드시 공명하리라
高高天邊 日輪初紅 높고 높은 하늘가에 일륜이 처음으로 붉도다
身上有勞 運數奈何 신상에 수고로움이 있으니 운수라 어찌할고
三秋之節 必生貴子 삼추지절에 반드시 귀자를 낳는다
莫近土姓 終見損害 토성을 가까이하지마라 마침내 손해를 보리라

**正月**
先嚬後笑 運數漸回 먼저 찌푸리고 뒤에 웃으니 운수가 차차 돌아온다
添口添土 喜滿家庭 식구도 늘고 토지도 느니 기쁨이 가정에 가득하다
身有奔走 勞而有功 몸이 분주하니 수고하면 공이 있다

**二月**
他人救助 必有橫財 타인이 나를 구조하니 반드시 횡재가 있다
春草逢雨 壽福自來 봄풀이 비를 만난격이니 수복이 스스로 온다
凶化爲吉 家産之旺 흉함이 화하여 길하게되니 가산이 흥왕한다

**三月**
身上不安 財必長遠 신상이 불안하니 재수는 반드시 장원하다
勞而無功 身數奈何 수고하고 언지못하니 신수를 어찌할까
守舊安靜 有人來助 옛을 지키고 안정하면 사람이 도와준다

**四月**
陰陽和合 必有慶事 음양이 화합하니 반드시 경사가 있다
若非官祿 生男之數 만약 관록이 아니면 생남할수다
勿爲出路 疾病相侵 집을 나가지마라 질병이 침노한다

**五月**
官鬼發動 虛夢散亂 관귀가 발동하니 헛된 꿈이 산란하다
兩人合心 難事速成 두사람이 마음을 합하면 어려운일도 속히 이룬다
家有吉慶 必是弄璋 집에 경사가 있으니 필시 득남한다

**六月**
東西有路 奔走他鄕 동서에 길이 있으니 타향에 분주하다
勿聽他言 別無所望 다른말을 듣지마라 별로 이익이 없다
心中煩悶 誰向說話 마음이 번민하니 누구를 향하여 말할고

**七月**
洞房花燭 獨坐彈琴 동방화촉에 홀로 앉아 거문고를 탄다
困後有吉 利在三秋 곤한뒤에 길하니 이익은 삼추에 있다
周遊四方 先吉後凶 사방에 두루노니 먼저 길하고 뒤에는 흉하다

**八月**
經營之事 速則爲吉 경영하는 일은 속히 하면 길하다
若逢貴人 大財可得 만약 귀인을 만나면 큰재물을 언는다
桃李逢春 花開結實 도리가 봄을 만났으니 꽃이 피고 열매를 맺는다

**九月**
謀事順成 必有吉利 일을 꾀하여 순성하니 반드시 길함이 있다
身數大吉 百事有吉 신수가 대길하니 백사에 길함이 있다
身旺財旺 得意還鄕 몸과 재물이 왕성하니 득의하고 고향에 돌아온다

**十月**
南北宜行 得食得衣 남북으로 가면 먹을것을 얻고 옷을 언는다
財在北方 與人同事 재물이 북방에 있으니 다른사람과 동사하라
金姓有害 勿爲去來 금성에 해가 있으니 거래를 하지마라

**十一月**
諸事亨通 因人成事 모든일이 형통하니 사람으로 인하여 성사한다
枯木回春 其形更新 마른나무에 봄이 돌아오니 그 형상이 다시 새롭다
先困後旺 財在南北 먼저 곤하고 뒤에 왕성하니 재물이 남북에 있다

**十二月**
利在遠方 出行得利 이가 원방에 있으니 출행하면 이를 언는다
若逢貴人 大財入手 만약 귀인을 만나면 큰재물이 손에 들어온다
莫行西北 費財不免 서북으로 가지마라 비재를 면하지못한다

## 二六二

☱☵ ☱☷ 困之萃

【註解】 此卦는本是多害이어늘卦象에바로注意하라

【卦象】 三年不雨 年事可知

【해왈】 궁한 사람이 일을하면 마음대로 되지않는다 운수라 어찌할고 한탄말고 있으면 나중에는 일이형통하고 마음도편할괘

| | | | |
|---|---|---|---|
| 卦辭 | 三年不雨 삼년을비가오지아니하 年事可知 니해의일을가히알도다<br>苦盡甘來 쓴것이다가고단것이오 晩時成功 니 늦게성공하리라<br>青山霽月 푸른산개인달에 何人擧手 어떤사람이손을드는고 | 莫恨困苦 곤고함을한하지마라 晩得吉運 늦게좋은운을얻는다<br>謀事如意 꾀하는일이뜻과같으니 終見亨通 마침내형통하리라<br>月落烏啼 달떨어지고까마귀우니 三鰥痛恨 세홀아비가한탄한다 | 先困後泰 먼저는곤하고뒤에는형 待時而動 통하니때를기다려하라<br>祈禱名山 명산에기도하면 一家和平 집안이화평하리라<br>預先移居 미리이사하면 庶免此厄 이액을면하리라 |
| 正月 | 困而有苦 곤하고괴로움이있으니 身上不安 신상이편치못하다 | 勿食分外 분수밖의것을탐하지마 凶謀無用 라흉한계교는무용이다 | 苦盡甘來 쓴것이다가고단것이오 終有成功 니 마침내성공한다 |
| 二月 | 土姓有害 토성이해로우니 近則有害 가까이하면해가있다 | 若無官災 만약관재가없으면 口舌身病 구설과신병이있다 | 膝下之憂 슬하에근심은 別無損害 별로손해가없다 |
| 三月 | 困而有厄 곤하고액이있으니 愼之疾病 질병을조심하라 | 身在困境 몸이곤경에있으니 居處不安 거처가불안하다 | 凡事俱順 범사가구순하니 小財到門 적은재물이문에이른다 |
| 四月 | 雖有謀事 비록일을꾀하나 別無財利 별로재물에이는없다 | 虛慾不利 허욕이불리하니 莫出凶計 흉계를내지마라 | 逆水行舟 물을거슬려배를행하니 事理不當 사리가부당하다 |
| 五月 | 暗夜失燭 어둔밤에촛불을잃었으 前路暗暗 니앞길이답답하다 | 莫近女色 만약여색을가까이하면 怪事當前 괴이한일이앞에당한다 | 利在東方 이가동방에있으니 必有得財 반드시재물을얻는다 |
| 六月 | 前程有險 앞길에험함이있으니 出行不利 출행하면이롭지못하다 | 經營之事 경영하는일은 勿說內容 내용을말하지마라 | 若非口舌 만일구설이아니면 官災橫厄 관재와횡액이다 |
| 七月 | 見而不食 보고먹지못하니 畫中之餠 그림가운데떡이다 | 日月不明 일월이불명하니 身上有困 신상에곤함이있다 | 心有煩惱 마음에번민이있으니 何而安逸 어찌안일할까 |
| 八月 | 莫近是非 시비를가까이하지마라 口舌難免 구설을면하기어렵다 | 空谷回春 빈골에봄이돌아오니 草木自樂 초목이즐겨한다 | 他人之財 타인의재물이 偶然到家 우연히집에온다 |
| 九月 | 勿謀他營 다른경영을하지마라 反受其害 도리어그해를받는다 | 吉運漸回 좋은운수가점점돌아오 百事有吉 니 백사에길함이있다 | 自此以後 이로부터뒤에는 次次亨通 차차형통한다 |
| 十月 | 勿爲妄動 망녕되이동하지마라 橫厄侵身 횡액이몸에침노한다 | 守舊安靜 옛을지키고안정하면 庶免此數 거의이수를면한다 | 若行西方 만약서방에가면 損財口舌 손재와구설이있다 |
| 十一月 | 子月之數 동짓달의수는 別無損益 별로손익이없다 | 財在東方 재물이동방에있으니 出行可得 나가면얻는다 | 利在何姓 이익은어느성에있는고 權朴有吉 권가박가에길함이있다 |
| 十二月 | 必有亨通 반드시형통할것이니 勿失此期 이시기를잃지마라 | 祈禱名山 명산에기도하면 一家和平 집안이화평하다 | 橫厄有數 횡액수가있으니 勿爲出行 출행하지마라 |

# 二六三

困之大過

【註解】 有困有凶禍之意니 必有凶咎로다

【卦象】 清風明月 獨坐叩盆

【해왈】 화락한 가운데 태평가를 부르며 만사가 잘 되고 늦게 생남하매 경사가 가중에 가득한 괘

| | | | |
|---|---|---|---|
| 卦辭 | 清風明月 獨坐叩盆 맑은바람밝은달에 홀로앉아동이를두드린다 | 每事不成 或有疾病 매사가불성하고 혹질병이있다 | 陰陽和合 萬物始生 음양이화합하니 만물이시생한다 |
| | 龍得碧海 必有喜事 용이벽해를얻었으니 반드시기쁜일이있다 | 先吉後困 移鄕孤單 처음은좋고뒤는곤하니 고향을떠나서고단하다 | 若非如此 妻憂何免 만일이같지않으면아내의근심을어찌면할고 |
| | 種瓜得瓜 種豆得豆 외를심으면외를얻고 콩을심으면콩을얻는다 | 前有高山 後有峻嶺 앞에는고산이있고 뒤에는준령이있다 | 旱天甘雨 時霑新苗 가문하늘에단비가 때로새싹을적시도다 |
| 正月 | 無事無業 勞而無功 사업이없으니 수고하나공이없다 | 若無官事 家有疾病 만약관가에일이없으면 집에질병이있다 | 若逢貴人 身上有榮 만약귀인을만나면 신상에영화가있다 |
| 二月 | 家有慶事 必是生男 집에경사가있으니 반드시생남한다 | 財在北方 求則可得 재물이북방에있으니 구하면가히얻는다 | 莫行南方 吉變爲凶 남방으로행하지마라 길함이변하여흉하다 |
| 三月 | 西南有害 莫行西南 서쪽남쪽이해로우니 서쪽남쪽에가지마라 | 權張兩姓 近則有害 권가장가두성은 가까이하면해가있다 | 若無相爭 口舌紛紛 만약상쟁함이없으면 구설이분분하다 |
| 四月 | 官祿臨身 可免喪配 관록이몸에임하면 가히상처를면한다 | 朱雀發動 間間口舌 주작이발동하니 간간이구설이있다 | 若非吉慶 必有喪敗 만약경사가아니면 반드시상패한다 |
| 五月 | 莫行南方 吉變爲凶 남방으로행하지마라길 함이변하여흉하게된다 | 若逢貴人 意外橫財 만약귀인을만나면 뜻밖에횡재한다 | 或有損財 凡事愼之 혹손재가있으니 범사를조심하라 |
| 六月 | 莫行西方 以吉爲凶 서방으로가지마라길 함이변하여흉하게된다 | 事有多滯 求事難成 일에막힘이많으니일 을구하나이루지못한다 | 有志不成 有頭無尾 뜻은있고이루지못하니 머리는있고꼬리가없다 |
| 七月 | 凡事可愼 或恐損財 범사를가히조심하라 혹손재가두렵다 | 此年所憂 但只金字 이해의근심할것은 단지금자다 | 莫近東北 是非有數 동북을가까이하지마라 시비할수다 |
| 八月 | 欲飛未飛 此亦奈何 날으려하나날지못하니 이것을어찌할고 | 所謂經營 虛妄奈何 소위경영한것은 허망하니어찌할고 | 運數不吉 勿思妄計 운수가불길하니 망령된계교를생각마라 |
| 九月 | 愁心滿面 不如居家 수심이만면하니 집에있느니만못하다 | 勿爲爭訟 口舌當頭 송사하지마라 구설이당두한다 | 雖有得財 得而難聚 비록재물은얻으나 얻어도모으기어렵다 |
| 十月 | 小鳥出林 無依無托 소조가수풀을나니 무의무탁하다 | 若非橫厄 損財難免 만약횡액이아니면 손재를면하기어렵다 | 莫出慾心 反爲失敗 욕심을내지마라 도리어실패한다 |
| 十一月 | 必有小財 宜行北方 반드시작은재물이있으니마땅히북방으로가라 | 去舊從新 喜事當前 옛을버리고새것을좇으니기쁜일이앞에당한다 | 晩得良馬 日行千里 늦게양마를얻어서 하루에천리를간다 |
| 十二月 | 心無所主 喜悲相半 마음에주장이없으니 기쁘고슬픔이상반하다 | 事不如意 謀事多端 일이여의치못하니 일을꾀함이많다 | 開運三多 不小不大 운수가삼동에열렸으니 작지도않고크지도않다 |

# 三一一

## 大有之鼎

☲☰ ☲☴

**【註解】** 先損後得하니 初凶後吉之意

**【卦象】** 忙忙歸客 臨津無船

**【해왈】** 분주히 돌아다녀도 성공하지 못하고 가정에 흠담만 생기어 손해나며 별로 재미가 없는 괘

| | | | |
|---|---|---|---|
| 卦辭 | 忙忙歸客 臨津無船<br>바삐돌아가는손이 나루를임하여배가없다 | 上下不和 臨江無船<br>위와아래가불화하니 강을임하여배가없다 | 若非損名 身有困辱<br>명예를손상치않으면 몸이곤하고욕됨이있다 |
| | 三多之數 莫渡江水<br>삼동의수는 강물을건너지마라 | 若然渡江 損財多端<br>만일강을건너면 손재가많다 | 奔走東西 事不順成<br>동분서주하나 일은순성치못하다 |
| | 盜飮仙酒 先醉其顏<br>신선의술을도둑해마시니 먼저얼굴이취한다 | 獲罪于天 無處可禱<br>죄를하늘에얻으니 빌곳이없도다 | 待時而動 勿爲妄進<br>때를기다려동하고 망녕되이나가지마라 |
| 正月 | 有恨自嘆 誰有能知<br>한도있고스스로자탄하니 누가있어능히알고 | 與人謀事 必有損害<br>다른사람과일을하면 반드시손해가있다 | 若求財物 北方大吉<br>만약재물을구하려면 북방이대길하다 |
| 二月 | 在家有吉 動則有悔<br>집에있으면길하나동하면 뉘우침이있으리라 | 若非移舍 膝下有驚<br>만약이사하지아니하면 슬하에놀람이있다 | 陰雨濛濛 不見好月<br>음우가몽몽하니좋은달이나타나지않는다 |
| 三月 | 前程亨通 必有財利<br>앞길이형통하니 반드시재물에이가있다 | 謀事順成 生活太平<br>모사를순성하니 생활이태평하다 | 家有吉慶 膝下有慶<br>집에경사가있음은 슬하에경사가있음이다 |
| 四月 | 莫行他鄕 口舌可侵<br>타향에가지마라 구설이가히침노한다 | 無財莫嘆 窮則必達<br>재물없는것을탄식마라 궁하면달한다 | 已午有厄 宜可愼之<br>사월과오월에액이있으니 마땅히삼가야한다 |
| 五月 | 魚龍失水 始終不利<br>고기와용이물을잃으니 시종불리하다 | 運數不吉 或有素服<br>운수가불길하니 혹소복수가있다 | 避狸逢虎 事有危險<br>삵을피하다범을만나니 일에위험이있다 |
| 六月 | 官鬼發動 每事未決<br>관귀가발동하니 매사가미결이다 | 兩人各心 是非口舌<br>두사람마음이각각이니 시비와구설이있다 | 若非移基 膝下有驚<br>만약이사아니하면 슬하에놀람이있다 |
| 七月 | 利在何處 南北可知<br>이는어느곳에있는고 남북인줄알아라 | 三秋之數 宜可守分<br>가을석달의수는 가히분수를지켜야한다 | 虛妄之事 必然損兆<br>허망한일은 필연손해볼징조이니라 |
| 八月 | 勿發虛慾 終始不利<br>허욕을발하지마라 종시불리하다 | 在家心亂 出行南方<br>집에있으면심란하니 남방으로출행하라 | 財數已回 利在田庄<br>재수가이미돌아오니 이익이전장에있다 |
| 九月 | 若非損財 膝下有憂<br>만약손재가아니면 자손에근심이있다 | 若過此數 利在四方<br>만약이수를지나면 이가사방에있다 | 戌月之數 愼之疾病<br>구월의수는 질병을조심하라 |
| 十月 | 深山小兎 虎群何防<br>깊은산에작은토끼가 범떼를어찌막을고 | 莫信他人 口舌間或<br>다른사람을믿지마라 구설이간혹있다 | 北方有吉 南方有害<br>북방은길하나 남방에는해가있다 |
| 十一月 | 南方有厄 橫厄可愼<br>남방액이있으니 횡액을조심하라 | 守分安居 僅免災禍<br>분수를지키고편히있으면 거의재화를면한다 | 財數不吉 求之不得<br>재수가불길하니 구하여도얻지못한다 |
| 十二月 | 以小易大 其利甚多<br>작은것으로큰것을바꾸니 그이가심히많다 | 財在四方 大財入手<br>재물이사방에있으니 큰재물이손에들어온다 | 東西兩方 謀事不利<br>동서양방에는 모사가불리하다 |

# 三一二

䷍ ䷝ 大有之離

【註解】 陰陽和合之意

【卦象】 青鳥傳信 鰥者得配

【해왈】 혼인이되며 수고함은 적되 효력이 많으니 사람이 와서 도우면 좋은 일이 많을 괘

## 卦辭

青鳥傳信 鰥者得配 파랑새가소식을전하니 홀아비가배필을얻는다

金姓來助 必有喜事 금성이와서도우면 반드시기쁜일이있다

魚躍龍門 攀龍附鳳 고기가용문에뛰니 용을받들고봉을붙좇는다

十年經營 一日之榮 십년을경영함은 하루의영화로다

若偶人助 婚姻之數 만일남의도움이있으면 혼인할수다

名振一世 立馬金門 이름이한세상에떨치니 말을금문에세우도다

吉運已回 絶處逢生 좋은운이이미돌아오니 절처봉생하리라

今年之數 必有喜事 금년의운수는 반드시기쁜일이있다

水中殘月 隨我千里 물가운데쇠잔한달이 나를천리나따른다

## 正月

貴星照門 貴人相對 귀성이문에비치니 귀인을서로대한다

家有吉慶 美人相酌 집에경사가있으니 미인이잔을드린다

人口增進 田庄買得 인구가늘고 전장을산다

## 二月

膝下有慶 金玉滿堂 슬하에경사있고 금옥이만당하다

名振遠近 人皆仰視 이름이원근에떨치니 사람이다우러러본다

二月桃李 逢時開花 이월의도리가 때를만나꽃이핀다

## 三月

或有疾病 預先祈禱 혹질병이있으니 미리기도하라

若有疾病 問之朴醫 만약질병이있거든 박씨의원에게물으라

卦有吉星 死地求生 괘에길성이있으니 사지에서삶을만나다

## 四月

始終如一 必有榮貴 처음과끝이하나같으니 반드시영귀함이있다

莫近水姓 我事妨害 화성을가까이하지마라 나의일에방해한다

若非橫財 或有疾病 만약횡재하지아니하면 혹질병이있다

## 五月

幸運已回 福祿自來 다행한운수가돌아오니 복록이스스로온다

吉星照門 胎星來照 길성이문에비치니 태기별이와서비치도다

先得大利 後得安靜 먼저큰이를얻고 뒤에는안정한다

## 六月

家有慶事 弄璋之慶 집에경사가있으니 반드시생남한다

心正待時 必有興旺 마음을바르게하고때를 기다리면반드시성한다

勿爲相爭 必有損害 다른사람과다투지마라 반드시손해가있다

## 七月

財星入門 必有橫財 재성이문에들어오니 반드시횡재한다

財祿臨身 名傳四海 재록이몸에임하니 이름이사해에전한다

聲聞高閣 喜滿家庭 소리가높은집에들리니 기쁨이가정에가득하다

## 八月

凡事有吉 財利入門 범사가길하니 재물이문에들어온다

貴人相助 利在其中 귀인이서로도우니 이가그가운데있다

財在西方 意外自得 재물이서방에있으니 뜻밖에얻는다

## 九月

深山失路 行路不能 심산에길을잃으니 길가기가불능하다

人多忌我 所望難成 많은사람이나를꺼리니 소망을이루지못한다

家有喜事 貴人來助 집에길함이있으니 귀인이와서돕는다

## 十月

月明紗窓 事機必成 달밝은사창에 사기를반드시이룬다

文書有吉 利在田庄 문서에길함이있으니 이가전장에있다

本心守分 堅如山玉 본심으로분수를지키면 굳기가산옥같다

## 十一月

勿爲遠行 不利之事 원행을하지마라 불리한일이다

每事如意 大財入門 매사가뜻과같으니 큰재물이문에들어온다

男兒得意 意氣洋洋 남아가뜻을얻으니 의기가양양하다

## 十二月

若助金姓 必有喜事 만약금성이도우면 반드시기쁜일이있다

心勿大急 吉變爲凶 마음을급하게마라길 함이변하여흉하게된다

事不如意 世事虛妄 일이여의치못하니 세상일이허망하다

# 三一三

☲☰ 大有之睽
☲☱

【註解】有頭無尾之象이니 若不正而行하면 必有不安이라

【卦象】事多愴忙 晝出魍魎

【해왈】모든 일이 마음과 같지 못하며 남에게 속아서 손재하며 부모에게 질병이 있을 괘

| | | | |
|---|---|---|---|
| 卦辭 | 事多慌忙 晝出魍魎 일에 황망함이 많으니 낮에 도깨비라 | 風吹孤燈 火消不明 바람이 외로운 등에 부니 불이 꺼지고 밝지 못하다 | 日月不明 東西不辨 일월이 밝지 못하니 동서를 분변치 못한다 |
| | 莫信親人 言甘事違 친한 사람을 믿지 마라 말은 다나 일은 어긴다 | 每事不成 他人欺我 매사를 이루지 못하고 타인이 나를 속인다 | 在家則吉 出行不利 집에 있으면 길하고 출행하면 불리하다 |
| | 行路不寧 莫渡江水 길다님이 편치 못하니 강물을 건너지 마라 | 月盈則虧 器滿則溢 달이 차면 이지러지고 그릇이 차면 넘친다 | 百花深處 錦衣夜行 일백꽃 깊은 곳에 비단옷 입고 밤에 행한다 |
| 正月 | 靜則失業 動則滿利 고요하면 직업을 잃고 활동하면 이가 많다 | 若無損財 疾病侵身 만약 손재가 아니면 질병이 몸을 침노한다 | 喜憂相雜 一喜一悲 기쁨과 근심이 서로 섞이니 한번씩 기쁘고 슬프다 |
| 二月 | 世事浮雲 初吉後凶 세상일이 부운같으니 처음은 길하고 뒤에 흉하다 | 若無口舌 盜賊可畏 만약 구설이 아니면 도둑이 두렵다 | 風波行舟 欲進不進 풍파에 배를 행하니 나가려고 하나 가지 못한다 |
| 三月 | 固守其家 終時有福 그 집을 굳게 지키면 마침내 복이 있다 | 身數不吉 疾病可愼 신수가 불길하니 질병을 조심하라 | 祈禱名山 可免此數 명산에 기도하면 가히 이 수를 면한다 |
| 四月 | 日入雲中 浮雲蓋日 해가 구름 가운데 드니 뜬구름이 해를 덮는다 | 出入有害 損財多端 출입에 해가 있으니 손재가 많다 | 因人有害 金姓遠之 사람으로 해서 해가 있으니 금성을 멀리하라 |
| 五月 | 身上有吉 必有亨通 신상에 길함이 있으니 반드시 형통함이 있다 | 財運方盛 家道興旺 재운이 바야흐로 성하니 가도가 흥왕이다 | 安靜居家 利在其中 편안히 집에 있으면 이가 그 가운데 있다 |
| 六月 | 以小易大 財運大通 작은 것으로 큰 것을 바꾸니 재운이 대통하다 | 勿貪人財 反爲損害 타인의 재물을 탐하지 마라 도리어 손해한다 | 莫近是非 口舌可侵 시비를 가까이하지 마라 구설이 침노한다 |
| 七月 | 山鳥羽傷 欲飛不飛 새가 날개가 상하였으니 날려고 하나 날지 못한다 | 事有頭緖 勿爲大急 일에 두서가 있으니 급히 하지 마라 | 或有口舌 謀事難成 혹 구설이 있고 모사를 이루지 못한다 |
| 八月 | 缺月復圓 疑事判斷 이지러진 달이 다시 둥그니 의심난 일을 판단한다 | 欲避橫厄 預行南方 횡액을 피하고자 하거든 미리 남방으로 가라 | 苦勞相半 喜憂相雜 괴로움이 상반하고 기쁨과 근심이 섞이도다 |
| 九月 | 月落西天 夜夢甚凶 달이 서천에 떨어지니 밤꿈이 심히 흉하다 | 盜賊可畏 失財可慮 도둑이 두렵고 실재할까 염려하라 | 不意之事 損財多端 뜻하지 아니한 일로 손재가 다단하다 |
| 十月 | 文書有害 土姓勿近 문서에 해로우니 토성을 가까이하지 마라 | 不意之財 偶然到家 뜻하지 아니한 재물이 우연히 집에 온다 | 四方有利 必得大財 사방에 이가 있으니 반드시 큰 재물을 얻는다 |
| 十一月 | 江南水邊 小舟逢傷 강남 물가에 작은 배가 상하도다 | 莫出遠行 必受其害 먼길을 나가지 마라 반드시 그 해를 입는다 | 家有不平 無端損財 집에 불평함이 있고 무단히 손재한다 |
| 十二月 | 若無疾病 堂上之憂 만약 질병이 없으면 부모에 근심이라 | 大去小來 必亡財物 큰 것이 가고 작은 것이오니 반드시 재물이 망한다 | 事不如意 世事如夢 일이 여의치 못하니 세상일이 꿈과 같다 |

## 三二一

䷥ ䷿ 睽之未濟

【註解】 不能而行하니 事不如意之象

【卦象】 方病大腫 扁鵲難醫

【해왈】 일년내 질병이 떠나지 아니하고 채무로 곤란하다가 겨울에 조금 편안하나 모든일을 조심하여야 길할 괘

**卦辭**

方病大腫 扁鵲難醫 병든 큰 헌데를 편작도 고치기 어렵다
財數論之 得而反凶 재수를 의논하면 얻는것이 도리어 흉하다
心滿意足 半得半失 마음차고 뜻이 족하니 반은 잃고 반은 얻는다
家神發動 家庭不安 가신이 발동하니 가정이 불안하다
正月之中 損財多端 정월에는 손재가 많다
小往大來 君子道長 작게 가고 크게 오니 군자의 도가 자란다
愼之水火 一次虛驚 수화를 조심하라 한번 헛되이 놀란다
正月中旬 必然生女 정월중순에 반드시 딸을 낳는다
智短謀淺 欲巧反拙 지모가 잔단하여 교하려다 졸하리라

**正月**

基地發動 必有口舌 기지가 발동하니 반드시 구설이 있다
卦逢鉤陳 勿爲他營 괘가 구진을 만났으니 다른 경영을 마라
莫貧人財 未免狼狽 타인의 재물을 탐치마라 낭패를 면하지 못한다

**二月**

若非移舍 妻子有憂 만약 이사하지 아니하면 처자의 근심이 있다
經營之事 如成不成 경영하는 일은 될것 같으나 이루지 못한다
出則心閑 入則心亂 나아가면 마음이 한가하고 들어오면 심란하다

**三月**

飢者得飯 無匙何食 주린자가 밥을 얻었으나 숟갈이 없으니 어찌할고
財運逢空 橫財反凶 재운이 공을 만났으니 횡재가 도리어 흉하다
莫近是非 口舌入耳 시비를 가까이 하지마라 구설이 귀에 들어온다

**四月**

月入黑雲 不見其光 달이 검은 구름에 드니 그 빛을 보지 못한다
與人謀事 徒無成功 다른 사람과 일을 꾀하니 도무지 성공이 없다
口舌有數 勿爲相爭 구설수가 있으니 서로 다투지 마라

**五月**

東南兩方 貴人來助 동남양방에서 귀인이 와서 돕는다
家有憂患 其害甚多 집에 우환이 있으니 그 해가 심히 많다
勿謀分外 或有失敗 분수밖의 일은 꾀하지 마라 혹 실패가 있다

**六月**

財在路邊 强求必得 재물이 길가에 있으니 억지로 구하면 얻는다
六七月數 百事有魔 유월과 칠월에는 백사에 마가 있다
事有反覆 他人遠之 일이 반복함이 있으니 타인을 멀리하라

**七月**

欲行無路 此數奈何 가려고 하나 길이 없으니 이 수를 어찌할고
橫厄有數 誠心度厄 횡액수가 있으니 성심껏 도액하라
事有未決 必有煩悶 일에 미결함이 있으니 반드시 번민한다

**八月**

勿聽人言 事有虛慌 남의 말을 듣지마라 일에 허황함이 있다
莫近女人 必有損害 여자를 가까이 하지 마라 반드시 손해가 있다
勿爲旅行 疾病侵身 여행을 하지마라 질병이 몸에 침노한다

**九月**

生疎之人 勿而交遊 생소한 사람은 사귀고 놀지마라
若非移居 疾苦不免 만약 이사하지 아니하면 질고를 면하지 못한다
西北有害 勿爲出行 서쪽북쪽이 해로우니 출행하지 마라

**十月**

所望之事 終無一成 소망한 일은 마침내 하나도 이룸이 없다
若近木姓 口舌難免 만약 목성을 가까이 하면 구설을 면하기 어렵다
每事有滯 莫向虛荒 매사에 막힘이 있으니 허황한 일은 말라

**十一月**

一年之數 都在三多 일년의 재수는 도시 삼동에 있다
崔金鄭朴 今年有害 최가 김가 정가 박가는 금년에 해롭다
家有吉祥 膝下之慶 집에 경사가 있으니 자손의 경사라

**十二月**

偶然之財 意外入門 우연한 재물이 뜻밖에 들어온다
若佑火姓 可得橫財 만약 화성이 도우면 횡재한다
東西兩方 求事難成 동서양방은 일을 구해도 이루기 어렵다

## 三二二

### 睽之噬嗑

【註解】 陰陽和合하니 有結實之意로다

【卦象】 暮春三月 花落結實

【해왈】 생남할 수요 재물을 얻고 마음이 화평하며 처녀라면 출가할 괘

**卦辭**

暮春三月 花落結實 모춘삼월에 꽃이 떨어지고 열매를 맺는다
大旱之時 喜逢甘雨 크게 가문 때에 기쁘게 단비를 만나도다
雲散月出 景色一新 구름이 흩어지고 달이 나오니 경색이 한번 새롭다

草綠江邊 牛逢盛草 풀이 강가에 푸른데 소가 성한 풀을 만나도다
今年之數 必有生男 금년의 운수는 반드시 생남하리라
若非如此 婚姻之數 만일 이같지 않으면 혼인할 수로다

**正月**

金井風至 梧桐先秋 금정에 바람이 이르니 오동이 가을을 먼저 하다
身安心平 百事俱吉 몸과 마음이 편하니 백사가 모두 길하도다
弊衣歸客 終見吉利 헌옷으로 돌아오는 손이 마침내 길함을 보리라

陰陽和合 必有慶事 음양이 화합하니 반드시 경사가 있다
胎星照門 必是生男 태성이 문에 비치니 반드시 생남한다
他人多助 財上有吉 다른 사람이 많이 도와주니 재물에 길함이 있다

**二月**

若非科甲 必有災厄 만일 벼슬을 하지 못하면 반드시 재액이 있다
百事俱順 日取千金 백사가 구순하니 하루 천금을 취한다
吉運已回 身貴財旺 길한 운수가 돌아오니 몸이 귀하고 재물이 왕성하다

**三月**

正心謀事 前程亨通 바른 마음으로 일을 꾀하면 전정이 형통한다
若非移居 服制可慮 만약 옮겨살지 아니하면 복입을 염려가 있다
若非產慶 人口增進 만일 산고가 아니면 식구가 는다

**四月**

東方木姓 偶來助力 동방에 목성이 우연히 와서 힘을 돕는다
萬厄消滅 身旺財旺 만액이 소멸하니 몸도 재물도 왕성하다
朴李之姓 意外助我 박가 이가가 뜻밖에 나를 돕는다

**五月**

財產入門 財旺東北 재물이 문에 드니 재물이 동북에 왕성하다
虛動有害 謀事則吉 헛되이 동하면 해롭고 일을 도모하면 길하다
財星隨身 可得大財 재성이 몸을 따르니 가히 큰 재물을 얻는다

**六月**

山野回春 花色更新 산야에 봄이 돌아오니 빛이 더 새롭다
若非生財 膝下有慶 만약 재물이 생기지 않으면 슬하에 경사가 있다
先凶後吉 凶中有吉 먼저는 흉하고 뒤에 길하니 흉한 중에 길함이 있다

**七月**

七八兩月 口舌愼之 칠월과 팔월에는 구설을 조심하라
水火相克 相爭無益 물과 불이 상극이니 서로 다투는 것이 이익 없다
宜行東西 必有橫財 마땅히 동서로 가라 반드시 횡재가 있다

**八月**

若逢貴人 財旺身旺 만약 귀인을 만나면 재물도 몸도 왕성하다
道高名利 貴人相對 도가 높고 이름이 이로우니 귀인을 서로 대한다
凡事如意 身上平安 범사가 여의하니 신상이 평안하다

**九月**

小往大來 必有成家 작은 것이 가고 큰 것이 오니 반드시 성가한다
若得人助 赤手成家 만약 다른 사람 힘을 얻으면 적수로 성가한다
所經之事 必有吉利 경영하는 일은 반드시 길하다

**十月**

是非之事 終時損財 시비의 일로 마침내는 손재한다
若非如此 口舌可畏 만약 그렇지 아니하면 구설이 두렵다
心有煩悶 誰能知之 마음이 상하는 것을 누가 능히 알고

**十一月**

日月恒明 喜滿家庭 일월이 항상 밝으니 기쁨이 가정에 가득하다
若非揚名 必有得財 만약 이름이 나지 아니하면 반드시 재물을 얻는다
家道豐隆 人口旺盛 가도가 풍륭하고 인구가 왕성하다

**十二月**

莫近是非 口舌侵身 시비를 가까이하지 마라 구설이 몸에 침노한다
損財有數 木姓愼之 손재수가 있으니 목성을 조심하라
安身保居 世事太平 편한 몸이 잘 사니 세사가 태평하다

三二三

睽之大有

【註解】

卦象이 吉하나 子는 不利하고 君子 不利하고 勢를 小人이 當故로 其能히 不利로다

【卦象】

有弓無矢 來賊何防

【해왈】

매사를 준비하여 활을 장만하고 활을 방비하라 곤란한 생활이 안심하라 지나면 고도 차차 복이 돌아올 패

| | | | | | | |
|---|---|---|---|---|---|---|
| 卦辭 | 有弓無矢 來賊何防 | 활은있어도살이없으니 오는도둑을어찌막으랴 | 有財有德 成功何難 | 재물도있고덕도있으니 성공하기어렵지않다 | 莫聽人言 好事多魔 | 남의말을듣지마라 좋은일에마가많다 |
| | 若而移舍 終得財利 | 만일이사하면 마침내재물을얻는다 | 每事注意 前程有險 | 매사를주의하라 전정에험함이있다 | 莫恨困苦 必有吉利 | 곤고함을한하지마라 반드시길함이있다 |
| | 一喜一悲 欠在先塋 | 한번기쁘고한번슬프니 흠이선영에있도다 | 西南有損 不宜出行 | 서남방에손재수가있으니 출행함이좋지못하다 | 莫信親友 損財可畏 | 친한벗을믿지마라 손재가두렵다 |
| 正月 | 虎進氣盡 何望生活 | 범이나아가기운이다하니 어찌살기를바라리오 | 出行有吉 宜行東南 | 출행함이길하니 마땅히동남으로가라 | 今年吉地 北方最吉 | 금년의길한곳은 북방이가장길하다 |
| 二月 | 經營之事 有始無終 | 경영하는일은 시초만있고끝이없다 | 若非作客 官災操心 | 만약작객하지아니하면 관재를조심하라 | 二三兩月 事有多逆 | 이월과삼월에는 일에많이거슬린다 |
| 三月 | 若無疾病 必是生産 | 만약질병이없으면 필시생산할것이다 | 身上有危 莫行都市 | 신상에위태함이있으니 도시에가지마라 | 若非如此 口舌有數 | 만약이같지아니하면 구설수가있다 |
| 四月 | 或有失敗 謀事無益 | 실패가있으니 꾀하는일에이익이없다 | 東方有吉 南方有害 | 동방은길하고 남방은해롭다 | 守分安居 忘動則敗 | 분수를지키고살라 망녕되이동하면패한다 |
| 五月 | 身數不利 橫厄可愼 | 신수가불리하니 횡액을가히조심하라 | 害在金姓 勿爲同事 | 해가금성에있으니 같이일을하지마라 | 勿爲他營 謀事有錯 | 다른경영을하지마라 일에그릇됨이있다 |
| 六月 | 每事有滯 心神散亂 | 매사에막힘이있으니 심신이산란하다 | 財數論之 損財不少 | 재수를의논하면 손재가적지않다 | 枯木回春 終時有光 | 고목에봄이돌아오니 종시빛이있다 |
| 七月 | 旱天甘雨 百穀豐登 | 가문하늘에단비가오니 백곡이풍등하다 | 身上有吉 貴人來助 | 신상에길함이있으니 귀인이서로돕는다 | 事有分數 莫貪外財 | 일에분수가있으니 외재를탐하지마라 |
| 八月 | 若無疾病 必有大患 | 만약질병이없으면 반드시큰근심이있다 | 心無所主 意外遇事 | 마음에주장한바가없으니 뜻밖에일을만난다 | 莫近是非 官災難免 | 시비를가까이하지마라 관재를면하기어렵다 |
| 九月 | 西北有吉 必是女人 | 서북에길함이있으니 필시여자다 | 利在北方 出行得利 | 이가북방에있으니 가면이를얻는다 | 謀事不明 見機可行 | 모사가불명하니 기회를봐서행하라 |
| 十月 | 求之不得 不如在家 | 구하여도얻지못하니 집에있느니만못하다 | 災消福來 謀事可成 | 재앙이사라지고복이오니 꾀하는일을이룬다 | 外富內貧 此亦奈何 | 바깥은부한듯하나 안으로빈하니어찌할고 |
| 十一月 | 靜則有吉 動則有害 | 고요하면길하나 동하면해가있다 | 莫恨辛苦 終必有榮 | 신고함을탓하지마라 마침내영화가있다 | 分外之事 爲行不可 | 분수밖의일은 행하는것이불가하다 |
| 十二月 | 成敗多端 身數奈何 | 성패가많으니 신수를어찌할고 | 若無服制 膝下有憂 | 만약복제가없으면 슬하에근심이있다 | 別無利害 口舌可侵 | 별로이해도없는데 구설이침노한다 |

# 三三一

離之旅

☲☶

【註解】 在家心亂하니 出他心閑之意

【卦象】 陽翟大賈 手弄千金

【해왈】 장사하면 이익을 많이 보고 도와주는 사람이 많고 경영하는 일이 뜻과 같은 괘

| | | | |
|---|---|---|---|
| 卦辭 | 陽翟大賈 手弄千金 양척의 큰 장수가 손으로 천금을 희롱한다 | 小草逢春 蓮花秋開 작은 풀은 봄을 만났고 연꽃은 가을에 핀다 | 旱苗逢雨 豈非生光 가뭄에 싹이 비를 만나니 어찌 빛이 나지 않겠느냐 |
| | 經營之事 賴人成事 경영하는 일은 남의 힘으로써 성사한다 | 今年之數 商業得利 금년의 수는 상업하면 이를 얻는다 | 貴人助我 所望如意 귀인이 나를 도우니 소망이 여의하다 |
| | 鼠入倉庫 財利大通 쥐가 창고에 든 격이니 재리가 대통한다 | 月出瑤臺 天地明朗 달이 요대에 나니 천지가 명랑하다 | 自公得吉 必是貴人 공공으로 길함을 얻으니 반드시 귀인이로다 |
| 正月 | 春回故國 萬物更生 봄이 고국에 돌아오니 만물이 다시 산다 | 文化爲福 意外得財 문서가 화하여 복이 되니 의외에 재물을 얻는다 | 財在官門 莫貪外財 재물이 관문에 있으니 외재를 탐하지 다다 |
| 二月 | 財運方盛 偶得大財 재운이 성하니 우연히 큰 재물을 얻는다 | 龍在小川 雲雨何成 용이 작은 내에 있으니 어찌 구름과 비를 이룰까 | 以此論之 吉凶相雜 이로써 말하면 길흉이 서로 섞이도다 |
| 三月 | 春風三月 桃花滿發 봄바람 삼월에 도화가 만발하다 | 有財官門 豈不美哉 재물이 관문에 있으니 어찌 아름답지 아니하랴 | 憂散喜生 身數太平 근심이 흩어져 기쁨이 생기니 신수가 태평하다 |
| 四月 | 兩人同心 何事不成 두 사람의 마음이 같으면 무슨 일을 이루지 못할까 | 貴人扶助 可得千金 귀인이 도와주니 천금을 얻는다 | 花發東園 必有生產 꽃이 동원에 피니 반드시 생산이 있다 |
| 五月 | 五六之月 財如丘山 오월과 유월에는 재물이 구산 같다 | 吉星照門 老娶少女 길성이 문에 비치니 노인이 소녀에게 장가간다 | 經營之事 因人成事 경영한 일은 사람으로 인하여 성사한다 |
| 六月 | 運回如春 萬物自生 운수가 돌아옴이 봄같으니 만물이 스스로 난다 | 百事俱成 意外得財 백사를 갖추어 이루니 뜻밖에 재물을 얻는다 | 家運旺盛 貴人助我 가운이 왕성하니 귀인이 나를 도운다 |
| 七月 | 與人謀事 必有財利 다른 사람과 꾀하는데 반드시 재리가 있다 | 七八月令 必有陰事 칠월과 팔월에는 반드시 비밀한 일이 있다 | 莫信西女 無端口舌 서편 계집을 믿지 마라 무단히 구설이 있다 |
| 八月 | 月明紗窓 貴人可親 달 밝은 사창에 귀인을 가히 친한다 | 家有吉慶 膝下之慶 집에 경사가 있으니 슬하의 경사다 | 若非如此 官祿臨身 만약 그렇지 아니하면 관록이 몸에 임한다 |
| 九月 | 旱天甘雨 百穀豐登 가문 하늘에 단비가 오니 백곡이 풍년 든다 | 草木回春 日益生色 초목에 봄이 돌아오니 날로 더 빛이 난다 | 以此論之 每事有吉 이로써 의논할진대 매사에 길함이 있다 |
| 十月 | 積小成大 財聚如山 작은 것을 쌓아 큰 것을 이루니 재물이 산같도다 | 東園桃李 始結其子 동원에 도리가 비로소 그 열매를 맺는다 | 在家無益 出行得財 집에 있으면 이가 없으니 출행하여 재물을 얻는다 |
| 十一月 | 所望之事 必有成就 소망한 일은 반드시 성취한다 | 莫行水邊 橫厄可畏 물가에 가지 마라 횡액이 두렵다 | 勞心勞力 必有財利 노심노력하면 반드시 재리가 있다 |
| 十二月 | 以大易小 必有損害 큰 것으로 작은 것을 바꾸니 반드시 손해가 있다 | 以財傷心 勿貪虛慾 재물로써 마음을 상하니 허욕을 탐하지 마라 | 守分安居 意外橫財 분수를 지키고 있으면 의외에 횡재한다 |

## 三三二

離之大有

䷝ ䷍

**【註解】** 去舊生新之意

**【卦象】** 北邙山下 新建茅屋

**【해왈】** 만금이 있은들 무엇을 할고 북망산에 몃집이 가련하다 모든 일이 흉하면 길이라 하니 극흉하면 도리어 길한 법이니 성심으로 불전에 기도하면 길할 괘

**卦辭**

北邙山下 新建茅屋 북망산아래에 새로띳집을세우도다
年運不利 百事無心 연운이불리하니 백사에마음이없다
天老地荒 英雄無功 하늘이늙고땅이거치니 영웅이공이없도다
凶神暗動 家庭不安 흉신이암동하니 가정이불안하다
凶則有吉 初困後吉 흉하면길함이있으니 처음은곤하고뒤에길하다
上下不和 先笑後哭 위아래가화목치못하니 먼저는웃고나중은운다
凶變爲吉 祈禱則吉 흉함이변하여길하게되니 기도하면되리라
若無親患 膝下有憂 만일친환이없으면 슬하에근심이있다
利在東南 謀事方成 이가동남에있으니 모사가바야흐로이룬다

**正月**

日月不見 心多有憂 일월을보지못하니 마음에근심이많이있다
若非如此 家宅不安 만약그렇지아니하면 집안이불안하다
若近金姓 損財不免 만약금성을가까이하면 손재를면하기어렵다

**二月**

離家何向 身遊都市 집을떠나어디로향하는고 몸이도시에논다
家有不平 上下有憂 집에불평함이있으니 위와아래가근심이있다
莫信人言 先吉後凶 다른사람말을믿지마라 먼저좋고뒤에흉하다

**三月**

心有不安 求財不得 마음이불안하니재물 을구하나얻지못한다
官則退位 農則無益 벼슬하면물러가고 농사하면이익이없다
幸逢貴人 橫厄可免 다행히귀인을만나면 횡액을면한다

**四月**

在家愁心 出外心閑 집에있으면근심하고 다른데가면한가하다
身遊東方 貴人助我 몸이동방에가놀면 귀인이나를돕는다
預禱佛前 災消福來 미리불전에기도하면재 앙이사라지고복이온다

**五月**

利在文書 田庄之事 이가문서에있으니 전장의일이라
家神助我 凶去福來 가신이나를도우니 흉한것은가고복이온다
財運旺盛 財帛豐盈 재운이왕성하니 재백이풍영하다

**六月**

若無疾病 口舌可侵 만약질병이없으면 구설이가히침노한다
勿爲強求 轉禍爲福 억지로구하지마라 화가옮겨복이된다
勿爲妄動 待時安靜 망녕되이동하지마라때 를기다려편안히있거라

**七月**

祈禱佛前 餘厄可免 불전에기도하면 남은액을가히면한다
訟事有數 勿爲爭論 송사수가있으니 남과다투지마라
勿聽他言 別無神奇 다른사람의말을듣지마 라별무신기하다

**八月**

事有未決 有頭無尾 일에미결함이있으니 머리는있고꼬리는없다
事多瓦解 此亦奈何 일에와해가많으니 이것을어찌할고
身上有厄 祈禱家神 신상에액이있으니 가신에게기도하라

**九月**

百事成就 喜滿家庭 백사를성취하니 기쁨이가득하다
名泰身旺 閑處求財 이름이나고몸이성하니 한처에서재물을구한다
運數如此 此外何望 운수가이같으니 이밖에무엇을원할까

**十月**

若非親憂 膝下有驚 만약친환이아니면 슬하에놀람이있다
木姓有害 勿爲與受 목성에해가있으니 거래를하지마라
待時安靜 苦盡甘來 때를기다리고안정하라 괴로운뒤에기쁨이있다

**十一月**

子丑兩月 吉凶難辨 동짓달과섣달에는 길흉을분별하기어렵다
若不防厄 以吉爲凶 만약도액하지아니하면 길함이흉하게된다
與人謀事 必有虛荒 다른사람과하는일은 반드시허황하다

**十二月**

東方有木 時時悲鳴 동방에나무가있어서 때때로슬피운다
身運不利 或有疾病 신운이불리하니 혹질병이있다
莫近木姓 必受災厄 목성을가까이하지마라 반드시재앙을받는다

離之噬嗑

【註解】 有事成功之意

【卦象】 射虎南山 連貫五中

【해왈】 무슨일을 경영하든지 마음과같이 되고 권리가 능히 큰일이라도 될것이니 기회를 잘보아서 할괘

| | | | | | | |
|---|---|---|---|---|---|---|
| 卦辭 | 射虎南山 連貫五中 | 남산에서범을쏘니 연하여다섯대가맞도다 | 誠心勞力 晩時生光 | 성심껏노력하면 늦게빛이나리라 | 初雖有苦 終見榮華 | 처음은비록괴롬이있으나 마침내영화하리라 |
| | 若無疾病 一次相爭 | 만일질병이없으면 한번서로다툰다 | 每事如意 到處有權 | 매사가여의하니 도처에권리가있다 | 待時而動 成功無疑 | 때를기다려동하면 성공하기의심이없다 |
| | 飛龍在天 利見大人 | 나는용이하늘에있다 대인을만나봄이이롭다 | 出將入相 萬事如意 | 나면장수들면정승이니 만사가뜻과같다 | 貴人在東 利在西方 | 귀인은동에있고 이익은서방에있다 |
| 正月 | 乾泉逢雨 其水更多 | 마른샘이비를만나니 그물이다시많다 | 陰陽自動 高名可得 | 음양이스스로동하니 높은이름을얻는다 | 威振四方 意氣洋洋 | 위엄이사방에떨치니 의기양양하다 |
| 二月 | 日月光明 必有喜事 | 일월이광명하니 반드시기쁜일이있다 | 家中有慶 必是膝下 | 집안에경사있음은 반드시자손에있다 | 七年大旱 甘雨靡靡 | 칠년대한에 단비가비비하다 |
| 三月 | 龍得河海 造化莫測 | 용이하해를얻었으니 조화가무궁하다 | 他人之財 偶然入門 | 타인의재물이 우연히문에들어온다 | 運數逢吉 所望必成 | 운수가길함을만나니 소망을이룬다 |
| 四月 | 君子登科 小人得財 | 군자는벼슬을하고 소인은재물을얻는다 | 財在市場 求之小得 | 재물이시장에있으니 구하면조금얻는다 | 遠行不利 不如在家 | 원행은불리하니 집에있느니만못하다 |
| 五月 | 失物有數 凡事愼之 | 실물수가있으니 범사를조심하라 | 莫信北人 水姓有害 | 북쪽사람을믿지마라 수성에게해가있다 | 若不遠行 疾病可侵 | 만약원행하지아니하며 질병이침노한다 |
| 六月 | 若非科甲 必有得財 | 만일벼슬이아니면 반드시재물을얻는다 | 金耶木耶 意外助我 | 금성이나목성이 의외에나를돕는다 | 心堅如石 勞後有功 | 마음을돌같이굳게하라 수고한뒤에공이있다 |
| 七月 | 七八兩月 魚龍得水 | 칠월과팔월에는 고기와용이물을얻는다 | 樂極憂生 不如虛荒 | 너무좋은것이도리어근심이니 허황함만못하다 | 守分上策 妄動有害 | 분수를지키고 망녕되이동하지마라 |
| 八月 | 甘雨時降 豐年可期 | 단비가때로오니 풍년을기약한다 | 西北兩方 貴人來助 | 서북양방에서 귀인이와서돕는다 | 貴人何姓 必是木姓 | 귀인은무슨성인고 필시목성이다 |
| 九月 | 晴天月出 景色可笑 | 개인하늘에달이뜨니 경색이아름답다 | 心身自安 成功何難 | 마음과몸이편하니 성공하기무엇이어려울까 | 貴人何在 必是西北 | 귀인은어디에있는고 반드시서북쪽이다 |
| 十月 | 莫貪外財 必有虛荒 | 외재를탐하지마라 반드시허황하다 | 逢秋蓮花 一時滿發 | 가을을당한연꽃이 한때만발한다 | 若非橫財 弄璋之慶 | 만약횡재하지아니하면 생남한다 |
| 十一月 | 垂釣滄波 晩得其魚 | 창파에낚시를던지니 늦게야고기를얻으리라 | 身數大吉 所願成就 | 신수가대길하니 소원을성취한다 | 若非橫財 官祿臨身 | 만약횡재하지아니하면 관록이몸에임한다 |
| 十二月 | 若近女色 無端口舌 | 여색을가까이하면 무단히구설이있다 | 石間殘水 不息歸海 | 돌사이에쇠잔한물이쉬지않고바다로돌아간다 | 凡事有順 所求可得 | 범사가유순하니 구하는바를얻는다 |

# 三四一

☲☳ 噬嗑之晉

【註解】不能而進하니 欲進不達之意

【卦象】萬里長程 去去高山

【해왈】끝없는 일이 갈수록 어렵기만 하고 잘되지 아니하니 마음이 항상 불쾌한 괘

| | | | |
|---|---|---|---|
| 卦辭 | 萬里長程 去去高山 만리장정에 갈수록 높은 산이로다 | 事不如意 頻頻移席 일이 여의치 못하니 자주 자리를 옮긴다 | 三春之數 心神散亂 삼춘의 운수는 마음이 산란하다 |
| | 勿爲相爭 口舌可畏 서로 다투지 마라 구설이 두렵다 | 事有未決 心不安靜 일에 미결함이 있으니 마음이 안정치 못하다 | 愁心不離 出行則吉 수심이 떠나지 아니하니 출행하면 길하리라 |
| | 梧桐葉落 鳳凰不栖 오동잎이 떨어지니 봉황이 깃들지 않는다 | 白沙晴川 月色照臨 흰모래 개인 시내에 달빛이 비치도다 | 凶服有數 身病可畏 복입을 수가 있고 신병이 두렵다 |
| 正月 | 深山孤松 大海片舟 깊은 산의 고송이요 큰 바다의 조각배라 | 運數多逆 必有損害 운수가 많이 거스리니 반드시 손해가 있다 | 事有定理 凶化爲吉 일에 정한 이치가 있으니 흉이 변하여 길하게 된다 |
| 二月 | 或恐橫厄 預爲度厄 혹 횡액이 두려우니 미리 도액하라 | 上下各心 每事不成 상하가 마음이 각각이니 매사를 이루지 못한다 | 木土兩姓 意外貽害 목성과 토성 두 성은 뜻밖에 해를 끼친다 |
| 三月 | 三春無益 夏多如意 삼춘에는 이가 없고 여름에는 여의한 일이 많다 | 莫行北方 必有失敗 북쪽에 가지마라 반드시 실패한다 | 雖爲勞力 反而無功 비록 노력하나 도리어 공이 없다 |
| 四月 | 柳綠桃紅 可逢三春 버들은 푸르고 도화는 붉으니 가히 삼춘을 만난다 | 心身泰平 家在慶事 심신이 태평하니 집안에 경사가 있다 | 財在外方 出行有吉 재물이 외방에 있으니 출행하면 길하다 |
| 五月 | 愁心不絶 口舌可侵 수심이 그치지 않고 구설이 침노한다 | 莫爲爭鬪 些少之事 쟁투하지 마라 사소한 일이다 | 人命救助 恩反爲仇 인명을 구해주었으나 은인이 원수가 된다 |
| 六月 | 貴人扶助 豈非生光 귀인이 도와주니 어찌 생광이 아니냐 | 花落無實 狂風何事 꽃 떨어지고 열매가 없으니 광풍은 무슨 일인고 | 身數如此 此數奈何 신수가 이같으니 이 수를 어찌할고 |
| 七月 | 月明青山 杜鵑悲鳴 달 밝은 청산에서 두견이 슬피 운다 | 莫行東方 必有損害 동방에 가지마라 반드시 손해가 있다 | 雖有生財 得而半失 비록 재물은 얻으나 얻어도 반은 잃는다 |
| 八月 | 雖爲勞功 勞而無功 비록 노력은 하나 수고하여도 공이 없다 | 若非損財 必有喪妻 만약 손재하지 아니하면 반드시 상처한다 | 莫恨損財 身病之憂 손재한 것을 한탄마라 신병의 근심이다 |
| 九月 | 事不如意 心多煩憫 일이 여의치 못하니 마음에 번민이 많다 | 一夜狂風 花落何去 하룻밤 광풍에 꽃이 떨어져 어디로 갔는고 | 家宅不寧 成造祈禱 집이 불안하니 성조에 기도하라 |
| 十月 | 勿惜勞力 終得大財 노력을 아끼지 마라 마침내 큰 재물을 얻는다 | 東奔西走 必然奔走 동으로 닫고 서로 달아나니 필연 분주하다 | 深山流水 不息歸海 깊은 산에 흐르는 물이 쉬지 않고 바다로 간다 |
| 十一月 | 雲散月出 景色更新 구름이 흩어져 달이 나오니 경색이 다시 새롭다 | 春草逢春 日就月長 봄풀이 봄을 만났으니 일취월장한다 | 出行得利 天賜其福 출행하면 이익을 얻으니 하늘이 준 복이다 |
| 十二月 | 見機活動 必有小財 기회를 보아서 활동하면 반드시 작은 재물이 있다 | 莫近是非 訟事可畏 만약 시비를 가까이 하면 송사가 두렵다 | 李金兩姓 必是有吉 이가 김가 두 성은 반드시 길하다 |

## 三四二

噬嗑之睽

【註解】有發達之意

【卦象】年少青春 足踏紅塵

【해왈】소년、등과하여 자손에게까지 영화를 끼치고 명예가 널리 나고 권리가 많으며 복록이 진진한 괘

### 卦辭

年少青春 足踏紅塵 연소한 청춘이 붉은 티끌을 밟는다

甘雨知時 百穀豐登 단비가 때를 아니 백곡이 풍년들다

春滿乾坤 螽斯振振 봄이 건곤에 가득하니 자손이 진진하도다

家運大吉 子孫榮貴 가운이 대길하니 자손이 영귀하리라

若非官祿 橫財之數 만일 관록이 아니면 횡재할수로다

財福綿綿 生子之慶 재물과 복이 면면하니 아들낳을 경사로다

猛虎出林 到處有權 맹호가 수풀밖에 나니 도처에 권리가 있다

身數大吉 福祿陳陳 신수가 대길하고 복록이 진진하다

物各有主 守而防盜 물건에 각각 주인이 있으니 지켜서 도둑을 막으라

### 正月

到處有吉 勿失此期 도처에 길함이 있으니 이 기회를 잃지 마라

男兒得意 意氣洋洋 남아가 뜻을 얻었으니 의기가 양양하다

身旺財旺 一家和平 몸과 재물이 왕성하고 집안이 화평하도다

### 二月

若非官祿 反爲凶禍 만약 관록이 아니면 도리어 흉하다

若逢貴人 必得大財 만약 귀인을 만나면 반드시 큰재물을 얻는다

運數大吉 必有興旺 운수가 대길하니 반드시 흥왕한다

### 三月

家有慶事 婚姻之數 집안에 경사가 있으니 혼인할수다

吉星照臨 喜滿家庭 길성이 집에 비치니 기쁨이 가정에 가득하다

財星入門 聚財如山 재성이 문에 드니 재물모은 것이 산같다

### 四月

四月南風 貴人相尋 사월남풍에 귀인이 서로 찾는다

所望如意 一無損傷 소망이 여의하니 하나도 손상함이 없다

意外之財 不求自至 뜻밖에 재물이 구하지 않아도 자연히 온다

### 五月

若非吉慶 反有服制 만약 길경이 아니면 도리어 복입을수다

雖好財數 入少出多 비록 재수는 좋으나 나가는것이 많다

無端口舌 以至訟場 무단한 구설이 송사에까지 이른다

### 六月

入則心亂 出則勞心 들면 마음이 어지럽고 나가면 노심하리라

初困後吉 終得大財 처음은 곤하고 뒤는 길하니 큰재물을 얻는다

春風細雨 草木可樂 봄바람가는 비는 초목이 즐겨한다

### 七月

木姓不利 勿爲同事 목성이 불리하니 동사를 하지마라

西來貴人 偶然助我 서쪽에서 오는 귀인은 우연히 나를 돕는다

申月之數 吉凶相雜 칠월의 수는 길흉이 서로 섞이도다

### 八月

旱天甘雨 枯苗更生 가문하늘에 단비가 오니 마른싹이 다시 산다

春鷄抱卵 必有弄璋 봄닭이 알을 안았으니 반드시 생남하리라

勿爲爭論 口舌又隨 다투지마라 구설이 또 따른다

### 九月

財星照門 動則得財 재성이 문에 비치니 동하면 재물을 얻는다

財旺身苦 先吉後凶 재물이 왕성하고 몸이 괴로우니 나중이 흉하다

木星有害 莫爲同事 목성에게 해가 있으니 동사하지 마라

### 十月

富貴兼全 人人仰視 부귀를 겸전하니 사람마다 우러러본다

莫往官家 刑殺可侵 관가에 가지마라 형살이 침노한다

與人謀事 反爲失敗 남과 꾀하는 일은 도리어 실패한다

### 十一月

子丑之月 萬事順成 동짓달과 섣달에는 만사가 순성한다

若非橫財 必有餘慶 만약 횡재가 아니면 반드시 경사가 있다

恒有喜事 心身太平 항상 기쁜일이 있으니 심신이 태평하다

### 十二月

譽高四方 此外何求 명예가 사방에 높으니 이밖에 무엇을 구하는가

今年之運 守分上策 금년의 운수는 분수지키는 것이 상책이다

丑月之數 名振四方 섣달의 운수는 이름이 사방에 떨친다

# 三四三

䷔ 噬嗑之 ䷝ 離

【註解】奔走之象

【卦象】駈馳四方 山程水程

【해왈】귀한 보배를 구하고자 산이나 물이나 사방을 다니다가 고진감래로 늦게야 조금 형편이 나을 괘

**卦辭**

駈馳四方 山程水程 사방에구치하나 산길과물길이다
渴龍得水 財數亨通 목마른용이물을얻으니 재수가형통하다
身上有苦 誰有知之 신상에괴로움이있으니 누가있어알겠느냐

初困後泰 晩得財利 처음은곤하나뒤에형통하니 늦게재리를얻는다
喜憂相半 吉凶相半 기쁨과근심이상반하니 길흉이상반하다
官災口舌 間間有之 관재와구설은 간간있다

鴛鴦交頸 鷗鷺何侵 원앙이목을대이거늘 구로가어찌침노하는고
深山窮谷 指路者誰 심산궁곡에 길을가리킬자누구인고
之南之北 四顧無親 남으로가고북으로가되 사방에친함이없도다

**正月**

所望如意 事有疑端 소망은여의하나 일에의단이있다
山路走馬 路險困苦 산길에말을달리니 길이험해곤란하다
得而多失 反不如無 얻어도많이잃으니 도리어없는이만못하다

**二月**

排徊仰天 回路得財 배회하며하늘을바라다 가회로에재물을얻는다
若無橫財 反爲服數 만약횡재가없으면 도리어복입을수다
財在路中 出行可得 재물이길가운데있으니 출행하여얻는다

**三月**

千里他鄕 孤獨單身 천리타향에 고독하고외로운몸이다
莫信他言 反爲虛妄 다른사람의말을듣지마라 도리어허망하다
莫近東西 必有損害 동서를가까이하지마라 반드시손해가있다

**四月**

日入黑雲 東西不辨 달이검은구름에드니 동서를분별치못한다
若非身病 膝下有憂 만약신병이아니면 슬하에근심이있다
李朴兩姓 暗猜我事 이가와박가두성은 내일을몰래시기한다

**五月**

西北兩方 必有極凶 서쪽과북쪽양방은 반드시극흉함이있다
東西兩方 必有吉祥 동서양방에는 반드시좋은일이있다
井魚出海 其尾洋洋 샘의고기가바다에나가니 그꼬리가양양하다

**六月**

入山修道 可謂神仙 산에들어가서도를닦으니 신선이라이른다
東南兩方 必有吉利 동남양방은 반드시길함이있다
橫厄可愼 凶事照門 횡액을조심하라 흉악한일이문에비친다

**七月**

與人謀事 必有損害 다른사람과꾀하는일은 반드시손해가있다
事多有魔 莫作遠行 일에마가있으니 원행하지마라
本無財物 身勞心苦 본래재물이없으면 몸이괴롭고수고롭다

**八月**

害在何姓 必有火姓 해는무슨성에있는고 반드시화성에있다
利在何姓 必是水姓 이는무슨성에있는고 필시수성이다
若有人助 千金可得 만약남의도움이있으면 천금을얻는다

**九月**

莫出外方 有損無益 외방에나가지마라 손해는있고이익은없다
喜憂相雜 半吉半凶 기쁨근심이서로섞였으니 반길반흉하다
一身困苦 心多煩憫 일신이곤고하니 마음에번민이많다

**十月**

秋月三更 思家自嘆 추월삼경에 집을생각하고자탄한다
守分安居 庶免此數 분수를지키고편히안거하면 거의이수를면한다
東方來客 必是惡人 동방에서온손은 반드시악한사람이다

**十一月**

日落西山 歸客忙忙 해가서산에지니 돌아가는손이바쁘다
每事不成 守分第一 매사를이루지못하니 분수를지킴이제일이다
若非官災 口舌不絶 만약관재가아니면 구설이끊이지않는다

**十二月**

丑月之數 財謀成就 섣달의운수는 재물과꾀가성취한다
今年之運 奔走少得 금년의운수는 분주하되이익은적다
家有不平 必有損財 집에불평함이있으니 반드시손재가있다

# 三五一

鼎之大有

【註解】 雖有心高나 有事不能之意

【卦象】 未嫁閨女 弄珠不當

【해왈】 이리저리 곤액하니 한곳도 배반하기 어렵다 의식은 넉넉하나 무색함을 어찌할고 마음 고치고 마음을 단단히 하면 길할 괘

| | | | |
|---|---|---|---|
| 卦辭 | 未嫁閨女 弄珠不當 시집가지않은처녀가 아들낳는것이당치않다 | 上下相克 其害不少 상하가상극하니 그해가적지않다 | 時違行事 必有不利 때를어기고일을행하면 반드시불리하리라 |
| | 妄動妄想 終時不利 망녕되이동하고생각하면 종시불리하리라 | 衣食自足 安靜則吉 의식이자족하니 안정하면길하다 | 家有慶事 利在田庄 집안에경사가있고 이가전장에있다 |
| | 碌碌浮生 因人成事 녹록한부생이 남으로해서성사하다 | 莫愼困苦 後必有榮 곤고함을한하지마라 뒤는반드시영화가있다 | 祈禱佛前 災消福來 부처앞에기도하면 재앙은가고복은온다 |
| 正月 | 風雨不順 百穀不成 바람과비가고르지못하니 백곡이익지못한다 | 到處不利 此數奈何 도처에불리하니 이수를어찌할고 | 石上孤松 着根可難 돌위의외로운소나무가 착근하기어렵다 |
| 二月 | 外笑內嚬 無頭無尾 밖은웃고안은찌푸리니 머리는있고꼬리는없다 | 勿聽他言 反爲虛荒 다른사람의말을듣지마라 도리어허황하다 | 家宅不寧 災厄不絶 집안이편하지못하니 재액이끊이지않는다 |
| 三月 | 財數不利 必是失物 재수가불리하니 반드시실물한다 | 莫貪虛慾 別無所得 허욕을탐하지마라 별로얻는것이없다 | 所願難成 凶多吉少 소망은이루기어렵고 흉함은많고길함은적다 |
| 四月 | 老龍無力 登天可難 노룡이힘이없으니 하늘에오르기가어렵다 | 日入雲中 東西不知 해가구름에드니 동서를알지못한다 | 若近是非 口舌可侵 시비를가까이하지마라 구설이침노한다 |
| 五月 | 損財有數 火姓遠之 손재수가있으니 화성을멀리하라 | 逆水行舟 行進可難 물을거슬러배를행하니 나아가기가어렵다 | 在家有凶 移基則吉 집에있으면흉하니 터를옮기면길하다 |
| 六月 | 一家和平 財物自制 한집안이화평하니 재물이스스로이른다 | 橫財有數 手弄千金 횡재수가있으니 손으로천금을희롱한다 | 若非如中 口舌難免 만약그렇지아니하면 구설을면하기어렵다 |
| 七月 | 若非移舍 必是改業 만약이사하지않으면 필시사업을고치리라 | 家庭有憂 年運奈何 가정에근심이있는것은 연운이니어찌할고 | 與人成仇 其害甚多 다른사람과원수를이루니 그해가많다 |
| 八月 | 若非橫財 反爲失物 만약횡재하지않으면 도리어실물한다 | 月入雲中 其色不見 달이구름에드니 그빛을보지못한다 | 若非如中 膝下有憂 만일그렇지않으면 슬하에근심이있다 |
| 九月 | 吉星照門 貴人相對 길성이문에비치니 귀인을서로대한다 | 兩虎相爭 勝負不知 양호가서로다투니 승부를알지못한다 | 家人不和 疾病又侵 집안사람이불화하고 질병이또침노한다 |
| 十月 | 一枝梅花 狂風盡落 한가지매화가 광풍에다떨어진다 | 若無服制 膝下有害 만일복제가없으면 슬하에해가있다 | 木金兩姓 必是吉利 목성과금성은 반드시길하다 |
| 十一月 | 去舊從新 四野回春 옛을버리고새것을좇으니 사야에봄이돌아온다 | 金入鍊爐 終成大器 금이난로에드니 마침내큰그릇을이룬다 | 欲飛無羽 守分則吉 날려하나날개가없으니 분수를지키면길하다 |
| 十二月 | 鳳雛麟閣 必登青雲 봉이인각에새끼치니 반드시청운에오른다 | 財星窺門 利在田庄 재성이문을엿보니 이가전장에있다 | 到處有財 安過太平 도처에재물이있으니 태평히지낸다 |

# 三五二

☲☴ ☶☲ 鼎之旅

【註解】 有和順之意

【卦象】 青龍朝天 雲行雨施

【해왈】 남자는 벼슬할 수요 여자는 생남하고 만사여의하며 모든 일이 잘되어서 마음이 화평할 괘

**卦辭**

青龍朝天 雲行雨施 청룡이 하늘에 오르니 구름이 행하고 비가 오도다
擇地移居 終見吉祥 땅을 가리어 옮겨가면 마침내 길한 상서를 보리라
三秋之數 必有吉事 삼추의 수는 반드시 좋은 일이 있다

淺水行舟 外貧內富 얕은 물에 배를 행하니 바깥은 빈하고 안은 부하다
今年之數 官祿隨身 금년의 운수는 관록이 몸에 따른다
若非如此 橫財之數 만일이 같지 않으면 횡재할 수로다

春風蟹眼 蟄而不出 봄바람에 게눈이 움츠리고 나오지 않는다
朝聚暮散 虛慾滿腹 조취모산하니 허욕이 배에 가득하도다
若非折桂 可得千金 만일 계수를 꺾지 않으면 가히 천금을 얻으리라

**正月**

金盤堆果 花榻設宴 금소반에 과실을 쌓고, 꽃탑에서 잔치한다
仇爲恩人 盜賊自服 원수가 은인이 되니 도둑이 자복한다
名高四方 人人仰視 이름이 사방에 높으니 사람마다 우러러 본다

**二月**

君臣唱和 萬事泰平 임금과 신하가 화창하니 만사가 태평하다
若非娶妻 必生貴子 만약 장가가지 아니하면 반드시 귀자를 낳는다
若非官祿 橫財之數 만약 관록이 아니면 횡재할 수다

**三月**

財在他鄕 出行得財 재물이 타향에 있으니 출행하여 재물을 얻는다
有財有權 威振四方 재물도 있고 권리도 있으니 위엄이 사방에 떨친다
莫近朴姓 必有損害 박가성을 가까이 하면 반드시 손해한다

**四月**

南方有吉 財在北方 남방에 길함이 있고 재물은 북방에 있다
巳月之數 外貧內富 사월의 수는 바깥은 빈하고 안은 부하다
若近金姓 損財不少 만약 금성을 가까이 하면 손재가 적지 않다

**五月**

財星入門 手弄千金 재성이 문에 드니 손으로 천금을 희롱한다
百事俱吉 到處得財 백사가 다 길하니 도처에서 재물을 얻는다
若非橫財 官祿隨身 만약 횡재가 아니면 관록이 몸에 따른다

**六月**

貴人來助 妙計必中 귀인이 와서 도우니 묘계가 맞으리라
家道興旺 膝下有慶 가도가 왕성하고 슬하에 경사가 있다
與人謀事 必有吉利 남과 꾀하는 일은 반드시 길함이 있다

**七月**

新凉七月 必有折桂 신량칠월에 반드시 계수를 꺾으리라
意外成功 喜滿家庭 뜻밖에 성공하니 기쁨이 가정에 가득하다
雖有小憂 終見亨通 비록 조금 근심은 있으나 마침내 형통함을 본다

**八月**

有財權利 到處春風 재물과 권리가 있으니 도처춘풍이라
垂釣滄波 終得大魚 낚시를 창파에 드리우니 마침내 큰고기를 얻는다
財如丘山 此外何望 재물이 구산같으니 이밖에 무엇을 바라리오

**九月**

青天月白 景色更新 푸른하늘에 달이 희니 경색이 다시 새롭다
利在何方 東北兩方 이는 어느 방위에 있는고 동북 양방이라
所願成就 求財如意 소원을 성취하고 재물을 구하면 여의하다

**十月**

萬頃滄波 舟逢順風 만경창파에 배가 순풍을 만나다
吉星入門 必有慶事 길성이 문에 드니 반드시 경사가 있다
雖有得財 身有小憂 비록 재물은 얻으나 몸에 작은 근심이 있다

**十一月**

龍得明珠 造化無窮 용이 밝은 구슬을 얻으니 조화가 무궁하다
若逢貴人 可得千金 만약 귀인을 만나면 가히 천금을 얻는다
財穀豐富 此外何求 재물과 곡식이 풍부하니 이밖에 무엇을 구하리오

**十二月**

明月滿空 光彩五倍 밝은 달이 공중에 가득하니 광채가 오배나 된다
與人謀事 必是虛荒 남과 꾀하는 일은 필시 허황하다
勿爲相爭 是非口舌 남과 서로 다투지 마라 시비와 구설이 있다

三五三

☲☲
☱☴

鼎之未濟

【註解】不能而行하면 有凶이라

【卦象】弱小滕國 間於齊楚

【해왈】혼인이 되고 과거하니 권세와 관록이 많으니 세상 사람들이 모두 쳐다보는 패다

| | | | |
|---|---|---|---|
| 卦辭 | 弱小滕國 間於齊楚 약소한 등나라가 제와 초나라 사이에 있다 | 兩人合心 終得財利 양인이 마음을 합하니 마침내 재물을 얻는다 | 意外功名 必有餘慶 뜻밖에 공명하여 반드시 남은 경사가 있다 |
| | 木姓不利 近則損害 목성이 불리하니 가까이하면 손해가 었다 | 一家和平 財物自來 집안이 화평하니 재물이 스스로 온다 | 莫近親人 徒無所益 친한 사람을 가까이 마라 도무지 소익이 없다 |
| | 深夜有夢 女人入懷 깊은 밤에 꿈이 있으니 여인이 품에 있다 | 事事如意 千金自來 일마다 뜻 같으니 천금이 스스로 온다 | 鵲巢庭樹 喜事到門 까치가 뜰나무에 깃들어 기쁜 일이 문에 이른다 |
| 正月 | 凶化爲吉 世事太平 흉함이 화하여 길하게 되니 세상일이 태평하다 | 在家則吉 莫出外方 집에 있으면 길하니 외방에 나가지 마라 | 船渡中灘 更有風波 배가 중탄을 건너는데 다시 풍파가 있다 |
| 二月 | 兩人各心 謀事不成 두 사람의 마음이 다르니 하는 일을 이루지 못한다 | 損害有數 莫近木姓 손해수가 있으니 목성을 가까이하지 마라 | 日暮西山 行路忙忙 해가 서산에 저문데 길 가기가 바쁘고 바쁘다 |
| 三月 | 莫近是非 口舌難免 시비를 가까이하지 마라 구설을 면하기 어렵다 | 財數平吉 可慮疾病 재수는 평길하나 질병이 염려된다 | 三春謀事 必有虛妄 삼춘에 꾀하는 일은 반드시 허망하다 |
| 四月 | 東園紅桃 獨帶春色 동원의 홍도가 홀로 춘색을 띠도다 | 家有吉慶 生產之慶 집에 경사가 있으니 생산할 경사다 | 財在西方 出則入手 재물이 서방에 있으니 나가면 손에 들어온다 |
| 五月 | 日落西山 歸客失路 해가 서산에 떨어졌는데 나그네가 길을 잃는도다 | 親人有害 凡事可愼 친한 사람이 해가 었으니 범사를 삼가라 | 利在何方 北方最吉 이는 어느 방위에 있는고 북방이 길하다 |
| 六月 | 未月之數 逆水行舟 유월의 수는 물을 거슬러 배가 행한다 | 前進有憂 退則無力 앞으로 나가면 근심이 있고 물러가면 힘이 없다 | 若非親憂 膝下之憂 만약 부모에 근심이 없으면 슬하에 근심이라 |
| 七月 | 意外功名 名振遠近 뜻밖에 공명하여 이름이 원근에 떨친다 | 膝下有吉 財祿滿堂 슬하에 길함이 있고 재록이 만당하다 | 莫聽人言 口舌紛紛 다른 사람의 말을 듣지 마라 구설이 분분하다 |
| 八月 | 兩人同心 因人成事 두 사람의 마음이 같으니 사람으로 해서 성사한다 | 若非如此 必有婚姻 만약 그렇지 않으면 반드시 혼인한다 | 利在出入 動則得利 이가 출입하는데 있으니 동하면 이를 얻는다 |
| 九月 | 正心修德 利在其中 마음 바로하고 덕을 닦으면 이가 그 가운데 있다 | 陰陽和合 必有慶事 음양이 화합하니 반드시 경사가 있다 | 百事有成 一身自安 백사를 이루니 일신이 편안하다 |
| 十月 | 荊山白玉 何時可出 형산의 백옥이 어느 때에 나올까 | 勿爲大急 終得財利 급히 마라 마침내 재리를 얻는다 | 出行有害 守舊安靜 나가면 해가 있으니 옛을 지키고 안정하라 |
| 十一月 | 橫財有數 勿失好機 횡재수가 있으니 좋은 기회를 잃지 마라 | 水姓可親 手弄千金 수성을 가히 친하면 손으로 천금을 희롱한다 | 身旺財旺 諸事順成 몸도 왕성하고 재물도 성하니 모든 일이 순성한다 |
| 十二月 | 財物豐足 心身自安 재물이 풍족하니 심신이 편안하다 | 細雨東風 百草成長 가는 비 동풍에 백초가 성장한다 | 一室安樂 財祿自旺 집안이 안락하니 재록이 스스로 왕성하다 |

# 三六一

☲☵ 未濟之 ☲☱ 睽

【註解】 事有難處之意

【卦象】 狡兎既死 走狗何烹

【해왈】 하인의 해가 내게 돌아오니 아무쪼록 조심하고 부지런히 노력하여야 복록이 돌아올 괘

狡兎既死 走狗何烹 간사한토끼가죽었으니 닫는개를어찌삶을고
今年之數 必是有困 금년의운수는 반드시곤함이있다
雖有名利 間間口舌 비록명리는있으나 간간이구설이있다

**卦辭**
日暮江山 乘舟不利 해가강산에저문데 배타는것이불리하다
三春之數 別無所得 삼춘의운수는 별로소득이없다
運數不利 他人被害 운수가불리하니 타인의해를입는다
方中有圓 乾極坤位 모난중에둥근것이있으니 건이곤위에다하도다
擾擾世事 垂手傍觀 분요한세상일을 손을드리고곁에서본다
人心卒變 難定其性 인심이졸지에변하니 그성품을정하기어렵다

**正月**
家神發動 預爲安宅 가신이발동하니 미리안택하라
雖有勞力 成功可難 비록노력함은있으나 성공하기어렵다
日暮西山 乘舟不利 해가서산에저문데 배타는것이불리하다

**二月**
若無積德 自有身辱 만약적덕함이없으면 스스로몸에욕이있다
莫信親人 反受其害 친한사람을믿지마라 도리어그해를받는다
心神散亂 恒有恐心 마음이산란하니 항상두려운마음이있다

**三月**
身上多憂 外人莫近 신상에근심이많으니 외인을가까이마라
與人謀事 必有失敗 다른사람과꾀하는일은 반드시실패한다
二十年光 世事如夢 이십연광에 세상일이꿈같다

**四月**
陰陽不和 行事不成 음양이불합하니 행하는일을이루지못한다
西南兩方 勿爲出行 서남양방은 출행하지마라
別無頭緒 每事不成 별로두서가없으니 매사를이루지못한다

**五月**
失物有數 盜賊愼之 실물수가있으니 도둑을조심하라
若不勞苦 壽福何望 만약노력하지않으면 수복을어찌바라는고
家有吉祥 必是妻宮 집에경사가있으니 필시처궁에있다

**六月**
若無橫財 膝下有慶 만약횡재함이없으면 슬하에경사가있다
莫行喪家 疾病可畏 상가에가지마라 질병이두렵다
利在東西 出行得利 이가동서에있으니 출행하여이를얻는다

**七月**
口舌生利 一家安樂 구설로써이가생기니 집안이안락하다
勿爲妄動 動則有害 망녕되이동하지마라 동하면해가있다
外富內虛 此亦奈何 바깥은부하고안은허하니 이것을어찌할고

**八月**
飛鳥翼傷 進退不爲 날으는새가날개를상했으니 진퇴를하지못한다
水鬼窺門 莫行水邊 물귀신이문을엿보니 물가에가지마라
他人之事 必有災厄 타인의일로 반드시재액이있다

**九月**
急則有害 遲則有益 급하게하면해가있고 더딘즉이가있다
莫近李姓 先吉後凶 이가성을가까이마라 처음은길하나뒤에흉하다
勿爲同事 各心所爲 동사하지마라 마음이각각되는바라

**十月**
雲散月出 明郞天地 구름을헤치고달이나오니 천지가명랑하다
若非官祿 弄璋之慶 만약관록이아니면 생남할수다
莫信他人 陰害不少 다른사람을믿지마라 음해가적지않다

**十一月**
心無所定 進退不知 마음에정한바가없으니 진퇴를알지못한다
運數多逆 每事不成 운수가거슬림이많으니 매사를이루지못한다
損財有數 莫近北方 손재수가있으니 북방을가까이마라

**十二月**
勿貪分外 天不賜福 분수밖을탐하지마라 하늘이복을안주신다
事無頭緒 無頭無尾 일에두서가없으니 머리도없고꼬리도없다
失物有數 盜賊愼之 실물수가있으니 도둑을조심하라

# 三六二

☲☵ 未濟之晉 ☲☷

【註解】 事有亨通之意

【卦象】 太平宴席 君臣會坐

【해왈】 몸이 귀히 되고 횡재하며 마음이 태평하니 다른 사람들이 우러러보는 괘

**卦辭**

太平宴席 君臣會坐 태평한 잔치자리에 군신이 모여 앉는다
若非生產 一身榮貴 만일 생산하지 않으면 일신이 영귀하리라
鳳含丹詔 太乙臨命 봉이 단조를 머금으니 태을귀인이 명에 임한다
本無世業 橫財成家 본래 세업이 없는데 횡재하여 성가하도다
東西兩方 貴人助我 동서양방에서 귀인이 나를 돕는다
十里路邊 官人棄馬 십리길가에 관인이 말을 버린다
心神自安 一室和氣 심신이 서로 편안하니 일실이 화기로다
金姓有害 莫近金姓 금성이 해로우니 금성을 가까이 마라
萬里長江 一帆順風 만리장강에 한돛의 순풍이로다

**正月**
吉星照門 壽福自來 길성이 문에 비치니 수복이 스스로 온다
家庭之慶 必是膝下 가정의 경사는 필시 슬하에 있다
諸事有吉 世事太平 모든일이 길하니 세상일이 태평하다

**二月**
君明臣賢 皇恩自得 임금이 밝고 신하가 어지니 임금의 은혜를 얻는다
意外功名 名振四方 뜻밖에 공명하니 이름이 사방에 떨친다
有財有權 人多欽仰 재물도 있고 권리도 있으니 사람들이 흠앙한다

**三月**
日月光明 喜事重重 일월이 광명하니 기쁜일이 중중하다
日更月新 財如丘山 날로 다시하고 달로 새로우니 재물이 구산같다
財在外方 出入得財 재물이 외방에 있으니 출입하여 재물을 얻는다

**四月**
好事多魔 莫貪外財 좋은일에 마가 많으니 외재를 탐하지 마라
雲散月出 景色一新 구름이 흩어지고 달이 나니 경색이 한번 새롭다
財數有吉 或有口舌 재수는 좋으나 혹 구설이 있다

**五月**
春深玉樹 百花爭發 봄이 옥수에 깊은데 백화가 다투어 핀다
若非橫財 必有慶事 만약 횡재가 아니면 반드시 경사가 있다
財祿隨身 太平世界 재록이 몸을 따르니 태평한 세계다

**六月**
有財外方 出行得財 재물이 외방에 있으니 출행하여 재물을 얻는다
渴龍得水 造化無雙 목마른 용이 물을 얻었으니 조화가 무쌍하다
若無慶事 官祿隨身 만약 경사가 없으면 관록이 몸에 따른다

**七月**
財物興旺 喜滿家庭 재물이 흥왕하니 기쁨이 가정에 가득하다
財穀滿庫 可比石崇 재곡이 곳간에 가득하니 가히 석숭과 비하도다
名高四方 萬人仰視 이름이 사방에 떨치니 만인이 앙시한다

**八月**
有人多助 家道興旺 사람이 있어 도와주니 가도가 흥왕한다
若逢貴人 福祿陳陳 만약 귀인을 만나면 복록이 진진하다
魚龍得水 事事亨通 고기와 용이 물을 얻으니 일마다 형통한다

**九月**
貴人何在 必有南方 귀인은 어디 있는고 반드시 남방에 있다
偶來助力 意外成功 우연히 와 힘을 도우니 뜻밖에 성공한다
必有貴人 東西可指 귀인이 반드시 있으니 동서양방이라

**十月**
甘雨霏霏 百穀豐登 단비가 비비하니 백곡이 풍년든다
身數大吉 必有財旺 신수가 대길하니 반드시 재물이 왕성한다
財聚如山 生計自足 재물 모은 것이 산같으니 생계가 자족하다

**十一月**
家運旺盛 必有慶事 가운이 왕성하나 반드시 경사가 있다
財在市井 米藥最吉 재물이 시정에 있으니 쌀과 약이 가장 좋다
金姓不吉 愼之去來 금성은 불길하니 거래를 삼가라

**十二月**
家庭之慶 人口增進 가정의 경사는 인구를 더한다
所望如意 喜色滿面 소망이 여의하니 기쁜빛이 낯에 가득하다
身數如此 此外何求 신수가 이같으니 이밖에 무엇을 구할까

## 三六三

☲☵ 未濟之鼎 ☲☴

【註解】柔順和平之意

【卦象】虎榜雁塔 或名或字

【해왈】문무가 겸전하여 벼슬하니 좌우전후가 다 귀인이라 몸이 높이 되고 이름을 늘리는 괘

| | | | |
|---|---|---|---|
| 卦辭 | 虎榜雁塔 或名或字 범의방과기러기탑에 혹이름하고혹자로다 | 財帛滿足 一身榮華 재백이만족하니 일신이영화로다 | 名利俱吉 名振四方 명리가다길하니 이름이사방에떨친다 |
| | 利在他鄕 出入得利 이가타향에있으니 출입하여이를얻는다 | 官祿臨身 人多仰視 관록이몸에임하니 사람이많이앙시한다 | 西方有吉 宜向西方 서방에길함이있으니 마땅히서방에가라 |
| | 三五秋夜 明月徘徊 삼오가을밤에 밝은달이배회하도다 | 莫論世事 小貪大失 세상일을의논치마라 소를탐하다대를잃는다 | 莫近水邊 橫厄可慮 물가에가까이마라 횡액이염려로다 |
| 正月 | 草木逢春 花葉茂盛 풀과나무가봄을만나니 꽃과나무가무성하다 | 一家和平 膝下有榮 집안이화평하고 슬하에영화가있다 | 家道旺盛 利在其中 가도가왕성하니 이가그가운데있다 |
| 二月 | 老龍登天 廣大下雨 노룡이등천하여 널리큰비를내린다 | 若非官祿 反有凶禍 만약관록이아니면 도리어흉화가있다 | 若得功名 名振四海 만약공명하면 이름이사해에떨친다 |
| 三月 | 如干財數 或聚或散 여간재수는 혹모으고혹흩어진다 | 莫信他言 喜憂相半 다른말을듣지마라 기쁨과근심이상반이다 | 財星隨身 意外橫財 재성이몸에따르니 뜻밖에횡재한다 |
| 四月 | 心神和平 名高德盛 심신이화평하니 이름이높고덕이성한다 | 若非橫財 可得功名 만약횡재가아니면 가히공명을얻는다 | 庭蘭自香 膝下有慶 뜰난초가향기로우니 슬하에경사가있다 |
| 五月 | 西方之人 勿說內容 서방사람에게는 내용을말하지마라 | 吉人何姓 鄭金兩姓 길한사람은무슨성인고 정가김가두성이다 | 西方不利 勿爲出行 서방이불리하니 출행하지마라 |
| 六月 | 日暖春風 萬物和生 날이따뜻한봄바람에 만물이화생한다 | 寒暑有序 必是成功 춥고더운것에차례있으니 필시성공할것이다 | 東方有害 莫近東方 동방에해가있으니 동방을가까이하지마라 |
| 七月 | 謀事多端 奔走之格 하는일이많으니 분주한격이다 | 驛馬臨門 出他得利 역마가문에임하니 다른곳에가이를얻는다 | 到處有財 心神和悅 도처에재물이있으니 마음이화열하다 |
| 八月 | 家人同心 所望如意 집안사람이마음이같으니 소망이여의하다 | 明月高樓 美人相對 달밝은밤에 미인을서로대한다 | 添口添土 家道旺盛 식구가늘고토지가느니 가도가왕성한다 |
| 九月 | 陰陽配合 萬物化生 음양이배합하니 만물이화하여생긴다 | 財祿隨身 喜色滿面 재록이몸에따르니 희색이만면하다 | 西方有吉 移基則吉 서방에길함이있으니 터를옮기면길하다 |
| 十月 | 吉運旺盛 必有好事 길한운수가왕성하니 반드시좋은일이있다 | 貴人來助 可得大財 귀인이와서도우니 큰재물을가하얻는다 | 塵合泰山 絕代之功 티끌을모아태산이되니 절대의공이다 |
| 十一月 | 喜笑且語 不能掩蔽 즐기고웃고또말하니 능히입을가리지못한다 | 若非科甲 堂上有害 만약과거가아니면 부모궁에해가있다 | 貴人何在 西南兩方 귀인은어디있는고 서쪽남쪽양방이다 |
| 十二月 | 雲行雨施 化育萬物 구름이가고비가베푸니 만물을기른다 | 凶中有吉 必是亨通 흉한중에길함이있으니 필시형통한다 | 夫婦和順 喜滿家庭 부부가화순하니 기쁨이가정에가득하다 |

☳☳
☰☴

大壯之恒

【註解】草木不生之意

【卦象】落木餘魂 生死未辨

【해왈】재물이따라도내것이아니다그러나의지할곳이있으면곤란함을면하고형편이차차나아지나남의일을잘보아주어도공덕은없고도리어구설만생길것이니조심하여야할괘

| | | | | | | |
|---|---|---|---|---|---|---|
| 卦辭 | 落木餘魂 生死未辨 | 떨어진나무남은혼이살고죽음을판단치못한다 | 有財無功 終時不利 | 재물은있고공이없으니마침내불리하리라 | 陰陽不合 所謀不成 | 음양이불합하니꾀하는바를이루지못한다 |
| | 萬里長程 去去泰山 | 만리장정에갈수록태산이라 | 分外之事 愼勿行之 | 분수밖의일은삼가서하지마라 | 今年之數 疾病愼之 | 금년의운수는질병을조심하라 |
| | 朝不見光 夜不見明 | 아침에빛을보지못하고밤에밝음을보지못한다 | 三戰三北 君臣自羞 | 세번싸워세번패하니임금과신하가부끄럽다 | 道傍花竹 誰是主人 | 길가의꽃과대는누가이것의주인인고 |
| 正月 | 枯木逢霜 秋菊逢雪 | 고목은서리를만나고가을국화는눈을만나다 | 花落無實 無依無托 | 꽃이떨어져열매가없으니무의무탁하도다 | 家庭不安 疾病可畏 | 가정이불안하니질병이두렵다 |
| 二月 | 遠求近失 勿貪虛慾 | 먼데것을구하다가까운것을잃으니허욕마라 | 莫近是非 訟事口舌 | 시비를가까이하지마라송사와구설이있다 | 勿爲他營 損財之數 | 다른경영을하지마라손재할수다 |
| 三月 | 春風三月 百花爭春 | 춘풍삼월에백화가봄을다툰다 | 財在西方 出則入手 | 재물이서방에있으니나가면손에들어온다 | 北方不利 吉變爲凶 | 북방이불리하니길함이변하여흉하게된다 |
| 四月 | 本無所望 其身慮傷 | 본래바라는바가없으니그몸을상할까두렵다 | 一身困苦 心多煩憫 | 일신이곤고하니마음에번민이많다 | 莫嘆辛苦 終得財利 | 신고함을탄하지마라마침내재리를얻는다 |
| 五月 | 事無頭緒 所望難成 | 일에두서가없으니소망을이루지못한다 | 家有小憂 膝下之憂 | 집에근심이있으니자손의근심이라 | 若非如此 必有吊喪 | 만약그렇지아니하면조상을받으리라 |
| 六月 | 七年大旱 草木不長 | 칠년대한에초목이크지못한다 | 水鬼窺身 乘舟可愼 | 수귀가몸을엿보니배타기를조심하라 | 張耶李耶 男女有害 | 장가나이가는남녀간에해가있다 |
| 七月 | 他人之財 偶入我家 | 타인의재물이우연히나의집에들어온다 | 與人成事 利在其中 | 다른사람과일을성사하니이가그가운데있다 | 預禱家神 心身自安 | 미리가신에게기도하면심신이편안한다 |
| 八月 | 莫近水邊 水鬼又侵 | 물가에가지마라물귀신이또침노한다 | 無端之事 口舌臨身 | 무단할일로구설이몸에임한다 | 勿爲出他 有損無益 | 다른데가지마라손은있고이익은없다 |
| 九月 | 草木逢秋 一悲一憂 | 초목이가을을만나니한번슬프고한번근심한다 | 莫近是非 口舌損財 | 시비를가까이하지마라구설과손재가있다 | 鄭金兩姓 終時有吉 | 정가김가양성은종시길하다 |
| 十月 | 莫近女人 事有失敗 | 여자를가까이하지마라일에실패가있다 | 若近女色 必是災禍 | 만약여색을가까이하면반드시재화가있다 | 勿爲他營 損財多端 | 다른경영을하지마라손재가많다 |
| 十一月 | 財星窺門 身旺財旺 | 재성이문을엿보니몸도재물도왕성한다 | 木姓助我 生色五倍 | 목성이나를도우니생색이오배나된다 | 財數旺盛 勿失此期 | 재수가왕성하니이때를잃지마라 |
| 十二月 | 有信無實 事有虛荒 | 신은있고실상은없으니일에허황함이있다 | 心神散亂 不意之厄 | 마음이산란하니뜻하지아니한액이라 | 莫恨煩憫 凶中有吉 | 번민하지마라흉중에길함이있다 |

# 四一二

䷡ ䷶ 大壯之豐

【註解】志高有德하니 一身榮貴之意

【卦象】馳馬長安 得意春風

【해왈】공명하여 세도하매 재물이 많이 생기고 태평히 지내니 녹먹을 것이 도리어 구구하지 않을 괘

| | | | |
|---|---|---|---|
| 卦辭 | 馳馬長安 得意春風 말을장안에달리니 봄바람에뜻을얻는다 | 春風和暢 桃李滿開 봄바람이화창하니 도화가가득히핀다 | 水滿淸江 山影倒江 물이맑은강에가득하니 산그림자가강에잠기다 |
| | 明月高樓 一身自安 밝은달높은누에 일신이편안하다 | 家有慶事 或有一爭 집안에경사있고 혹한번다툼이있다 | 運數大吉 心神有苦 운수는대길하나 마음에괴로움이있다 |
| | 風吹雲散 明月滿天 바람불고구름흩어지니 달이하늘에가득하다 | 甘雨膏露 霑潤草木 단비와기름진이슬이 초목을윤택하게하도다 | 至誠感天 所願必成 지성이면감천이라 소원을반드시이루리라 |
| 正月 | 意外功名 名振四海 뜻밖에공명하니 이름이사해에떨친다 | 心神和樂 喜滿家庭 심신이화락하니 기쁨이가정에가득하다 | 到處有財 男兒得意 도처에재물이있으니 남아가뜻을얻도다 |
| 二月 | 莫信女人 必有損財 여인을믿지마라 반드시손재한다 | 家人合心 家道興旺 집안사람이마음을합하니 가도가왕성한다 | 慶事臨門 財聚如山 경사가문에임하니 재물모은것이산같다 |
| 三月 | 春園桃李 逢時花發 봄동산에복사와오얏이 때를만나꽃이핀다 | 花發東園 蜂蝶探香 동원에꽃이피니 봉접이향기를탐한다 | 財祿隨身 富如金谷 재록이몸을따르니 부함이금곡같다 |
| 四月 | 水鬼照門 莫行水邊 물귀신이문에비치니 물가에가지마라 | 朝鵲南啼 必有榮貴 아침까치가남쪽에우니 반드시영귀함이있다 | 家有慶事 榮在膝下 집에경사가있으니 영화가자손에게있다 |
| 五月 | 莫爲人爭 財譽有傷 다른사람과다투지마라 재물과명예가상한다 | 一室安樂 世事太平 집안이안락하니 세상알이태평하다 | 吉祥臨門 子孫必貴 길상이문에임하니 자손이귀히된다 |
| 六月 | 月明萬里 故人來助 달밝은만리에 고인이와서돕는다 | 災消福來 一室和平 재앙이사라지고복이오니 집안이화평하다 | 上下和睦 家道自旺 상하가화목하니 가도가스스로왕성한다 |
| 七月 | 若非橫財 必有弄璋 만일횡재가아니면 반드시생남한다 | 庭前芝蘭 獨帶春色 뜰앞에난초가 홀로춘색을띠었다 | 財星入門 日取千金 재성이문에드니 하루에천금을취한다 |
| 八月 | 東北兩方 貴人來助 동쪽과북쪽양방에서 귀인이와서돕는다 | 雲外萬里 雁書自得 구름밖의만리에 안서를스스로얻도다 | 若非娶妻 必有生財 만약장가를들지아니하면 반드시생재한다 |
| 九月 | 莫作遠行 損財可畏 원행을하지마라 손해가두렵다 | 出則有害 守家上策 나가면해가있으니 집을지키는것이상책이다 | 莫近北方 有害無益 북방을가까이마라 해는있고이익은없다 |
| 十月 | 家神助我 所望如意 가신이나를도우니 소망이여의하다 | 吉中有凶 君子愼之 길한가운데흉이있으니 군자는조심하라 | 在家有憂 出他有損 집에있으면근심이있고 다른데가면손이있다 |
| 十一月 | 祈禱佛前 凶化爲吉 불전에기도하면 흉함이화하여길하다 | 財利俱吉 家產增進 재물과이가다길하니 세간살이가더는다 | 入則心亂 出行則吉 들어오면심란하나 출행하면길하다 |
| 十二月 | 一身自安 此外何求 일신이스스로편안하니 이밖에무엇을구할고 | 守分安居 必有大吉 분수를지키고편안히살면 반드시대길하다 | 木姓有害 近則有害 목성이해로우니 가까이하면해가있다 |

# 四一三

☳☰ ☳☱ 大壯之歸妹

【註解】有救生之意

【卦象】渴龍得水 濟濟蒼生

【해왈】공명하여 권세를 언으니 창생을 구제할 생각이요 경사도 있으니 형세가 늘어 부자가 될 괘

| 卦辭 | | |
|---|---|---|
| 渴龍得水 濟濟蒼生 목마른 용이 물을 언으니 창생이 제제하도다 | 若非損財 妻憂何免 만일 손재가 아니면 아내의 근심을 어찌 면할고 | 團團秋月 小人爭光 둥글고 둥근 가을 달에 소인이 빛을 다툰다 |
| 吉星窺門 必有慶事 길성이 문을 엿보니 반드시 경사가 있다 | 小人得財 賤者加權 소인은 재물을 언고 천한 자는 권리를 더한다 | 高而不危 我行其野 높아도 위태치 아니하니 내가 그 들에 다닌다 |
| 別無世業 自手成家 별로 세업은 없으나 자수성가하리라 | 欲知前程 因人成事 전정을 알려고 할진대 사람으로 해서 성사하리라 | 必逢貴人 問之西方 반드시 귀인을 만나리니 서쪽 사람에게 물으라 |

| 月 | | | |
|---|---|---|---|
| 正月 | 吉慶到門 赤手成家 길경이 문에 이르니 적수로 성가한다 | 官祿隨身 可謂男兒 관록이 몸을 따르니 가히 이르되 남아라 | 若非如此 必得貴子 만일 이같지 않으면 반드시 귀자를 언는다 |
| 二月 | 財祿如山 安處太平 재록이 산같으니 편한 곳에서 태평하다 | 出入四方 到處有財 사방으로 출입하니 이르는 곳마다 재물이 있다 | 運旺北方 財在水金 운수는 북방에 왕성하고 재물은 물과 금에 있다 |
| 三月 | 財星隨身 意外得財 재성이 몸에 따르니 뜻밖에 재물을 언는다 | 一家和平 所望必中 집안이 화평하니 소망을 반드시 맞춘다 | 北方有吉 宜行北方 북방이 길하니 마땅히 북방으로 가라 |
| 四月 | 一身榮貴 名振四方 일신이 영귀하게 되니 이름이 사방에 떨친다 | 有財多權 到處春風 재물도 있고 권리도 있으니 도처춘풍이다 | 之南之北 利在其中 남으로나 북으로 가라 이가 그 가운데 있다 |
| 五月 | 家運逢吉 喜事重重 가운이 길함을 만나니 기쁜 일이 중중하다 | 東園春梅 一朝滿發 동원의 매화가 하루아침에 만발하도다 | 利在何物 必有水金 이는 무슨 물건에 있는고 반드시 물과 금에 있다 |
| 六月 | 本心正直 壽福可得 본래 마음이 정직하니 수복을 가히 언는다 | 損在何物 必有米果 손해는 어느 물건에 있는고 쌀과 과실에 있다 | 一室安樂 百事如意 집안이 안락하니 백사가 여의하다 |
| 七月 | 種松成林 百鳥來喜 소나무 심어 수풀을 이루니 백조가 와서 기뻐한다 | 在家有吉 出行不利 집에 있으면 길하고 출행하면 불리하다 | 莫交他人 損財不少 다른 사람을 사귀지 마라 손해가 적지 않다 |
| 八月 | 家人和平 喜語且笑 집안 사람이 화평하니 기뻐 말하고 또 웃는다 | 家道漸旺 凡事如意 가도가 점점 왕성하니 범사가 여의하다 | 幸逢貴人 生活太平 다행히 귀인을 만나니 생활이 태평하다 |
| 九月 | 名利俱吉 不求自豐 명리가 다 길하니 스스로 풍족하다 | 道高名利 名振四方 도가 높고 이름이 나니 이름이 사방에 떨친다 | 祿重權多 男兒得意 녹이 중하고 권리가 많으니 남아가 뜻을 언도다 |
| 十月 | 吉星隨身 必有餘慶 길성이 몸에 따르니 반드시 남은 경사가 있다 | 所望如意 喜色甚多 소망이 여의하니 기쁜 빛이 많다 | 財福俱全 日得千金 재복이 구전하니 날로 천금을 언는다 |
| 十一月 | 身運逢吉 功名可得 신운이 길함을 만나니 공명을 가히 언는다 | 家有吉祥 膝下有慶 집안에 경사있으니 슬하에 경사가 있다 | 火姓不利 莫與交遊 화성이 불리하니 사귀어 놀지 마라 |
| 十二月 | 上田下田 百穀豐盈 위밭과 아래밭에 백곡이 풍영하다 | 與人同心 財利千金 다른 사람과 마음을 같이 하니 재리가 천금이다 | 若去西方 可得橫財 만약 서방에 가면 가히 횡재한다 |

# 四二一 歸妹之解

【註解】失其德而生其位하니 災禍不少하고 先免其禍나 後必有災니라

【卦象】僅避狐狸 更踏虎尾

【해왈】나아갈수록 곤란함이 많다 아무리 노력하여도 공이 없으니 공연히 한탄하면 무엇하리오 횡액이 있고 또 재수도 없으며 마음이 심란한 괘

**卦辭**

僅避狐狸 更踏虎尾 겨우 여우 삵을 피하니 다시 범의 꼬리를 밟도다

財數不利 虛送歲月 재수가 불리하니 허송세월하도다

煙起夕陽 蟋蟀紛紛 연기가 석양에 일어나니 실솔이 분분하도다

廣大天地 一身無依 넓은 천지에 일신을 의지할 데 없다

雖有生財 小得多失 비록 재물은 생김이 있으나 적게 얻고 많이 잃도다

推車上山 力倍無功 수레를 밀고 산에 오르니 힘은 배나 들고 공이 없다

勞有無益 恨嘆不已 수고해도 유익이 없으니 한탄함을 마지않는다

在家心亂 出他無益 집에 있으면 심란하고 다른 데 가면 이익이 없다

岩頭走馬 山路崎嶇 바위머리에 말을 달리니 산길이 기구하도다

**正月**

江山行人 偶逢險路 강산에 행하는 사람이 우연히 험한 길을 만난다

勿爲求財 事有虛妄 재물을 구하지 마라 일이 허망하다

求兎於海 終時不得 토끼를 바다에서 구하니 마침내 얻지 못한다

**二月**

身上有困 世事浮雲 신상이 곤하니 세상일이 뜬구름이라

家有疾苦 心身散亂 집에 질고가 있으니 마음이 산란하다

失敗有數 莫信親友 실패수가 있으니 친한 친구를 믿지 마라

**三月**

身運不利 終見仇人 신운이 불리하니 마침내 원수 사람을 보리라

莫近是非 橫厄不免 시비를 가까이 마라 횡액을 면하지 못한다

虎入陷穽 有志無計 범이 함정에 드니 마음은 있으나 계책이 없다

**四月**

時和年豐 萬人自安 시화년풍한데 만인이 스스로 편안하다

財星隨身 橫財豐饒 재성이 몸에 따르니 횡재가 많도다

若近是非 口舌可侵 만약 시비를 가까이하면 구설이 가히 침노한다

**五月**

自下克上 家有不平 아래로부터 위를 이기니 집에 불평이 있다

事不如意 有害無益 일이 여의치 못하니 해만 있고 이가 없다

勿爲急圖 遲則有吉 급히 도모하지 마라 더디면 길하다

**六月**

有志無謀 事有未決 마음은 있고 꾀가 없으니 일에 미결함이 있다

運數轉回 終得生活 운수가 돌아오니 마침내 생활을 얻는다

財星逢空 虛往虛來 재성이 공을 만나니 헛되이 왕래하리라

**七月**

事不稱心 心多煩憫 일이 마음에 맞지 아니하니 마음에 번민이 많다

雖有勞力 反而無功 비록 노력함은 있으나 도리어 공이 없다

疾苦不絕 憂心甚多 질고가 끊이지 아니하니 근심이 많다

**八月**

莫近是非 官災之數 시비를 가까이 마라 관재수가 있다

若非如此 必有素服 만일 같지 아니하면 반드시 소복수가 있다

若無損財 膝下有厄 만일 손재가 없으면 자손의 액이 있다

**九月**

官鬼到門 家有不安 관귀가 문에 이르니 집에 불안함이 있다

守家上策 出門不利 집을 지키는 것이 상책이고 문을 나가면 불리하다

損財有數 土姓遠之 손재수가 있으니 토성을 멀리하라

**十月**

旱天甘雨 枯苗更生 가문 하늘 단비에 마른 싹이 다시 난다

到處有財 食祿自足 도처에 재물이 있으니 식록이 스스로 족하다

若非如此 家庭不安 만일 그렇지 않으면 가정이 불안하다

**十一月**

口舌有數 到處得談 구설수가 있으니 도처에서 말을 듣는다

家有不平 風波不絕 집에 불평함이 있으니 풍파가 그치지 않는다

運數不利 損財口舌 운수가 불리하니 손재와 구설이라

**十二月**

勿貪外財 徒無所益 외재를 탐하지 마라 도무지 이익이 없다

誠心勞力 小利可得 성심껏 노력하면 작은 이는 얻는다

若而移居 庶免此數 만약 이사가면 거의 이 수를 면한다

# 四二三

歸妹之震

【註解】 有害覡近者니 妄動有害之象이라

【卦象】 兄耶弟耶 庚人之害

【해왈】 친하게 지내는 사람이라도 해로운 사람이요 일을 경영하매 오월달이 불길하다 처음은 흉하고 늦게는 편안할 괘

| | | | |
|---|---|---|---|
| 卦辭 | 兄耶弟耶 庚人之害 형이냐동생이냐 동갑의해로다 | 運數不利 吉事隨魔 운수가불리하니 좋은일에마가따른다 | 有志未就 身數奈何 뜻은있으나이루지못하니 신수를어찌할고 |
| | 日暮西山 進退不知 해가서산에저무는데 진퇴를알지못한다 | 財在路上 求而可得 재물이노상에있으니 구하면얻는다 | 頭小身弱 事不能當 머리는작고몸은약하니 일을능히감당치못한다 |
| | 挾山渡海 反爲虛言 산을끼고바다를건넘이 도리어헛말이로다 | 運阻命蹇 財多耗散 운수가막히고명이막혀 재물이흩어짐이많도다 | 遠行不利 不如安分 원행이이롭지못하니 안분하느니만못하다 |
| 正月 | 雲外萬里 孑孑單身 구름밖만리에 혈혈한외로운몸이라 | 家神發動 家庭不安 가신이발동하니 가정이불안하다 | 家運太否 憂苦不離 가운이비색하니 근심이떠나지않는다 |
| 二月 | 梅花滿開 其香可新 매화가만개하니 그향기가히새롭다 | 利在何方 必有西方 이익은어느곳에있는고 반드시서방에있다 | 莫近女子 有害口舌 여자를가까이마라 해롭고구설이있다 |
| 三月 | 財星逢空 求財不得 재성이공을만나니재 물을구해도얻지못한다 | 家有疾苦 心神不安 집에질고가있으니 마음이불안하다 | 雖有吉運 別無所得 비록길함이있으나 별로얻는것은없다 |
| 四月 | 意外功名 人多欽仰 뜻밖에공명하니 사람이많이흠앙한다 | 損財隨身 莫近金姓 손재가몸에따르니 금성을가까이마라 | 祿在四方 太平安過 녹이사방에있으니 태평히지낸다 |
| 五月 | 莫行怪地 橫厄可畏 괴지에가지마라 횡액이두렵다 | 勿思人情 反受其害 인정을생각지마라 도리어그해를받는다 | 事不如意 此亦奈何 일이여의치못하니 이것을어찌할고 |
| 六月 | 水火愼之 橫厄有數 수화를조심하라 횡액수가있다 | 是非有數 莫與人爭 시비수가있으니 남과다투지마라 | 若非如此 口舌難免 만약이같이아니하면 구설을면하기어렵다 |
| 七月 | 東北兩方 可有許名 동북양방에 가히헛이름이있다 | 四顧無親 依托何處 사고무친하니 어느곳에의탁할고 | 莫近花房 本妻有別 화방을가까이마라 본처를이별한다 |
| 八月 | 勿爲出門 不意有厄 문을나가지마라 뜻하지아니한액이있다 | 損財有數 凡事愼之 손재수가있으니 범사를조심하라 | 金木兩姓 勿爲與受 금목양성은 여수를하지마라 |
| 九月 | 勿爲妄動 橫厄有數 망녕되이동하지마라 횡액수가있다 | 身運不利 再被人害 신운이불리하니 다시남의해를입는다 | 一悲一憂 吉凶相半 한번슬프고한번근심하니 길흉이상반하다 |
| 十月 | 心多勞苦 終時有吉 마음에노고가많으니 마침내길함이있다 | 東方來人 必是爲仇 동방으로오는사람은 필시원수가된다 | 莫近鬼場 損財不免 귀장을가까이마라 손재를면하지못한다 |
| 十一月 | 陰陽不合 夫妻不和 음양이불합하니 부처가불화하다 | 小有財物 求則入手 작은재물이있으니 구하면손에들어온다 | 今年之數 先凶後吉 금년의운수는먼저흉하고 뒤에는길하다 |
| 十二月 | 雖有財物 得而反凶 비록재물이있으나 얻는것이도리어흉하다 | 若近火姓 損害難免 만약화성을가까이하면 손해를면하기어렵다 | 事無頭緒 世事浮雲 일에두서가없으니 세상일이뜬구름이다 |

# 四二三

☳☱
☳☰

歸妹之大壯

【註解】志高心正하니 必有亨通之意

【卦象】花笑園中 蜂蝶來戲

【해왈】좋은 일을 좋은줄 모르고 남모르게 하고자 하여도 자연히 안다 두번 장가들고 생남하여 경사가 있을 패

| | | | |
|---|---|---|---|
| 卦辭 | 花笑園中 蜂蝶來戲 꽃이동산가운데피니 봉접이와서희롱한다 | 年運旺盛 必有慶事 연운이왕성하니 반드시경사가있다 | 若非慶事 改業之數 만약경사가아니면 업을고칠수다 |
| | 寅卯之月 別無所望 정월과이월에는 별로유익함이없다 | 勿爲妄動 謀事難成 망녕되이동하지마라 꾀하는일을이루지못한다 | 若非移徙 親憂可慮 만일이사하지아니하면 친환이염려로다 |
| | 積小成大 漸漸亨通 작은것으로큰것을이루니 점점형통한다 | 二人同心 其利斷金 두사람이마음을같이하니 그이가쇠를끊는다 | 山澤通氣 至誠感天 산과못이기운을통하니 지성이면감천이라 |
| 正月 | 上下和睦 一室和樂 상하가화목하니 집안이화락하다 | 黃龍弄珠 必有婚姻 황룡이구슬을희롱하니 반드시혼인이있다 | 若非如此 弄璋之數 만약이같지아니하면 생남할수다 |
| 二月 | 災消福來 萬事泰平 재앙이사라지고복이오니 만사가태평하다 | 守分安居 福祿自來 분수를지키고편히있으면 복록이스스로온다 | 所望如意 可得大財 소망이여의하니 가히큰재물을얻는다 |
| 三月 | 若非橫財 娶妻之數 만일횡재수가아니면 장가들수다 | 財星隨身 日得大財 재성이몸에따르니 날로큰재물을얻는다 | 對人對酒 生計其中 사람과술을대하니 살계교가그가운데있다 |
| 四月 | 小往大來 積土成山 작은것이가고큰것이오니 흙을쌓아산을이룬다 | 赤手起家 富如石崇 적수로집을일으키니 부하기가석숭같다 | 財星入門 橫財之數 재성이문에드니 횡재할수다 |
| 五月 | 雲散月出 天地明朗 구름이흩어지고달이뜨니 천지가명랑하다 | 幸逢貴人 生色五倍 다행히귀인을만나면 생색이오배나된다 | 一室和平 心神安樂 집안이화평하니 마음이안락하다 |
| 六月 | 若無科甲 膝下有慶 만일과거가없으면 슬하에경사가있다 | 暗中行人 偶得明燭 어둔가운데행하는사람이 우연히촛불을얻는다 | 到處有財 百事俱吉 도처에재물이있고 백사가다길하다 |
| 七月 | 祿重權多 人人仰視 녹이중하고권리가많으니 사람들이우러러본다 | 吉星照門 家庭有慶 길성이문에비치니 가정에경사가있다 | 若非橫財 子孫榮貴 만약횡재가아니면 자손이영귀하다 |
| 八月 | 謀事速圖 遲則不利 꾀하는일은속히도모하라 더디면불리하다 | 害在何姓 必是金姓 해는어느성에있는고 필시금성이다 | 陰陽化合 必有慶事 음양이화합하니 반드시경사가있다 |
| 九月 | 天賜其福 百事必成 하늘이그복을주니 백사를반드시이룬다 | 利在木姓 可交橫財 이익이목성에있으니 가히사귀어서횡재한다 | 所望如意 世事太平 소망이여의하니 세상일이태평하다 |
| 十月 | 正心修德 福祿自來 마음바로하고덕을닦으니 복록이스스로온다 | 與人和睦 求財如意 남과화목하니 재물을구하면여의하다 | 此月之數 口舌愼之 이달의수는 구설을조심하라 |
| 十一月 | 東園桃李 逢時爛漫 동원의도리가 때를만나난만하다 | 財祿臨身 意外橫財 재록이몸에임하니 뜻밖에횡재한다 | 膝下有慶 一室和氣 슬하에경사가있으니 집안에화기가돈다 |
| 十二月 | 西北有吉 必得財利 서방에길함이있으니 반드시재물을얻는다 | 心神安樂 百事俱順 마음이안락하니 백사가구순하다 | 勿聽他言 別無所得 다른말을듣지마라 별로소득이없다 |

# 四三一

豐之小過

☳☲
☷☳

【註解】 無吉有凶之意

【卦象】 天崩地陷 事事倒懸

【해왈】 부모상을 당하고 내환이 있으며 시비할 일도 있을 것이니 참는 덕이 태평한 괘

| | | | |
|---|---|---|---|
| 卦辭 | 天崩地陷 事事倒懸 하늘이 두너지고 땅이 뻐지니 일이 거꾸로 달리다 | 逞數不利 有災有憂 운수가 불리하니 재앙도 있고 근심도 있다 | 無端之事 一次虛驚 무단한 일로 한번 헛되이 놀란다 |
| | 掘地得金 終見亨通 땅을 파서 금을 얻으니 마침내 형통함을 보리라 | 若無家慶 反有家憂 만일 집안 경사가 없으면 도리어 집안 근심이 있다 | 燈油不足 燈火不明 등잔에 기름이 부족하니 등불이 밝지 못하다 |
| | 老人對局 勝負誰知 노인이 바둑을 대하니 승부를 누가 알리오 | 謙謙君子 終成利器 겸겸한 군자가 마침내 이로운 그릇을 이룬다 | 飛鳥遺音 上順下逆 나는 새가 소리를 끼치니 상순하역한다 |
| 正月 | 家庭有憂 素服可畏 집안에 근심이 있으니 복입을까 두렵다 | 若非如此 親患奈何 만약 이같지 아니하면 친환을 어찌할고 | 財在口筆 農則有害 재물이 입과 붓에 있으니 농사하면 해가 있다 |
| 二月 | 遠行不利 出則傷心 원행하면 불리하니 나가면 마음이 상한다 | 失物有數 盜賊愼之 실물수가 있으니 도둑을 조심하라 | 身數平吉 財數不利 신수는 길하나 재수는 불리하다 |
| 三月 | 魔鬼相侵 家中有悲 마귀가 서로 침노하니 가중에 슬픔이 있다 | 南方親人 偶然貽害 남방의 친한 사람은 우연히 해를 끼친다 | 有頭無尾 謀事不成 머리는 있고 꼬리가 없으니 꾀하는 일은 못 이룬다 |
| 四月 | 家人不和 心中散亂 집안 사람이 불화하니 마음이 산란하다 | 西北兩方 必有損害 서북 양방에 반드시 손해가 있다 | 預先防厄 可免此數 미리 액을 막으면 이 수를 면한다 |
| 五月 | 天地東南 始得平安 천지 동남에 비로소 평안함을 얻는다 | 先凶後吉 半凶半吉 먼저는 흉하고 뒤에 길하니 반흉반길하다 | 西方有害 莫近木姓 서방에 해가 있으니 목성을 가까이 마라 |
| 六月 | 未月之數 夜夢散亂 유월의 운수는 밤꿈이 산란하다 | 預爲防厄 庶免此厄 미리 액을 막으면 거의 이 액을 면한다 | 雖有憤心 堅忍莫爭 비록 분한 마음이 있더라도 참고 다투지 마라 |
| 七月 | 財數論之 求之不得 재물을 의논하면 구하여도 얻지 못한다 | 好事多魔 謀事不利 좋은 일에 마가 많으니 꾀하는 일이 불리하다 | 龍失江水 造化不能 용이 강물을 잃었으니 조화가 능하지 못하다 |
| 八月 | 月入雲間 東西難辨 달이 구름속에 드니 동서를 분간치 못한다 | 損財多端 心有不安 손재가 많으니 마음이 불안하다 | 家有不安 家人各離 집에 불안함이 있으니 집안 사람이 각기 떠난다 |
| 九月 | 禍去福來 一身安樂 화가 가고 복이 오니 일신이 안락하다 | 南方有財 出則必得 남방에 재물이 있으니 가면 얻는다 | 若逢金姓 意外得財 만약 금성을 만나면 의외에 재물을 얻는다 |
| 十月 | 財在東方 逢時自得 재물이 동방에 있으니 때를 만나면 스스로 얻는다 | 身數太平 一室和氣 신수가 태평하니 집안에 화기가 돈다 | 日暮西山 乘舟不吉 해가 서산에 저무니 배타는 것이 불길하다 |
| 十一月 | 財星逢空 損財不少 재성이 공을 만났으니 손재가 불소하다 | 家有疾苦 祈禱山神 집에 질고가 있으니 산신에게 기도하라 | 勿貪分外 反有損害 분수밖을 탐하지 마라 도리어 손해가 있다 |
| 十二月 | 莫貪人財 以財傷心 남의 재산을 탐하지 마라 재물로써 마음을 상한다 | 若非如此 口舌紛紛 만약 이같지 않으면 구설이 분분하다 | 家庭之事 勿說他人 가정의 일은 남에게 말하지 마라 |

# 四三二

## 豐之大壯

【註解】 心仁有德하니 有信用之意

【卦象】 交趾越裳 遠獻白雉

【해왈】
용 마가 나
자 장군이
나서 시세
를 언어마
음대로활
동하나관
재를 조심
하라 대인
은 반드시
성공하는
패

| | | | |
|---|---|---|---|
| 卦辭 | 交趾越裳 遠獻白雉 교지의 월상씨가 멀리 흰 꿩을 올린다 | 有財有權 人多欽仰 재물도 있고 권력도 있으니 사람이 많이 흠앙한다 | 沼魚出海 意氣洋洋 못의 고기가 바다에 나가니 의기가 양양하다 |
| | 貴人恒助 出入得利 귀인이 항상 도우니 출입하면 이를 얻는다 | 一身營貴 財物豐足 일신이 영귀하게 되니 재물이 풍족하다 | 鳳樓麟閣 其心和悅 봉이 인각에 깃들이니 그 마음이 화열하다 |
| | 白鷄聲裡 何人周旋 흰닭소리 속에 어떤 사람이 주선하는고 | 東北兩方 財神助我 동북양방위에 재신이 나를 돕는다 | 多黍多稻 秋收多藏 지장도 많고 벼도 많으니 추수해서 겨울에 감춘다 |
| 正月 | 魚龍得水 意氣洋洋 고기와 용이 물을 얻으니 의기가 양양하다 | 一身安樂 日得千金 일신이 안락하니 날로 천금을 얻는다 | 財祿豐滿 一家太平 재물이 풍만하니 한집안이 태평하다 |
| 二月 | 順風乘舟 日行千里 순풍에 배를 타니 날로 천리를 행한다 | 有害親人 勿爲同事 해가 친한 사람에게 있으니 동사하지 마라 | 若非生子 官祿臨身 만일 생남하지 아니하면 관록이 몸에 임한다 |
| 三月 | 若逢貴人 必是成功 만약 귀인을 만나면 반드시 성공한다 | 名利俱全 名振四方 이가 구전하니 이름이 사방에 떨친다 | 家在吉慶 喜滿家庭 집안에 경사 있으니 기쁨이 가정에 가득하다 |
| 四月 | 四野豐登 萬人自樂 사야에 풍년이 드니 만인이 스스로 즐긴다 | 財數大吉 不求自得 재수가 대길하니 구하지 않아도 스스로 언는다 | 出入東方 官災愼之 동방에 출입하면 관재를 조심하라 |
| 五月 | 財穀滿庫 安昌太平 재곡이 곳간에 가득하니 편안하고 태평하다 | 渴龍得水 食祿陳陳 목마른 용이 물을 얻었으니 식록이 진진하다 | 莫信他人 或有失敗 다른 사람을 믿지 마라 혹 실패가 있다 |
| 六月 | 幼鳥有羽 欲飛失飛 어린 새가 날개가 있어 날려고 하나 날지 못한다 | 雖有疾病 因女生財 비록 질병은 있으나 여자로 인해 재물이 생긴다 | 莫與爭訟 口舌不利 다투지 마라 구설로 불리하다 |
| 七月 | 一身困苦 運也奈何 일신이 곤고하니 운수라 어찌할고 | 財數論之 求財不得 재물을 논하면 재물을 구해도 얻지 못한다 | 先吉後凶 吉凶相半 먼저는 길하고 뒤에 흉하니 길흉이 상반하다 |
| 八月 | 花朝月夕 身遊花間 꽃피는 아침과 달밝은 저녁에 몸이 꽃사이에 논다 | 幸逢貴人 生活太平 다행히 귀인을 만나서 생활이 태평하다 | 官祿隨身 名高四方 관록이 몸에 따르니 이름이 사방에 높다 |
| 九月 | 暗中行人 偶得明燭 어둔 가운데 행하는 사람이 우연히 촛불을 얻도다 | 凶中有吉 終得吉祥 흉한중에 길함이 있으니 마침내 길함을 얻는다 | 財在東方 偶然自來 재물이 동방에 있으니 우연히 스스로 온다 |
| 十月 | 春風細雨 草色靑靑 봄바람 가는 비에 풀빛이 청청하다 | 求財如意 或有口舌 재물을 구하면 여의하고 혹은 구설이 있다 | 福祿隨身 衣食自足 복록이 몸에 따르니 의식이 족하다 |
| 十一月 | 吉星入門 和氣到門 길성이 문에 드니 화기가 문에 이른다 | 意外功名 人人仰視 의외에 공명하니 사람이 우러러 본다 | 名高祿重 福祿如山 이름이 높고 녹이 중하니 복록이 산같다 |
| 十二月 | 家人同心 利在其中 집안 사람이 맘을 같이 하니 이가 그 가운데 있다 | 祈禱名山 憂散喜生 명산에 기도하면 근심이 흩어지고 기쁨이 온다 | 福祿豐滿 一身榮貴 복록이 풍만하고 일신이 영귀하다 |

# 四三三

☳☲ 豐之震
☳☳

【註解】 若心不正이면 必有不安하리니 不成功之意

【卦象】 伏於橋下 陰事誰知

【해왈】 큰일을 경영하다가 이루지 못하고 천연히 다리 아래에 엎드려 생각하니 활발한 기운이 없는데 다행히 도와주는 사람이 있어 갈 길을 찾아가고 경영하는 일이 여의할 괘

| | | | |
|---|---|---|---|
| 卦辭 | 伏於橋下 陰事誰知 다리아래 엎드려서 비밀한 일을 누가 알리오 | 雖有小吉 有名無實 비록 조금 길함은 있으나 이름은 있고 실상은 없다 | 財在南方 強求小得 재물이 남방에 있으니 억지로 구하면 조금 얻는다 |
| | 魚失池水 活氣全無 고기가 못물을 잃으니 활기가 전연 없다 | 時違活動 別無所得 때를 어기고 활동하니 별로 소득이 없다 | 今年之運 橫厄愼之 금년의 운수는 횡액을 조심하라 |
| | 鳳宿梧桐 堂上有憂 봉이 오동에 자니 부모에 근심이 있다 | 疾苦之憂 家不安靜 질병의 근심으로 집이 편안치 못하다 | 海月其名 半泄事機 해월 그 이름이 사기를 반이나 누설한다 |
| 正月 | 理不當然 謀事不利 이치가 당연치 못하니 꾀하는 일이 불리하다 | 春後尋花 勞而無功 봄 뒤에 꽃을 찾으니 수고하고 공은 없다 | 到處有敗 家庭不安 도처에 패가 있으니 가정이 불안하다 |
| 二月 | 陰事難成 莫施他人 음사는 이루기 어려우니 타인에게 베풀지 마라 | 財譽有損 金姓莫近 재물과 명예에 손이 있으니 금성을 가까이 마라 | 身運不利 凡事可愼 신운이 불리하니 범사를 가히 조심하라 |
| 三月 | 莫與人爭 訟事可畏 남과 다투지 마라 송사가 두렵다 | 若非官祿 口舌來侵 만일 관록이 아니면 구설이 와서 침노한다 | 兩虎相爭 勝負不知 두 범이 서로 다투니 이기고 짐을 알지 못한다 |
| 四月 | 南方有吉 出行得利 남방에 길함이 있으나 출행하면 이를 얻는다 | 好運來時 福祿陳陳 좋은 운수가 오는 때에 복록이 진진하다 | 財星入門 可得財物 재성이 문에 드니 가히 재물을 얻는다 |
| 五月 | 本無財産 所求難成 본래 재산이 없으니 구하는 바를 이루지 못한다 | 百事無益 求之不得 백사에 이가 없으니 구하여도 얻지 못한다 | 女人招男 陰事可知 여인이 사내를 부르니 비밀한 일을 가히 알지라 |
| 六月 | 風雨不順 草木不長 바람과 비가 순하지 못하니 초목이 길지 못하다 | 凡百之事 必有虛妄 범백의 일에 반드시 허망이 있다 | 若無疾病 口舌難免 만일 질병이 아니면 구설을 면하기 어렵다 |
| 七月 | 時運不幸 每事不成 시운이 불행하니 매사를 이루지 못한다 | 賣買有損 文書有害 매매하는데 손이 있고 문서에 해가 있다 | 雖有勞力 勞而無功 비록 노력함은 있으나 수고하고 공은 없다 |
| 八月 | 家有不平 必有危厄 집에 불평이 있으니 반드시 위액이 있다 | 若無疾苦 口舌相爭 만일 질고가 없으면 구설로 서로 다툰다 | 勿參訟事 先凶後吉 송사에 참여하지 마라 먼저 흉하고 뒤에 길하다 |
| 九月 | 小求大得 必是興旺 작은 것을 구하다가 큰것을 얻으니 반드시 흥한다 | 所望如意 心神和平 소망이 여의하니 심신이 화평하다 | 財運旺盛 必有橫財 재운이 왕성하니 반드시 횡재한다 |
| 十月 | 三秋開花 結實可難 삼추에 꽃이 피니 열매 맺기가 어렵다 | 與人同事 必有失敗 남과 동사하는 것은 반드시 실패가 있다 | 若非如此 無端口舌 만일 이같지 않으면 무단한 구설이 있다 |
| 十一月 | 杜門不出 出門逢厄 문을 닫고 나가지 마라 문을 나서면 액을 만난다 | 勿爲出他 出路有害 다른데 가지 마라 길에 나가면 해가 있다 | 失財有數 盜賊愼之 재물 잃을 수가 있으니 도둑을 조심하라 |
| 十二月 | 與人成事 財利可得 남과 일을 이루니 재리를 가히 얻는다 | 北方來客 終時有害 북방으로 오는 손은 종시 해가 있다 | 水姓有害 年內莫近 수성이 해로우니 연내에 가까이 마라 |

# 四四一

☳☳ 震之豫

【註解】 心無所主하니 無益之象이라

【卦象】 群雉陣飛 胡鷹放翼

【해왈】 세상에서 나를 해하려하는 사람이 있다 매사 때를 잃으니 마음먹은대로 되는 일이 없도다 곤란함을 한하지 않고 있으면 늦게는 좋은 괘

| | | | |
|---|---|---|---|
| 卦辭 | 群雉陣飛 胡鷹放翼 뭇꿩이 떼로 나니 큰매가 제대로 날지 못한다 | 失時而動 事有虛荒 때를 잃고 동하니 일에 허황함이 있다 | 若而妄動 喜散憂生 망녕되이 동하면 기쁨은 흩어지고 근심이 생긴다 |
| | 莫恨辛苦 初困後吉 신고함을 한하지 마라 처음은 곤하나 뒤에 길하다 | 時違勞力 必有不利 때를 어기고 노력하면 반드시 불리함이 있다 | 莫信他人 外親內疏 다른사람을 믿지마라 밖은 친하고 안은 성긴다 |
| | 東西兩頭 日月不轉 동서 두머리에 해와 달이 구르지 않는다 | 月下春臺 青鳥報喜 달아래 춘대에 청조가 기쁨을 알린다 | 轉憂成喜 意思自若 근심이 기쁨되니 의사가 자약하다 |
| 正月 | 入山求魚 事有虛荒 산에 들어가 고기를 구하니 일에 허황함이 있다 | 必無定處 東奔西走 마음에 정한곳이 없으니 동으로 닫고 서로 뛴다 | 有始無終 每事不成 시작은 있고 끝이 없으니 매사를 이루지 못한다 |
| 二月 | 枯木逢秋 有凶無吉 마른나무가 가을을 만나니 흉은 있고 길함은 없다 | 家庭不安 疾病奈何 가정이 불안하니 질병을 어찌할고 | 一身困苦 運也奈何 일신이 괴로우니 운수라 어찌할고 |
| 三月 | 有志未遂 求事不成 뜻을 이루지 못하니 일을 구하나 이루지 못한다 | 勿貪虛慾 反有損害 허욕을 탐하지마라 도리어 손해가 있다 | 勿貪非理 必有虛荒 비리를 탐하지마라 반드시 허황함이 있다 |
| 四月 | 若非爭論 素服之數 만일 다투지 아니하면 복입을 수다 | 財利稱心 利在四方 재리가 마음에 맞으니 이가 사방에 있다 | 西北兩方 有人助力 서북양방에 조력하는 사람이 있다 |
| 五月 | 明月滿空 意外雲掩 밝은달이 공중에 가득한데 뜻밖에 구름이 가린다 | 非理之財 愼之勿貪 비리의 재물은 조심하고 탐하지 마라 | 經營之事 必有虛妄 경영하는 일은 반드시 허망하다 |
| 六月 | 若不祈禱 家有疾苦 만약 기도하지 아니하면 집안에 질고가 있다 | 木姓可親 必得財福 목성을 친하면 반드시 재물을 얻는다 | 官鬼發動 出外失敗 관귀가 발동하니 다른데 가면 재물을 잃는다 |
| 七月 | 殘花逢霜 一身困苦 세잔한 꽃이 서리를 만나니 일신이 곤고하다 | 花落無實 一無喜事 꽃이 떨어져 열매가 없으니 하나도 기쁜일이 없다 | 出行不利 守分爲吉 출행하면 불리하니 분수를 지키는 것이 길하다 |
| 八月 | 事無頭緒 求事不成 일에 두서가 없으니 일을 구하나 이루지 못한다 | 財上有損 勿爲謀事 재물에 손이 있으니 일을 꾀하지 마라 | 有頭無尾 事有未決 머리는 있고 꼬리는 없으니 일에 미결함이 있다 |
| 九月 | 畫虎不成 反爲狗子 범을 그리다 이루지 못하고 도리어 개가 되다 | 北方來客 偶然損害 북방으로 오는 손은 우연히 해를 끼친다 | 財在東方 出則可得 재물이 동방에 있으니 나가면 가히 얻는다 |
| 十月 | 日暮西山 歸客失路 해가 서산에 저문데 돌아가는 손이 길을 잃도다 | 經營之事 一無可成 경영한 일은 하나도 이룸이 없다 | 若無損財 服制之數 만일 손재가 없으면 복입을 수다 |
| 十一月 | 吉運已回 必有財福 길운이 이미 돌아오니 반드시 재복이 있다 | 陰陽相合 難事速成 음양이 서로 합하니 어려운 일도 속히 이룬다 | 財運旺盛 橫財之數 재물이 왕성하니 횡재할 수다 |
| 十二月 | 莫信他人 反受其害 남을 믿지마라 도리어 그 해를 받는다 | 百事隨魔 勞而無功 백사에 마가 따르니 수고하나 공이 없다 | 在家則吉 妄動有害 집에 있으면 길하고 망동하면 해가 있다 |

# 四四二

☳☳ ☱☳

震之歸妹

【註解】 妄動有危之意

【卦象】 茫茫大海 遇風孤棹

【해왈】 혈혈단신이 의탁할곳이 없다 멀리 타향에 가면 자연히 도와줄 사람이 있는 괘

| | | | |
|---|---|---|---|
| 卦辭 | 茫茫大海 遇風孤棹 망망한큰바다에 바람만난외로운노로다 | 不當之事 勿爲行之 부당한일은 행하지마라 | 寂寞天地 無依無托 적막한천지에 무의무탁하다 |
| | 財在東方 木姓有吉 재물이동방에있으니 목성이길하다 | 若近酒色 必有後悔 만일주색을가까이하면 반드시후회가있다 | 今年之數 成功可難 금년의운수는 성공하기어렵다 |
| | 彷徨之狗 遂鷄望籬 방황하는개가 닭을 쫓다가울을바라본다 | 病殺侵身 疾病可慮 병살이몸을침노하니 질병이염려된다 | 愼之北方 利反爲害 북방을조심하라 이가도리어해가된다 |
| 正月 | 身數困苦 出他不利 신수가곤고하니 다른데가도불리하다 | 親人暗猜 謀事有害 친한사람이시기하니 꾀하는일에해가있다 | 若非家憂 親厄可畏 만일집에근심이아니면 부모의액이두렵다 |
| 二月 | 衣食不足 飢寒何免 의식이부족하니 기한을어찌면할까 | 每事不成 身勢自嘆 매사를이루지못하니 신세를자탄한다 | 因人致敗 勿爲同事 남으로해서치패하니 동사하지마라 |
| 三月 | 憂心不絶 夜不成眠 근심이끊이지않으니 밤에잠을이루지못한다 | 家有疾苦 心多不安 집에질고가있으니 마음이편하지못하다 | 在家心亂 出他無益 집에있으면마음이어지럽고 나가면이가없다 |
| 四月 | 財在東方 偶然到家 재물이동방에있으니 우연히집에온다 | 勿謀水財 利財有陸 수재를꾀하지마라 이는육지에있다 | 有財難聚 此亦奈何 재물이있어도모으기어려우니 이를어찌할고 |
| 五月 | 避凶東去 更有家憂 흉함을피하여동으로가나다시집에근심이있다 | 大往小來 勿貪財利 크게가고적게얻으니 재리를탐하지마라 | 散財如雲 後悔無益 재물흩어짐이구름같으나 후회한들이가없다 |
| 六月 | 月入雲間 徒是不明 달이구름새에드니 도시밝지못하다 | 莫信他言 以財傷心 다른말을믿지마라 재물로써마음을상한다 | 莫近女人 疾病可畏 여인을가까이마라 질병이두렵다 |
| 七月 | 守口如甁 口舌難免 입을병같이지키라 구설을면하기어렵다 | 莫近酒色 損財後悔 주색을가까이마라 손재하고후회한다 | 莫與爭論 訟事不免 남과다투지마라 송사를면하기어렵다 |
| 八月 | 與人不和 求而難得 다른사람과불화하니 구하여도얻기어렵다 | 害在木姓 近則有害 해가목성에있으니 가까이하면해가있다 | 妻宮有憂 預禱佛前 처궁에근심이있으니 미리불전에기도하라 |
| 九月 | 南北不利 出行無益 남북이불리하니 출행하면이가없다 | 西方有財 出則少得 서방에재물이있으니 나가면조금얻는다 | 家神發動 預爲祈禱 가신이발동하니 미리기도하라 |
| 十月 | 世事虛荒 徒費心力 세상일이허황하니 도시심력만허비한다 | 若無損財 妻憂何免 만일손재가없으면 처환을어찌면할고 | 苦盡甘來 終見亨通 쓴것이다하면단것이오니 마침내형통함을본다 |
| 十一月 | 凶鬼發動 水火愼之 흉귀가발동하니 물과불을조심하라 | 南北兩方 別無所得 남북양방에는 별로소득이없다 | 守舊勤勉 小得財利 옛을지키고힘써하면 조금재리를얻는다 |
| 十二月 | 白雪紛紛 草木帶愁 백설이분분하니 초목이슬퍼한다 | 勿爲出行 橫厄可畏 출행하지마라 횡액이두렵다 | 所望難成 心多散亂 소망을이루기어려우니 마음이산란하다 |

# 四四三

震之豐

【註解】 無事無憂之意

【卦象】 六月炎天 閑臥高亭

【해왈】 몸이 한가하니 높은 집에서 잘 놀며 피흥취길하니 때를 만나면 은언의 도움을 받아서 안라하게 지낼 괘

| | | | |
|---|---|---|---|
| 卦辭 | 六月炎天 閑臥高亭 유월염천에 한가히높은정자에누웠다<br>意外成功 名振四方 뜻밖에성공하니 이름을사방에떨친다<br>長安街頭 春意淡蕩 장안길거리에 봄뜻이담탕하도다 | 雲散月出 豈非光明 구름이흩어지고달이나니 어찌광명치않으랴<br>若非官祿 口舌有服 만일관록이아니면 구설도있고복도입는다<br>玉枝丹桂 窈窕之色 양철쭉과단계는 요조한빛이다 | 東園桃李 逢時花開 동원의도리가 때를만나서꽃이핀다<br>今年之數 一身自安 금년의운수는 일신이편안하리라<br>魚覆春萍 活氣洋洋 고기가봄마름에뒤치니 활기가양양하도다 |
| 正月 | 修道遠惡 終見吉利 도를닦고악을멀리하니 마침내길함을본다 | 身有疾病 居處不安 몸에질병이있으니 거처가불안하다 | 勿聽女言 別無所益 여자의말을듣지마라 별로소득이없다 |
| 二月 | 守分安居 天賜其福 분수를지키고살면 하늘이그복을준다 | 家有不安 移基則吉 집에불안함이있으니 터를옮기면길하다 | 若非生產 官祿臨身 만일생산하지아니하면 관록이임한다 |
| 三月 | 莫聽人言 其害不少 다른사람의말을듣지마라 그해가적지않다 | 意外功名 名振四方 뜻밖에공명하여 이름이사방에떨친다 | 雖有財利 口舌間或 비록재물은있으나 간혹구설이있다 |
| 四月 | 雨順風調 萬物自樂 우순풍조하니 만물이스스로즐긴다 | 家庭有慶 膝下之慶 가정에경사가있으니 슬하의경사다 | 若近女人 名譽有損 만일여자를가까이하면 명예에손이있다 |
| 五月 | 在家不安 暫時出行 집에있으면불안하니 잠시출행하라 | 內外不合 一次相爭 내외가불합하니 한번다툰다 | 橫厄有數 凡事可愼 횡액의수가있으니 범사를조심하라 |
| 六月 | 利在土姓 害在木姓 이는토성에있고 해는목성에있다 | 失物有數 預爲度厄 실물수가있으니 미리기도하라 | 若非如此 兄弟有別 만일이같지아니하면 형제간에이별한다 |
| 七月 | 進退有路 必是成功 진퇴에길이있으니 필시성공한다 | 福祿滿堂 憂散喜生 복록이집에가득하니 근심은가고기쁨이난다 | 莫近火姓 必有損害 화성을가까이하지마라 반드시손해가있다 |
| 八月 | 雖有生財 得而半失 비록재물은생기나 얻어서반은잃는다 | 莫聽人言 不利之數 남의말을듣지마라 불리할수다 | 木姓所言 必有虛妄 목성의말에는 반드시허망함이있다 |
| 九月 | 吉星入門 必有慶事 길성이문에드니 반드시경사가있다 | 吉運已回 貴人來助 길운이이미돌아오니 귀인이와서돕는다 | 財在西北 出則大得 재물이서북에있으니 나가면많이얻는다 |
| 十月 | 家運旺盛 衣食豐足 가운이왕성하니 의식이풍족하다 | 人口旺盛 意外得財 인구가왕성하니 뜻밖에재물을얻는다 | 利在文書 貴人助我 이가문서에있으니 귀인이나를돕는다 |
| 十一月 | 家人同心 財自天來 집안이마음을같이하니 재물이하늘에서온다 | 遠行愼之 口舌又侵 원행을조심하라 구설이또침노한다 | 子月之數 吉凶相雜 동짓달의운수는 길흉이서로섞였다 |
| 十二月 | 百事如意 此外何望 백사가여의하니 이밖에무엇을바랄고 | 貴人來助 所望成就 귀인이와서도우니 소망을성취한다 | 財在商業 財物興旺 재물이상업에있으니 재물이흥왕한다 |

# 四五一

恒之大壯

☳☴ / ☳☰

【註解】 身上有困하니 奔走之象이라

【卦象】 青山歸客 日暮忙步

【해왈】 날이 저무니 일일이 바쁘다 괴로운 몸이 은인을 만나 즐겁게 고향에 돌아오며 기뻐하는 괘

| | | | |
|---|---|---|---|
| 卦辭 | 青山歸客 청산에돌아가는손이<br>日暮忙步 해가저무니바삐걷도다<br>小川歸海 작은내가바다로흐르니<br>積小成大 작은것을쌓아크게된다<br>收拾行裝 행장을수습하여<br>早歸鄕里 일찌기향리로돌아가라 | 求兎于海 토끼를바다에서구하니<br>兎不可得 토끼를얻을수없다<br>一身自安 일신이스스로편안하니<br>世事泰平 세상일이태평하도다<br>秋風一聲 가을바람한소리에<br>江山日暮 강산에해가저문다 | 有人來助 와서돕는사람이있으니<br>終見喜事 마침내기쁜일을보리라<br>莫與人爭 남과다투지마라 손재<br>損財損名 하고명예를손상한다<br>黃鷄時鳴 황계가때로우니<br>日掛扶桑 해가부상에걸리었다 |
| 正月 | 志高心大 뜻이높고마음이크니<br>必是成功 반드시성공한다 | 口舌有數 구설수가있으니<br>預禱山神 미리산신에게기도하라 | 官鬼發動 관귀가발동하니<br>遠行不利 원행하면불리하다 |
| 二月 | 莫近女子 여자를가까이마라<br>不利之數 불리할수다 | 若非如此 만일이같지아니하면<br>有憂妻宮 처궁에근심이있다 | 喪家莫近 상가를가까이마라<br>疾病可畏 질병이두렵다 |
| 三月 | 事多虛荒 일이많이허황하니<br>勿爲妄動 망녕되이동하지마라 | 移基東方 동방으로이사하면<br>必有亨通 반드시형통한다 | 莫信人言 남의말을믿지마라<br>虛荒之數 허황할수다 |
| 四月 | 在家則吉 집에있으면길하고<br>動則不利 동하면불리하다 | 深夜風雨 깊은밤에비바람이부니<br>東西難辨 동서를분별하기어렵다 | 家有不安 집에불안함이있으니<br>心何萬端 마음이어찌만가지인고 |
| 五月 | 午月之數 오월의운수는<br>以口生財 입으로써재물이생긴다 | 家庭有厄 가정에액이있으니<br>預禱南方 미리남방에기도하라 | 若有素服 만일복제가있으면<br>庶免此數 거의이수를면한다 |
| 六月 | 水火兩姓 수성과화성양성은<br>不利同事 일을같이하면불리하다 | 遠行不利 원행하는것이불리하니<br>勿爲出路 길에나가지마라 | 莫與人爭 남과다투지마라<br>事有未決 일에미결함이있다 |
| 七月 | 日暮寒天 일모한천에 돌아가는<br>歸雁何向 기러기어디로향하는고 | 求財難得 재물을구하여도<br>勞而無功 수고하고공이없다 | 妖鬼入門 요귀가문에드니<br>預爲安宅 미리안택하라 |
| 八月 | 莫近是非 시비를가까이마라<br>訟事未決 송사하면미결한다 | 一夜狂風 하룻밤광풍에<br>落花如雪 떨어진꽃이눈같다 | 損財有數 손재수가있으니<br>凡事愼之 범사를조심하라 |
| 九月 | 千里他鄕 천리타향에<br>孑孑單身 외로운몸이다 | 害在何姓 해는무슨성에있는고<br>必有火姓 반드시화성에있다 | 九十月令 구월과시월에는<br>利在土地 이가토지에있다 |
| 十月 | 利在商路 이가장사길에있으니<br>必有得財 반드시재물을얻는다 | 南方不吉 남방이불길하니<br>莫近南方 남방에가지마라 | 若非損財 만일손재가없으면<br>橫厄一驚 횡액으로한번놀란다 |
| 十一月 | 足踏虎尾 발로범의꼬리를밟으니<br>憂中喜生 근심가운데기쁨이난다 | 利在何處 이는어느곳에있는고<br>必是西北 필시서북방이다 | 身數何如 신수는어떠한고 먼저<br>先困後吉 곤하고뒤에는길하다 |
| 十二月 | 百事俱順 백사가구순하니<br>利在其中 이가그가운데있다 | 事有奔忙 일에분망함이있으니<br>奔走之象 분주한기상이다 | 橫厄有數 횡액수가있으니<br>凡事愼之 범사를조심하라 |

# 四五二

䷟ ䷽

恒之小過

【註解】 眞假不識之意라

【卦象】 夢得良弼 眞僞可知

【해왈】 어진 사람을 만나 도움을 받을 것이요 귀인을 만나 성공하니 가는 곳마다 좋은 사람만 만나는 괘

| | | | |
|---|---|---|---|
| 卦辭 | 夢得良弼 眞僞可知 꿈에어진사람을얻으니 진위를가히알지라 | 桃李爭春 到處春風 도리가봄을다투니 도처에춘풍이다 | 若無産慶 家憂難免 만일산경이없으면 집안근심을어찌면할고 |
| | 盜賊愼之 失物可畏 도둑을조심하라 실물할까두렵다 | 幸逢貴人 別無過失 다행히귀인을만나니 별로과실이없다 | 今年之數 吉多凶少 금년의운수는 길함은많고흉함은적다 |
| | 天際孤雁 鳴將驚人 하늘가외로운기러기가 울며사람을놀래리라 | 芳草逢雨 其色萋萋 방초가비를만나니 그빛이처처하도다 | 衣食豐足 壽福無窮 의식이풍족하니 수복이무궁하다 |
| 正月 | 清風明月 閑臥高堂 맑은바람과밝은달에 한가히높은집에눕도다 | 厄在膝下 愼之西方 액이슬하에있으니 서쪽을조심하라 | 若非如此 口舌可畏 만일이같지않으면 구설이두렵다 |
| 二月 | 眞玉埋塵 誰有知之 진옥이티끌에묻혔으니 누가있어알겠는가 | 家有不安 災禍不絶 집에불안함이있으니 재화가끊이지않는다 | 若非人助 意外成功 만일남의도움이아니면 뜻밖에성공한다 |
| 三月 | 雲捲靑天 明月自新 구름이청천에걷히니 밝은달이스스로새롭다 | 有吉無凶 身旺財旺 길함이있고흉함이없으니 몸과재물이왕성한다 | 貴星照門 因人成事 귀성이문에비치니 사람으로인하여성공한다 |
| 四月 | 東園梅花 逢時滿發 동원의매화가 때를만나만발한다 | 勿爲論爭 是非有數 다투지마라 시비할수가있다 | 若非如此 口舌紛紛 만일이같지않으면 구설이분분하다 |
| 五月 | 五六月令 賴人生財 오월과유월에는 남으로해서생재한다 | 利在藥土 宜向市井 이가약과토지에있으니 마땅히시장으로향하라 | 財運旺盛 成功無疑 재운이왕성하니 성공하기의심없다 |
| 六月 | 若逢女子 利在其中 만일여자를만나면 이가그가운데있다 | 與人南去 百事有吉 남과더불어남으로가니 백사에길함이있다 | 積小成大 財祿陳陳 작은것을쌓아큰것이되니 재록이진진하다 |
| 七月 | 兩人同謀 財利可得 두사람이같이꾀하니 재리를가히얻는다 | 添口之數 弄璋之慶 식구를더할수니 생남할경사다 | 若去水邊 橫厄可畏 만일물가에가면 횡액이두렵다 |
| 八月 | 吉凶相半 恩反爲仇 길흉이상반하니 은혜가도리어원수된다 | 莫近女色 損財口舌 여색을가까이마라 손재와구설이있다 | 利在南方 出行得利 이가남방에있으니 출행하면이를얻는다 |
| 九月 | 戊亥之月 水火一驚 구월과시월에는 물과불로한번놀란다 | 失物有數 近人愼之 실물수가있으니 가까운사람을조심하라 | 初雖有吉 後招災殃 처음은길함이있으나 뒤에는재앙을부른다 |
| 十月 | 花落葉茂 黃鳥自來 꽃떨어지고잎이무성하니 황조가스스로온다 | 家庭不平 心神不安 가정이불평하니 마음이불안하다 | 若非如此 兄弟有憂 만일이같지않으면 형제의근심이있다 |
| 十一月 | 龍得天門 造化無雙 용이천문을얻었으니 조화가무쌍하다 | 子丑之月 必有慶事 동짓달과섣달에는 반드시경사가있다 | 所望如意 日得千金 소망이여의하니 날로천금을얻는다 |
| 十二月 | 吉星隨身 名利俱全 길성이몸에따르니 명리가구전하다 | 貴人來助 逢時成功 귀인이와서도우니 때를만나성공한다 | 梁李兩姓 同事不利 양가이가두성은 동사하면불리하다 |

# 四五三

☳☳ ☳☰ 恒之解

【註解】 有圓滿之意

【卦象】 望月玉兎 淸光滿腹

【해왈】 수태하면 귀자를 낳고 질병이 없이 잘 자라나고 태평히 잘 지내는 괘

| | | | |
|---|---|---|---|
| 卦辭 | 望月玉兎 淸光滿腹 달을 바라보는 옥토끼가 맑은 빛이 배에 가득하다<br>若非移徙 人口增進 만일 이사하지 아니하면 인구를 더한다<br>大明中天 金玉滿堂 밝은 것이 중천에 오니 금옥이 만당하리라 | 守分安居 必有因緣 분수를 지키고 편히 거하면 반드시 인연이 있다<br>愼之盜賊 失物可畏 도둑을 조심하라 실물할까 두렵도다<br>紫陌紅塵 花柳同榮 자맥홍진에 꽃과 버들이 번영한다 | 春園松栢 喜含淸露 봄동산에 송백이 기쁘게 맑은 이슬을 머금는다<br>若非改業 生男之數 만일 업을 고치지 않으면 생남할 수다<br>名利必振 冠蓋天上 명리가 반드시 떨치니 천하에 으뜸이 되리라 |
| 正月 | 雖有得財 隱喜何事 비록 재물을 얻었으나 기쁨을 숨김은 웬일인고 | 名利稱心 必有喜事 명리가 마음에 맞으니 반드시 기쁜일이 있다 | 家産豐足 家人和悅 가산이 풍족하니 집안사람이 기뻐한다 |
| 二月 | 財在舟中 多得財利 재물이 배가운데 있으니 재리를 많이 얻는다 | 財運已回 勿失此期 재운이 이미 돌아오니 이때를 잃지마라 | 比月之數 先凶後吉 이달의 운수는 먼저는 흉하고 뒤에는 길하다 |
| 三月 | 三四月令 貴人添口 삼월과 사월에는 귀인이 식구를 더하리라 | 黃龍得珠 必有弄璋 황룡이 구슬을 얻으니 반드시 생남하리라 | 百事如意 必有喜事 백사가 여의하니 반드시 기쁜일이 있다 |
| 四月 | 到處有財 名振四海 도처에 재물이 있으니 이름이 사해에 떨친다 | 秋鼠得庫 春鳥弄花 가을쥐는 곳간을 만났고 봄새는 꽃을 희롱한다 | 深山幽谷 宿鳥投林 깊은 산그윽한 골에 잘새가 수풀에 든다 |
| 五月 | 名利俱吉 出入榮貴 명리가 같이 길하니 출입에 영귀하리라 | 添口添土 一家和平 식구는 늘고 토지를 더하니 집안이 화평하다 | 家道興旺 此外何望 가도가 흥왕하니 이밖에 무엇을 바랄고 |
| 六月 | 積德之家 必有餘慶 적덕한 집에는 반드시 남은 경사가 있다 | 西方有吉 必是田庄 서방에 길함이 있으니 필시 전장이다 | 家有吉慶 膝下有榮 집에 길경이 있으니 슬하에 영화가 있다 |
| 七月 | 財在商路 宜行市場 재물이 장사길에 있으니 마땅히 시장으로 가라 | 妻子有憂 預爲祈禱 처자에 근심이 있으니 미리 기도하라 | 好事隨魔 凡事可愼 좋은일에 마가 따르니 범사를 조심하라 |
| 八月 | 莫爲爭論 訟事不利 남과 다투지 마라 송사하면 불리하리라 | 勿爲他營 徒無所望 다른 경영을 하지 마라 도시 소망이 없다 | 若非橫財 官祿隨身 만일 횡재수가 아니면 관록이 몸에 따른다 |
| 九月 | 財物興旺 世事太平 재물이 흥왕하니 세상일이 태평하다 | 百事順成 人多欽仰 백사를 순성하니 사람이 많이 흠앙한다 | 身數大吉 所望如意 신수가 대길하니 소망이 여의하다 |
| 十月 | 桃花已落 其實可得 복숭아가 이미 떨어지니 그 열매를 얻는다 | 土姓不利 近則有害 토성이 불리하니 가까이하면 해가 있다 | 木姓有害 勿爲去來 목성이 해로우니 거래를 하지 마라 |
| 十一月 | 守分安居 終見財利 분수를 지키고 편안히 살면 마침내 재리를 본다 | 定心安靜 喜事自有 마음을 정하고 안정하면 기쁜일이 스스로 있다 | 月明山窓 貴人來助 달밝은 산창에 귀인이 와서 도운다 |
| 十二月 | 西南兩方 必有財旺 서쪽과 남쪽 양방에 반드시 재물이 왕성한다 | 運數大吉 安過太平 운수가 대길하니 편안히 지낸다 | 兩處心同 謀事可成 두곳에 마음이 같으니 꾀하는 일을 가히 이룬다 |

# 四六一

☳☵ ☱☳

解之歸妹

【註解】

避凶이나

更有禍之意

【卦象】

避嫌出谷

仇者懷劍

【해왈】

원수가 칼을 품고 말을 타고 길을 잃었으니 이것이 배은 망덕한 죄가 아닌가 천지를 우러러 탄식한다 망녕되이 동하면 횡액도 있고 손재할 괘

**卦辭**

避嫌出谷 仇者懷劍 혐의를 피하여 골에 나가니 원수가 칼을 품는다

在家無益 出門不利 집에 있어도 이익이 없고 문을 나가도 불리하다

所營之事 雪上加霜 경영하는 일은 설상가상이로다

出門失路 納履何向 문을 나서 길을 잃으니 신을 메고 어디로 향할고

若非失物 口舌可畏 만일 실물을 하지 않으면 구설이 두렵다

莫爲急圖 晚則爲吉 급하게 도모하지 마라 늦으면 길하리라

以此論之 背恩忘德 이로써 의논하면 배은망덕함이라

妄動不利 守分則吉 망녕되이 동하면 불리하고 분수를 지키면 길하다

家有疾苦 憂亦不少 집에 질고가 있고 근심이 또한 적지 않다

**正月**

雖有生財 得而半失 비록 재물은 생기나 얻어서 반은 잃는다

財旺辰戌 得而難聚 재물이 진술방에 왕성하니 얻어도 모으기 어렵다

莫出遠路 動則有害 먼길에 나가지 마라 동하면 해가 있다

**二月**

經營之事 如成未成 경영하는 일은 된것 같으나 이루지 못한다

妖鬼作害 謀事不成 요귀가 해를 지으니 꾀하는 일을 이루지 못한다

乘馬山上 有路險惡 말을 타고 산에 오르니 길이 있으나 험악하다

**三月**

日何不明 雲蔽其光 날이 어찌 밝지 못한고 구름이 그 빛을 가린다

橫厄有數 每事愼之 횡액수가 있으니 매사를 조심하라

莫近是非 口舌可侵 시비를 가까이 마라 구설이 가히 침노한다

**四月**

官鬼發動 閨女招男 관귀가 발동하니 처녀가 사내를 부른다

以此觀之 背恩忘德 이로써 볼진대 배은망덕이로다

南方有害 勿爲出行 남방에 해가 있으니 출행하지 마라

**五月**

添口添土 喜滿家庭 식구가 늘고 토지가 느니 집에 기쁨이 가득하다

身旺財旺 心神和平 몸과 재물이 왕성하니 마음이 화평하다

莫聽人言 事有虛妄 남의 말을 듣지마라 일에 허황함이 있다

**六月**

五六月令 事多無成 오월과 유월에는 일은 많고 이루는 것은 없다

行人失路 戰兵失劍 행인은 길을 잃고 전병은 칼을 잃는다

謀事不成 世事如夢 꾀하는 일을 이루지 못하니 세상일이 꿈 같다

**七月**

斫石見火 絶代之功 돌을 쳐서 불을 보니 절대의 공이다

所望成遂 必有財旺 소망을 다 이루니 반드시 재물이 왕성한다

文書之事 終聞口舌 문서의 일로 하여 마침내 구설을 듣는다

**八月**

凶中有吉 先困後吉 흉한 중에 길함이 있으니 먼저 곤하고 뒤에 길하다

莫與人爭 必有狼狽 남과 다투지 마라 반드시 낭패가 있다

日落靑山 行客失路 날이 청산에 저문데 길 가는 손이 길을 잃도다

**九月**

九十月令 祈禱則吉 구월과 시월에는 기도하면 길하다

妻耶子耶 疾病相侵 아내나 아들에게 질병이 서로 침노한다

遠行東方 金姓助我 멀리 동방에 가면 금성이 나를 도운다

**十月**

莫信人言 事歸虛荒 남의 말을 믿지 마라 일이 허황한데 돌아간다

無頭無尾 成事可難 머리도 없고 꼬리도 없으니 성사하기가 어렵다

事有定理 妄動有害 일에 정한 이치가 있으니 망녕되이 동하면 해롭다

**十一月**

子丑之月 出行有害 동짓달과 섣달에는 출행하면 해가 있다

愼之盜賊 失物可畏 도둑을 조심하라 실물할까 두렵다

守分居家 出路逢仇 분수를 지켜라 길에서 원수를 만난다

**十二月**

風雨不順 世上騷亂 풍우가 불순하니 세상이 요란하다

求財不遂 口舌相侵 재물을 구하여 이루지 못하니 구설이 침노한다

南方有吉 宜行南方 남방이 길하니 마땅히 남방으로 가라

# 四六二

解之豫

【註解】 去惡取善之意

【卦象】 萬里無雲 海天一碧

【해왈】 벼슬마다 사양하고 고향에 돌아가서 한가하게 놀며 쾌락하게 지내는 괘

**卦辭**

萬里無雲 海天一碧 만리에구름이없으니바다하늘이하나로푸르다
順風加帆 和歌一聲 순풍에돛을다니 화한노래한소리라
君子進德 小人漸退 군자는덕에나가고 소인은점점물러간다
一身安逸 樂在山水 일신이안일하니 낙이산수에있다
險路順行 神靈助我 험한길을순히가니 신령이나를돕는다
群芳出長 春意淡蕩 모든꽃다운것이자라니 봄뜻이담탕하다
魚龍得水 衣食自足 고기와용이물을얻으니 의식이자족하다
莫近女色 反見損財 여색을가까이마라 도리어손재한다
是非一場 或恐口舌 시비한마당에 혹구설이두렵다

**正月**

寅卯之月 始得財福 정월과이월에는 비로소재복을얻는다
憂散喜生 安過太平 근심이가고기쁨이생기니 편안히잘지낸다
魚龍得水 其樂陶陶 고기와용이물을얻으니 그낙이도도하다

**二月**

三月東風 燕子尋巢 삼월동풍에 제비가집을찾는다
財物隨身 富如金谷 재물이몸에따르니 부하기가금곡같다
財福如此 憂散喜生 재복이이같으니 근심은가고기쁨이인다

**三月**

春風細雨 楊柳青青 봄바람가는비에 양류가청청하다
意外之財 日至我家 뜻밖에재물이 날로내집에온다
身數大吉 到處得財 신수가대길하니 도처에재물을얻는다

**四月**

莫近女子 或有口舌 여자를가까이마라 혹구설이있다
陰陽和合 萬物化生 음양이화합하니 만물이화생한다
他人之財 偶然到家 타인의재물이 우연히내집에온다

**五月**

逆水行舟 中流風波 물을거슬려배를행하니 중류에풍파가있다
身上無憂 財利可得 신상에근심없으니 재리를가히얻는다
事多吉利 處處有財 길하고이로운일이많으니 곳곳마다재물이있다

**六月**

功名可遂 仁聲四海 공명을가히이루니 사해에어질다는소리다
所望如意 男兒得意 소망이여의하니 남아가득의하리라
家有慶事 仁聲自聞 집에경사가있으니 어진소리를스스로듣는다

**七月**

魚龍得水 活氣更新 고기와용이물을얻으니 활기가다시새롭다
身數大吉 到處有財 신수가대길하니 도처에재물이있다
吉方何處 必是東西 길한곳은어딘고 필시동서쪽이다

**八月**

君子得祿 小人得財 군자는녹을얻고 소인은재물을얻는다
貴人助我 必有成事 귀인이나를도우니 반드시성사함이있다
意外成功 有財多權 뜻밖에성공하니 재물도있고권리도많다

**九月**

利在四方 到處春風 이익이사방에있으니 도처에춘풍이라
身遊南方 百事大吉 몸이남방에가서놀면 백사가대길하다
若近女子 或有口舌 만약여자를가까이하면 혹구설이있다

**十月**

利在外方 遠行得利 이가외방에있으니 원행하여이익을얻는다
東南兩方 貴人助我 동쪽남쪽양방에 귀인이나를돕는다
身遊外方 祿重權高 몸이외방에가서놀면 녹이중하고권리가높다

**十一月**

子丑月令 必有喜慶 동짓달과섣달에는 반드시경사가있다
若非官祿 妻憂可侵 만일관록이아니면 아내의근심이침노한다
名利俱吉 到處得利 명리가다길하니 도처에이익을얻는다

**十二月**

井魚出海 其尾洋洋 우물고기가바다에나가니 그꼬리가양양하다
求財如意 謀事順成 재물을구하면여의하고 꾀하는일은잘된다
天地東南 萬人自賀 천지동남에 만인이스스로하례하도다

# 四六三

恒之解

【註解】 先噸後挽之意

【卦象】 玉兎升東 清光可吸

【해왈】 수태하면 귀자를낳고가족이화락하며신수가대통하여재물을많이얻을괘

**卦辭**
玉兎升東 옥토끼가동쪽에오르니
清光可吸 맑은빛을가히마신다
君臣際會 군신이제회하면
必有喜事 반드시기쁜일이있다
西方有吉 서방이길하니
必有喜信 반드시기쁜소식이있다
諸事如意 모든일이뜻과같으니
去去多福 갈수록복이많다
貴人助我 귀인이나를도우니
百事順成 백사를순성한다
利在南北 이가남북에있으나
得而多損 얻어도많이손실한다

**正月**
渭水之磯 위수의낚시터에
文王再臨 문왕이두번임하도다
明月東窓 달밝은동창에
佳人弄玉 가인이옥을희롱한다
四月南風 사월남풍에
大麥舖黃 보리가누른것을펴도다
財星隨身 재성이몸에따르니
日得千金 날로천금을얻는다
每事如意 매사가뜻과같으니
千金可聚 천금을가히모으리라
財如丘山 재물이산과같으니
意氣揚揚 의기가양양하다

**二月**
明月高閣 달밝은높은집에
風流之聲 풍류의소리로다
財運方盛 재운이바야흐로성하니
利在田庄 이익이전장에있다
若非如此 만일이같지않으면
膝下有慶 자손에경사가있다

**三月**
三四月令 삼월과사월에는
莫出遠行 먼길을가지마라
在家則吉 집에있으면길하고
出行有害 출행하면해가있다
南方不利 남방이불리하니
勿爲出行 출행하지말라

**四月**
鶯上柳枝 꾀꼬리가버들가지에오
片片黃金 르니조각조각황금이다
東園春桃 동원의춘도는꽃떨어지
花落結實 고 열매가맺힌다
財物豐滿 재물이풍만하니
生活太平 생활이태평하다

**五月**
塵合成山 티끌모아산을이루니
家道興旺 가도가흥왕한다
若無口舌 만일구설이없으면
或有官災 혹관재수가있다
若近水姓 만일수성을가까이하면
必有致敗 반드시치패가있다

**六月**
未月之數 유월의수는
別無所益 별로이익이없다
莫近水邊 물에가까이마라 친한
親人反害 사람이도리어해롭다
若非相爭 만일다투지아니하면
必有訟事 반드시송사가있다

**七月**
利在四方 이익이사방에있으니
到處得財 도처에서재물을얻는다
甘雨霏霏 단비가비비하니
百穀豐登 백곡이풍년들도다
雖有生財 비록재물은생기나
恐有疾病 질병이있을까두렵다

**八月**
不息勤勉 쉬지않고부지런히일하
財利自到 면 재리가스스로온다
東西兩方 동서양방에
必有吉事 반드시길한일이있다
勿貪分外 분수밖을탐하지마라
事有定分 일에정한분수가있다

**九月**
莫出路上 길에나가지마라
損財多端 손재가많다
荊山白玉 형산의백옥도
必有主人 반드시주인이있다
自此以後 이후로부터는
必有旺盛 반드시왕성한다

**十月**
庭前梅花 뜰앞에매화가
獨帶春色 홀로피도다
事有時刻 일이시각에있으니
速圖可成 속히도모하면이룬다
財在西方 재물이서방에있으니
出則可得 나가면얻는다

**十一月**
渴龍得水 목마른용이물을얻고
飢者逢豐 주린자가풍년을만난다
心神和平 심신이화평하니
諸事亨通 모든일이형통한다
子丑之月 동짓달과섣달에
必有生界 반드시생남한다

**十二月**
凶化爲福 흉이화하여복이되니
喜滿家庭 기쁨이가정에가득하다
若非橫財 만일횡재가아니면
田庄有吉 전장에길함이있다
若非生產 만일생산이아니면
反有服制 도리어복제가있다

## 五一一 小畜之巽

【註解】 有雲不雨之象

【卦象】 梧竹相爭 身入麻田

【해왈】 시하 사람은 상제가 되고 만약 그렇지 아니하면 손재할 것이다 흉한 가운데 길함이 있으니 안심하고 부지런히 하면 복이 돌아오는 괘

### 卦辭
梧竹相爭 身入麻田 오동과대가서로다투니 몸이삼밭에들도다
若非服制 口舌可侵 만일복제가아니면 구설이침노한다
眞假莫測 狐疑難定 진가를측량할수없으니 의심을정하기어렵다
一身困苦 何時亨通 일신이곤고하니 어느때에형통할고
勞後有功 待時而動 수고한뒤에공이있으니 때를기다려동하라
勿爲輕動 喜怒一場 경솔히동치말라 기쁘고성냄이있도다
凶化爲福 終見亨通 흉함이화하여복이되니 마침내형통함을보리라
今年之數 凶化爲吉 금년의운수는 흉함이 변하여길하게된다
欲知前程 問之木人 전정을알고자하거든 목성에게물으라

### 正月
寅卯之月 堂上有害 정월과이월에는 부모에게해가있다
預爲安宅 庶免此數 미리안택하면 거의이수를면한다
家有疾病 事事有敗 집에질병이있으니 일일이패가있다

### 二月
幼鳥欲飛 羽弱奈何 어린새가날고자하나 날개가약하니어찌날고
動則後悔 守分則吉 동하면후회하니 분수를지키는것이좋다
與人同事 利在其中 남과동사하면 이가그중에있다

### 三月
志高德重 福祿自來 뜻이높고덕이중하니 복록이스스로온다
雖有在旺 或有疾病 비록재물은왕성하나 혹질병이있다
莫與人爭 口舌可慮 남과다투지마라 구설이염려된다

### 四月
四月南風 一身自閑 사월에는 일신이스스로한가하리라
家人不和 憂愁不離 집안사람이불화하니 근심이떠나지않는다
守口如瓶 一室自安 입을병같이지키면 집안이편안하다

### 五月
五六月令 災消福來 오월과유월에는 재앙은사라지고복이온다
若非損財 膝下有憂 만일손재가아니면 자손에게근심이있다
若非如此 必有婚姻 만일이같지않으면 반드시혼인이있다

### 六月
白雪滿山 遠行不能 백설이산에가득하니 원행하기가능하지못하다
損財有數 火姓遠之 손재수가있으니 화성을멀리하라
勿貪外財 反有損財 외재를탐하지마라 도리어손재가있다

### 七月
雖有勞力 勞而無功 비록노력은하나 수고하고공은없다
背月向暗 不見好月 달을등지고어둠을향하니 좋은달을보지못한다
若無疾病 可怕口舌 만일질병이없으면 구설이두렵다

### 八月
在家心亂 出他心閑 집에있으면심란하고 다른데가면한가하다
凶反爲吉 百事順成 흉함이도리어길하게되니 백사를순성한다
家運如此 必有亨通 가운이이같으니 반드시형통함이있다

### 九月
岳上孤松 滄海一粟 바위위의외로운소나무 요창해의한낱서속이라
孑孑單身 依托何處 혈혈단신이 어느곳에의탁할고
夜夢散亂 心中不淸 밤꿈이산란하니 마음이맑지못하다

### 十月
每事不成 是亦何運 매사를이루지못하니 이또무슨운인고
預爲安宅 凡事如意 미리안택하면 범사가여의하다
上下相逆 何望成事 상하가서로거스르니 어찌성사하기를바랄고

### 十一月
運數始回 利在其中 운수가비로소돌아오니 이익이그가운데있다
若無橫財 反爲災殃 만일횡재하지아니하면 도리어재앙이된다
財數旺盛 必有得財 재수가왕성하니 반드시재물을얻는다

### 十二月
一身安樂 世事太平 일신이안락하니 세사가태평하다
莫行喪家 不利之事 상가에가지마라 불리한일이다
東方有害 莫行東方 동방에해가있으니 동방에가지마라

# 五一二

☴☰
☴☲

小畜之家人

【註解】 不達之意

【卦象】 池中之魚 終無活計

【해왈】 못 가운데 고기가 살길이 없다 상대하는 자가 다 강하니 어찌 이기기를 바랄까 바쁘게 돌아다녀도 유익한 것이 없을 괘

## 卦辭

池中之魚 終無活計 못가운데고기가 종래살계책이없다

一身孤單 世事浮雲 일신이고단하니 세상일이뜬구름같다

事不如意 空然恨嘆 일이뜻같지아니하니 공연히한탄하도다

莫近是非 勝負未決 시비를가까이마라 승부를결단치못한다

家神發動 是非有訟 가신이발동하니 시비와송사가있다

雖曰運好 終無所得 비록운수는좋으나 마침내소득이없도다

暗夜行路 不辨東西 어두운밤에길을가니 동서를분변치못한다

東奔西走 別無神奇 동으로달리고서로달리나 별로신기함이없다

先三後三 甲人來侵 먼저삼일뒤삼일에 갑인이와서침노한다

## 正月

身運不利 害者甚多 신운이불리하니 해하는자가많다

莫近是非 訟事不利 시비를가까이마라 송사하면불리하다

若非如此 口舌難免 만일이같지않으면 구설을면하기어렵다

## 二月

入海求金 金不可得 바다에서금을구하니 금을가히얻지못한다

事有多逆 動則有害 일에거슬림이많이있으니 동하면해가있다

身有疾病 心中有苦 몸에질병이있으니 마음가운데괴롬이있다

## 三月

若非素服 膝下之憂 만일복제가아니면 슬하에근심이있다

金姓不利 莫與交遊 금성이불리하니 사귀고놀지마라

凡事愼之 橫厄可畏 범사를주의하라 횡액이두렵다

## 四月

身遊北方 貴人扶助 몸이북방에가서놀면 귀인이도와준다

西方不吉 行則有害 서방이불길하니 가면해가있다

東北兩方 貴人助我 동북양방에서 귀인이나를돕는다

## 五月

行客失路 進退兩難 길가는손이길을잃었으니 진퇴가양난하다

經營之事 不得財利 경영하는일은 재리를얻지못한다

基地發動 移基則吉 기지가발동하니 이사하면길하다

## 六月

若非妻患 夫婦相爭 만일처환이아니면 부부간에다툰다

事無頭緒 百事難成 일에두서가없으니 백사를이루지못한다

雖有勞苦 不得所益 비록수고하나 이익을얻지못한다

## 七月

心大不成 安分上策 마음은크고이루지못하니 안분하는것이좋다

若逢貴人 晩時生光 만일귀인을만나면 늦게빛이난다

得而反失 此數奈何 얻어도리어잃으니 이수를어찌할고

## 八月

東風細雨 楊柳靑靑 동풍가는비에 양류가청청하다

時逢好運 百事俱順 때로좋은운수를만나니 백사가구순하다

月明紗窓 身醉花間 달밝은사창에 몸이꽃사이에취하도다

## 九月

事有頃刻 急圖則吉 일이경각에있으니 급히도모하면길하다

若非疾病 膝下有憂 만일질병이아니면 슬하에근심이있다

在家則吉 出他不利 집에있으면길하고 다른데가면불리하다

## 十月

江上碧桃 始結其實 강상의벽도가 비로소그열매를맺도다

以小易大 諸事必成 작은것과큰것을바꾸니 모든일을반드시이룬다

身旺財旺 生活豐足 몸과재물이왕성하니 생활이풍족하다

## 十一月

初失後得 先困後吉 처음은잃고뒤에얻으니 처음은곤하고뒤가좋다

害在何方 南北有害 해는어느방위에있는고 남북에해가있다

南北來客 偶然始害 남북으로오는손은 우연히해를끼친다

## 十二月

待時活動 小財可得 때를기다려활동하면 작은재물은가히얻는다

靑山流水 不息歸海 청산에흐르는물이 쉬지않고바다로간다

守家則吉 動則不利 집을지키면길하고 동하면불리하다

# 五一三

☴☰ ☴☱

小畜之中孚

【註解】有信亨通之意

【卦象】沼魚出海 意氣洋洋

【해왈】형세가 늘어서 좋은 집으로 이사하여 오래 살고 자연히 복록이오며 원행하면 좋을 괘

| | | | |
|---|---|---|---|
| 卦辭 | 沼魚出海 意氣洋洋 못고기가바다에나니 의기가양양하다 | 擇地移居 壽福陳陳 땅을가리어옮겨살면 수복이진진하리라 | 旱時草木 逢雨之格 가문때초목이 비를만난격이다 |
| | 秋鼠得庫 食祿陳陳 가을쥐가창고를만났으니 식록이진진하도다 | 逢時積德 餘慶彬彬 때를만나덕을쌓으니 남은경사가빈빈하다 | 家道興旺 一家和平 가도가흥왕하니 집안이화평하다 |
| | 財源汪汪 手弄千金 재수근원이왕왕하니 천금을희롱하리라 | 官高祿多 壽福無窮 벼슬이높고녹이많으니 수복이무궁하다 | 天下太平 名振四海 천하가태평하니 이름이사해에진동한다 |
| 正月 | 轉禍爲福 喜色滿面 화가굴러복이되니 기쁜빛이만면하다 | 財聚如山 如富石崇 재물쌓은것이산같으니 부하기가석숭같다 | 移基改業 橫財之數 터를옮기고업을고치면 횡재할수다 |
| 二月 | 身出三山 神仙相逢 몸이삼산에가니 신선을서로대한다 | 偶然得財 生計自足 우연히재물을얻어서 생계가자족하다 | 若非堂憂 膝下之厄 만일부모의근심이아니면 슬하에액이있다 |
| 三月 | 到處有財 遠行得財 도처에재물이있으니 원행하여재물을얻는다 | 秋鼠得庫 食祿陳陳 가을쥐가곳간을얻으니 식록이진진하다 | 名利稱心 人人仰視 명리가마음에맞으니 사람마다우러러본다 |
| 四月 | 經營之事 必是成功 경영하는일은 반드시성공한다 | 正心修德 福祿自來 마음을바로하고덕을닦으니 복록이스스로온다 | 明月淸風 貴人來助 명월청풍에 귀인이와서돕는다 |
| 五月 | 五六月令 靜則大吉 오월과유월에는 고요하게하면대길하다 | 一身平安 和氣滿堂 일신이편안하니 화기가만당하다 | 靜則有吉 妄動有害 정하면길하고 망녕되이동하면해가있다 |
| 六月 | 財物如山 富如金谷 재물이산같으니 부하기가금곡같다 | 利在何姓 火金兩姓 이는어느성에있는고 화성과금성두성이다 | 洛陽城東 流水東海 낙양성동에 물이동해로흐른다 |
| 七月 | 七八月令 或有口舌 칠월과팔월에는 혹구설이있다 | 經營之事 勿說內容 경영하는일은 내용을말하지마라 | 若近親友 損財心亂 만일친구를가까이하면 손재하고맘이어지럽다 |
| 八月 | 井中之蛙 有志未出 우물안개구리가 뜻은있으나오지못한다 | 勿謀他營 必有損財 다른경영을하지마라 반드시손해가있다 | 辰戌兩方 橫財多端 진술양방에서 횡재가많다 |
| 九月 | 戊亥之月 胎星照門 구월과시월에는 태성이문에비친다 | 春風到處 百花滿發 봄바람이이르는곳에 백화가만발한다 | 東方來客 必是助我 동방으로오는손은 필시나를돕는다 |
| 十月 | 家神發動 移徙之數 가신이발동하니 이사할수다 | 吉神扶助 事事成就 길신이부조하니 일일이성취한다 | 若非官祿 膝下有慶 만일관록이아니면 자손에게경사가있다 |
| 十一月 | 鶯棲柳枝 片片黃金 꾀꼬리가버들가지에있어 조각조각황금이다 | 財星臨身 田庄得利 재성이몸에임하니 전장에이를얻는다 | 若非科甲 橫財之數 만일벼슬이아니면 횡재할수다 |
| 十二月 | 祈禱佛前 意外成功 불전에기도하면 뜻밖에성공한다 | 自此以後 事事亨通 이뒤로부터는 일일이형통한다 | 立身揚名 名振四方 입신양명하니 이름이사방에떨친다 |

# 五二一

中孚之渙

【註解】有不平和之意

【卦象】敗軍之將 無面渡江

【해왈】자기의 군사는 다 흩어지고 사방을 돌아보니 적병을 막을 길이 바이 없고 자기 진으로 돌아오려고 하나 부끄러워하는 괘니 횡액과 도둑을 조심하라

| | | | | | | |
|---|---|---|---|---|---|---|
| 卦辭 | 敗軍之將 無面渡江 | 군사를 패한 장수가 면목없이 강을 건넌다 | 家有不安 家人不和 | 집에 불안함이 있으니 집안사람이 불화하다 | 橫厄有數 凡事愼之 | 횡액수가 있으니 범사를 조심하라 |
| | 官居則吉 農則有損 | 벼슬에 있으면 길하고 농사를 지으면 손이 있다 | 若非添口 文筆生財 | 만일 식구를 더하지 않으면 문필로 재물이 생긴다 | 今年之數 盜賊愼之 | 금년의 운수는 도둑을 조심하라 |
| | 洛陽嫁女 善逐人走 | 낙양에서 시집간 계집이 사람을 쫓아 달아나다 | 寒木生花 本末俱弱 | 찬나무에 꽃이 나니 근본과 끝이 모두 약하다 | 龍失其珠 莫能變化 | 용이 여의주를 잃으니 능히 변화하지 못한다 |
| 正月 | 事不如意 空然費心 | 일이 여의치 못하니 공연히 마음을 허비한다 | 事無始終 心神散亂 | 일에 처음과 끝이 없으니 마음이 산란하다 | 萬頃蒼波 舟逢風波 | 만경창파에 배가 풍파를 만난다 |
| 二月 | 親人反仇 交友愼之 | 친한이가 도리어 원수되니 친구를 조심하라 | 憂苦不盡 又何口舌 | 근심과 괴로움이 다하지 못했는데 무슨 구설인가 | 身數不利 橫厄愼之 | 신수가 불리하니 횡액을 조심하라 |
| 三月 | 雲雨滿空 不見日月 | 구름비가 공중에 가득하니 일월을 보지 못한다 | 東西奔走 別無所得 | 동서로 분주하나 별로 소득은 없다 | 若無服制 疾病可慮 | 만일 복제가 없으면 질병이 가히 두렵다 |
| 四月 | 秋草逢霜 愁心不解 | 가을풀이 서리를 만나니 수심을 풀지 못한다 | 勿爲問喪 吊客到門 | 문상하지 마라 조객이 문에 이른다 | 妻宮有憂 預禱竈王 | 처궁에 근심이 있으니 미리 조왕에게 기도하라 |
| 五月 | 從事不明 後悔奈何 | 일을 함에 밝지 못하니 후회한들 어찌할고 | 東方不利 損財愼之 | 동방이 불리하니 손재를 조심하라 | 莫信親友 吉變爲凶 | 친구를 믿지마라 길함이 변하여 흉하게 된다 |
| 六月 | 花落盡處 草木茂盛 | 꽃이 다 떨어진 곳에 초목이 무성하다 | 財利俱吉 人皆仰視 | 재리가 다 길하니 사람이 다 우러러본다 | 月虧更圓 終有亨通 | 달이 이지러지면 다시 둥그니 마침내 형통한다 |
| 七月 | 七八月令 疾病可畏 | 칠월과 팔월에는 질병이 두렵다 | 雖無勞力 小利可得 | 비록 노력함이 없으나 작은 이는 얻는다 | 事有虛荒 勿謀他營 | 일에 허황함이 있으니 다른 경영을 말라 |
| 八月 | 從善遠惡 必有吉事 | 착함을 좇고 악함을 멀리하니 길한 일이 있다 | 雖有憤心 忍之上策 | 비록 분한 마음이 있더라도 참는 것이 상책이다 | 心無所主 謀事不成 | 마음에 주장이 없으니 꾀하는 일을 못 이룬다 |
| 九月 | 謀事必成 成功無德 | 꾀하는 일은 반드시 이루나 성공 무덕이라 | 東奔西走 奔走之象 | 동으로 달리고 서로 달리니 분주한 기상이다 | 損財有數 家人相離 | 손재수가 있고 집안사람이 떠난다 |
| 十月 | 害者呈利 虛中有實 | 해로운 자가 이를 드리니 헛된 가운데 실상이 있다 | 廣大天地 依托何處 | 넓고 넓은 천지에 어느 곳에 의탁할고 | 四顧無親 身勢自嘆 | 사고무친하니 신세를 자탄한다 |
| 十一月 | 驛馬當頭 一次遠行 | 역마가 당두하니 한번 원행한다 | 事有長遠 損財多端 | 일이 장원하며 손재가 많다 | 所爲之事 都不心合 | 하는 일은 도시 마음에 맞지 않는다 |
| 十二月 | 成敗多端 此數奈何 | 성패가 많으니 이 수를 어찌할고 | 失物有數 莫信他人 | 실물수가 있으니 남을 믿지 마라 | 莫貪分外 空然傷心 | 분수밖을 탐하지마라 공연히 마음이 상한다 |

# 五二二

☴☰ 中孚之益 ☳☰

**【註解】** 有發達之意

**【卦象】** 二月桃李 逢時爛漫

**【해왈】**

가정이 화평하거가 봄철 돌아온 것같으니 우연히 벼슬하여 복록이 많고 모든 재앙이 구름 흩어지듯 사라지고 집안에 재산이 차차 많아지고 안락하게 지내는 괘

| | | | |
|---|---|---|---|
| 卦辭 | 二月桃李 逢時爛漫 이월에 복숭아와 오얏이 때를 만나 난만하다<br>缺月復圓 必有喜事 이지러진 달이 다시 둥그니 반드시 기쁜 일이 있다<br>天地四方 百發百中 천지사방에 백발백중한다 | 今年之數 食祿陳陳 금년의 운수는 식록이 진진하리라<br>災消福來 身上無憂 재앙이 사라지고 복이 오니 신상에는 근심이 없다<br>東園春暮 蜂蝶彷徨 동원에 봄이 저무니 봉접이 방황한다 | 雲散月出 晩時生光 구름이 걷히고 달이 나니 늦게 빛이 난다<br>年運最吉 安樂之數 연운이 가장 길하니 안락할 운수다<br>求之東方 財祿可期 동방에 구하면 재록을 가히 기약하리라 |
| 正月 | 寅卯之月 所願成就 정월과 이월에 소원을 성취한다 | 事事亨通 意氣洋洋 일마다 형통하니 의기가 양양하다 | 南方有吉 出行得利 남방에 길함이 있으니 출행하여 이를 얻는다 |
| 二月 | 東南之方 貴人助我 동쪽 남쪽 방위에서 귀인이 나를 돕는다 | 若非橫財 官祿隨身 만일 횡재가 아니면 관록이 몸에 따른다 | 財利成遂 必是成功 재리를 이루니 필시 성공한다 |
| 三月 | 春回故國 萬物回生 봄이 고국에 돌아오니 만물이 회생한다 | 雲散月出 景色可美 구름이 걷히고 달이 나니 경색이 가히 아름답다 | 身旺財旺 一家和平 몸과 재물이 왕성하니 집안이 화평하다 |
| 四月 | 家有吉慶 財利可得 집에 경사가 있으니 재리를 얻는다 | 若非官祿 橫財之數 만일 관록이 아니면 횡재할 수다 | 人口增加 祿重名利 인구를 더하고 녹이 중하고 이름이 유익하다 |
| 五月 | 五六月令 失物愼之 오월과 유월에는 실물을 조심하라 | 西方來人 必損其財 서쪽에서 오는 사람이 반드시 재물을 손해 본다 | 預爲防之 可免此數 미리 방지하면 가히 이 수를 면한다 |
| 六月 | 意外功名 名振四方 뜻밖에 공명하여 이름이 사방에 떨친다 | 旱天降雨 萬物更生 가문 하늘에 비가 오니 만물이 다시 살아난다 | 若非折桂 生男之數 만일 과거가 아니면 생남할 수다 |
| 七月 | 春草逢雨 其華倍新 봄풀이 비를 만나니 그 빛이 갑절 새롭다 | 官祿隨身 財祿豐滿 관록이 몸에 따르니 재록이 풍만하다 | 損財有數 土姓遠之 손재수가 있으니 토성을 멀리하라 |
| 八月 | 與人謀事 必有得財 남과 같이 꾀하는 일에 반드시 재물을 얻는다 | 災去福來 天神助我 재앙이 가고 복이 오니 천신이 나를 돕는다 | 吉星入門 百事大吉 길성이 문에 드니 백사가 대길하다 |
| 九月 | 明月高樓 喜歌高聞 밝은 달 높은 누에 기쁜 노래가 높이 들린다 | 戌亥兩月 財物自旺 구월과 시월에 재물이 스스로 왕성한다 | 經營之事 必是成功 경영하는 일은 필시 성공한다 |
| 十月 | 缺月復圓 必有喜事 이지러진 달이 다시 둥그니 반드시 기쁜 일이 있다 | 天地相應 所望如意 천지가 서로 응하니 소원이 여의하다 | 雖有得財 或恐口舌 비록 재물을 얻겠으나 혹 구설이 두렵다 |
| 十一月 | 春回日暖 草木茂盛 봄이 돌아와 날이 따뜻하니 초목이 무성하다 | 若非橫財 必有弄璋 만일 횡재하지 아니하면 생남하리라 | 雖有財旺 謀事不成 비록 재물은 흥하나 꾀하는 일은 이루지 못한다 |
| 十二月 | 鼠入米庫 食祿豐足 쥐가 쌀곳간에 들어가니 식록이 풍족하다 | 東西兩方 必有財旺 동쪽과 서쪽 양방에 반드시 재물이 왕성한다 | 水姓不利 勿爲與受 수성이 불리하니 주거나 받지 마라 |

# 五二三

☴☵ ☰☴ 中孚之小畜

【註解】 欲行不達하니 不滿足之意

【卦象】 兩虎相鬪 望者失色

【해왈】 남과 다투지 마라 어느듯 세월이 다 가고 늦게 하는 일이 바쁘기만 하고 실상은 적은 괘

| | | | |
|---|---|---|---|
| 卦辭 | 兩虎相鬪 望者失色 두범이 서로 다투니 보는자가 두려워한다 | 日暮靑山 歸客忙忙 해가 청산에 저문데 돌아가는 손이 바쁘다 | 一時榮華 終見困苦 한때는 영화하나 마침내 곤고함을 보리라 |
| | 臨江無船 何而渡江 강에 임하여 배가 없으니 어찌 나루를 건널고 | 若非妻病 口舌可畏 만일 아내의 병이 아니면 구설이 두렵다 | 今年之數 失物愼之 금년의 운수는 실물을 조심하라 |
| | 如狂如醉 似人非人 미치거나 취한 것 같아 사람 같지만 아니다 | 金木兩姓 不請自來 금목 두성이 청치 않아도 스스로 온다 | 事無頭緖 安分待時 일이 두서가 없으니 편히 때를 기다리라 |
| 正月 | 雲雨滿空 都是不雨 구름비가 공중에 가득하나 도시 비가 오지 않는다 | 險路順行 虛中無實 험한 길을 순이 행하니 헛된 가운데 실상이 없다 | 若近女色 損財不安 만일 여색을 가까이 하면 손재를 면하지 못한다 |
| 二月 | 夕陽歸客 步步忙忙 석양에 돌아가는 손이 걸음마다 몹시 바쁘다 | 妄動有害 待時而動 망녕이 동하면 해가 있으니 때를 기다려 동하라 | 財數論之 得而半失 재수를 말하면 얻어서 반은 잃는다 |
| 三月 | 莫近是非 口舌可畏 시비를 가까이 마라 구설이 두렵다 | 凡事不利 心神散亂 범사가 불리하니 마음이 산란하다 | 若非如此 必有喪失 만일 이같지 않으면 반드시 패가 있으리라 |
| 四月 | 陰陽不調 謀事不成 음양이 고르지 못하니 꾀하는 일을 이루지 못한다 | 身厄有數 預爲防厄 신수에 액이 있으니 미리 액을 막아라 | 勿爲人爭 更有口舌 남과 다투지 마라 다시 구설이 있다 |
| 五月 | 以物相爭 都無所益 물건으로서 서로 다투니 도무지 소득이 없다 | 莫近是非 訟事之數 시비를 하지 마라 송사할 수다 | 若非如此 疾病可畏 만일 이같지 않으면 질병이 두렵다 |
| 六月 | 勿爲妄動 不利其財 망녕되이 동하지 마라 재물에 불리하다 | 家有疾病 妖鬼退出 집에 질병이 있으니 요괴를 물리쳐라 | 先凶後吉 身數奈何 먼저 흉하고 뒤에 길하니 신수를 어찌할고 |
| 七月 | 莫近酒色 必有失敗 주색을 가까이 마라 반드시 실패가 있다 | 損財有數 治誠南山 손재수가 있으니 남산에 치성하라 | 勿貪外財 勞而無功 외재를 탐하지 마라 수고하고도 공은 없다 |
| 八月 | 一輪孤月 空照四方 일륜고월이 공연히 사방에 비친다 | 事有失敗 又何口舌 일에 실패가 있는데 또 무슨 구설인고 | 事多虛荒 祈禱七星 일에 허황함이 있으니 칠성에 기도하라 |
| 九月 | 天賜奇福 食祿陳陳 하늘이 기이한 복을 주니 식록이 진진하다 | 莫近木姓 不利我事 목성을 가까이 마라 나의 일에 불리하다 | 財數雖吉 身數不利 재수는 비록 좋으나 신수는 불리하다 |
| 十月 | 到處有財 名高四方 도처에 재물이 있으니 이름이 사방에 높다 | 若非官祿 弄璋之慶 만일 관록이 아니면 생남할 수다 | 身遊外方 財祿旺盛 몸이 외방에 가서 노니 재물이 왕성한다 |
| 十一月 | 疾病有憂 預爲度厄 질병에 근심이 있으니 미리 도액하라 | 守舊無災 何望他業 옛을 지키면 재앙이 없는데 어찌 딴 업을 바랄고 | 有勞無功 世事浮雲 수고만 있고 공이 없으니 세상일이 뜬구름 같다 |
| 十二月 | 有雷不雨 天氣難測 우뢰는 있고 비가 안오니 하늘일은 측량키 어렵다 | 求之不得 身數奈何 구하여도 얻지 못하니 신수를 어찌할고 | 若近火姓 損財不少 만일 화성을 가까이 하면 손재가 적지 않다 |

# 五三一

☰☲ 家人之漸
☴☲

【註解】 有進就之象

【卦象】 龍生頭角 然後登天

【해왈】 문장같으면 벼슬하여 복록을 얻고 만사태평하며 가도가 차차 늘고 보통사람같으면 모든 일이 잘되어 성공할 괘

| | | | |
|---|---|---|---|
| 卦辭 | 龍生頭角 然後登天 용이머리에뿔이나니 연후에하늘에오른다 | 堀土得金 終見亨通 땅을파서금을얻으니 마침내형통함을보리라 | 吉星隨身 男兒得意 길성이몸에따르니 남아가뜻을얻도다 |
| | 初困後泰 喜滿家庭 처음은곤하고뒤에형통 하니기쁨이가정에있다 | 意外成功 官祿隨身 뜻밖에성공하니 관록이몸에따른다 | 今年之數 成功最吉 금년의운수는 성공하기에가장좋다 |
| | 陰陽和合 萬物化生 음양이화합하니 만물이화생한다 | 身運通泰 所爲皆吉 신운이대통하니 하는바가모두길하도다 | 月明南陽 三顧草廬 달이남양에밝으니 삼고초려하도다 |
| 正月 | 居家多憂 出門有苦 집에있으면근심이많고 문을나가면괴롭다 | 臨渴堀井 徒勞無功 목마른때에샘을파니 힘만들고공이없도다 | 存心正直 獲福無雙 마음을정직하게먹으면 복을얻음이쌍이없다 |
| 二月 | 事不從心 心神散亂 일이마음과같이아니되니 심신이산란하다 | 石上種樹 其根難定 돌위에나무를심으니그 뿌리를정하기어렵도다 | 雖有貴人 實難救助 비록귀인은있으나 실상구조하기어렵다 |
| 三月 | 大人則吉 小人則凶 대인은길하나 소인은흉하다 | 土姓有害 勿爲交遊 토성이불리하니 사귀고놀지마라 | 外富內貧 虛名無實 외부내빈하고 허명무실하다 |
| 四月 | 雲捲青天 日月更明 구름이걷힌하늘에 일월이다시밝다 | 所望如意 事事亨通 소망이여의하니 일일이형통한다 | 探花結實 豈不美哉 꽃을찾다가열매를맺으 니어찌아름답지않은가 |
| 五月 | 貴人扶助 成功無疑 귀인이부조하여주니 성공하기의심없다 | 金玉萬堂 富如石崇 금옥이만당하니 부하기가석숭같다 | 先困後吉 憂散喜生 먼저곤하고뒤에길하니 근심은흩고기쁨생긴다 |
| 六月 | 雖有憤心 忍之爲德 비록분한마음이있더라 도 참으면덕이된다 | 土姓不吉 是非操心 토성이불길하니 시비를조심하라 | 若非爭論 口舌之數 만일다투지아니하면 구설수가있다 |
| 七月 | 取善遠惡 福祿自來 선을취하고악을멀리하 니 복록이스스로온다 | 旱天降雨 物物回生 가문하늘에비가오니 물물이회생한다 | 東方貴人 意外助我 동방의귀인이 뜻밖에나를돕는다 |
| 八月 | 春回山谷 百花爭發 산곡에봄이돌아오니 백화가다투어핀다 | 花發春林 景色倍新 꽃이봄수풀에피니 경색이배나새롭다 | 身數平吉 財數興旺 신수가평길하고 재수가흥왕하다 |
| 九月 | 九十月令 虛中有實 구월과시월에는 헛된중에실상이있다 | 窓外黃菊 逢時滿發 창밖에황국이 때를만나만발하도다 | 財如丘山 喜色滿面 재물이산같으니 기쁜빛이만면하다 |
| 十月 | 青龍得水 造化無窮 청룡이물을얻으니 조화가무궁하다 | 莫近女色 損財難免 여색을가까이하지마라 손재를면하기어렵다 | 經營之事 必是成功 경영하는일은 필시성공한다 |
| 十一月 | 每事有魔 妄動則害 매사에마가있으니 망녕되이동하면해롭다 | 勿參訟事 不利之數 송사하는데참여하지마 라 불리할수다 | 未渡江東 風波更發 강동을건너지못하였는 데풍파가다시발한다 |
| 十二月 | 東方來客 偶然貽害 동방으로오는손은 우연히해를끼친다 | 莫聽人言 言甘事違 남의말을듣지마라 말은달고일은어긴다 | 此月之數 別無所益 이달의수는 별로이가없다 |

## 五三二 ䷈ ䷤ 家人之小畜

【註解】 本卦象은 凶이나 此卦는 無碍 有吉之象이다

【卦象】 見而不食 畫中之餠

【해왈】 모든 일이 뜻대로 되지 아니하고 마음은 괴로우며 분주하여도 소득은 적다 욕심을 부리지 마라 마음은 상하고 되지는 않는 괘

**卦辭**
見而不食 畫中之餠 보고먹지못하니 그림속의떡이로다
雖有生財 得而難聚 비록재물은생기나 얻어도모으기는어렵다
入海求金 反爲虛妄 바다에들어금을구하니 도리어허망함이되도다
勿爲妄動 勞而無功 망녕되이동하지마라 수고하여도공이없다
久旱不雨 草木不長 오래가물고비안오니 초목이자라지못한다
有頭無尾 事事不成 시작은있고끝이없으니 일마다이루지못한다
浪裡乘舟 不知安危 물결속에배를타니편 코위태함을알지못한다
每事難成 徒費心力 매사를이루지못하니 한갓마음만허비한다
求仙蓬萊 人不識仙 봉래산에신선을구하니 사람이신선을몰라본다

**正月**
背月向暗 不見好月 달을등져어둔데로향하 니좋은달을보지못한다
無端之事 口舌可侵 무단한일로 구설이침노한다
先得後失 徒傷心神 먼저는얻고뒤에잃으니 한갓심신만상한다

**二月**
逢秋葉落 何時繁榮 가을을만나잎이떨어지 니 어느때번창할고
莫聽人言 必有其害 남의말을듣지마라 반드시그해가있다
好事多魔 此亦奈何 일에마가많으니 이것을또어찌할고

**三月**
在家心亂 出他心閑 집에있으면마음산란하 고다른데가면한가하다
財數論之 得而消耗 재수를말하면 얻어도소모된다
每事有滯 此數奈何 매사에막힘이있으니 이수를어찌할고

**四月**
六月炎天 密雲不雨 유월염천에 구름이끼 고비가아니온다
旱時待雨 清風逐雨 가물때비를기다리나 맑은바람이비를쫓는다
事不如意 到處有敗 일이여의치못하니 간곳마다패가있다

**五月**
五六月令 橫厄愼之 오월과유월에는 횡액을조심하라
至誠祈禱 庶免此數 지성으로기도하면 거의이수를면한다
先吉後凶 有財難聚 선길후흉하니 재물이 있어도모으지못한다

**六月**
在家則吉 出則有害 집에있으면길하고 나가면해가있다
莫近金姓 反受其害 금성을가까이마라 도리어그해를받는다
致敗多端 木姓愼之 치패가많으니 목성을조심하라

**七月**
小往大來 積財滿室 작은것이가고큰것이오 니재물이집에가득하다
若逢火姓 大財入手 만일화성을만나면 큰재물이손에들어온다
若非口舌 膝下有憂 만약구설이아니면 슬하에근심이있다

**八月**
日暮江上 乘舟不吉 해가강위에저무니 배를타는것이불길하다
莫近水邊 必是有害 물가에가지마라 필시해가있다
東方不利 西方有吉 동방은불리하고 서방은길하다

**九月**
戌亥之月 遠行不利 구월과시월에는 원행함이불리하다
心無定處 空然心亂 마음에정한곳이없으니 공연히심란하다
身數如此 世事浮雲 신수가이와같으니 세상일이뜬구름같다

**十月**
舊情難別 新情不得 구정은이별키어렵고 신정은얻지못한다
東嶺月出 小色更新 동령에달이나오니 잔빛이다시새롭다
凡事順成 憂中有喜 범사가여의하니 근심가운데기쁨이있다

**十一月**
事多奔走 此亦運也 일이많고분주하니 이것도또운인가
日落西山 歸客忙忙 해가서산에떨어지니 돌아가는손이바쁘다
山路馳馬 路險不進 산길에말을달리니길 이험하여나가지못한다

**十二月**
山程水程 行路千里 산길과물길에 갈길이천리다
石上種樹 有勞無功 돌위에나무를심으니 수고만있고공은없다
此月之數 橫厄愼之 이달의운수는 횡액을조심하라

# 五三三

☴☲ ☴☳

家人之益

【註解】 有事不中하니 無益之象

【卦象】 雙手提弓 射而不中

【해왈】 모든 일이 마음대로 되지 아니하니 지도하는 사람이 누구인가 목물같은 것으로 생각하면 성공할 괘

| | | | |
|---|---|---|---|
| 卦辭 | 雙手提弓 射而不中 한손으로활을당기니 쏘아도맞지못하리라 | 雖有謀計 成事可難 비록묘한꾀는있으나 성사하기는어렵다 | 貴者反賤 或損名譽 귀한자도리어천하게하니 혹명예를손상한다 |
| | 驛馬到門 一次遠行 역마가문에이르니 한번원행한다 | 若非移居 必是改業 만일이사아니하면 반드시업을바꾼다 | 今年之數 水火愼之 금년의운수는 수화를조심하라 |
| | 大明中天 浮雲掩蔽 대명중천을 뜬구름이가리었다 | 自東來人 自然不利 동으로오는사람은 자연히이롭지못하리라 | 寒江孤舟 漁翁獨釣 차가운강의외로운배에 어옹이홀로낚시질한다 |
| 正月 | 幼鳥高飛 雖飛不遠 어린새가높이나니 비록날아도멀지못하다 | 東北兩方 損財可畏 동북양방은 손재가두렵다 | 入海求金 有勞無功 바다에들어가금을구하니 수고만하고공은없다 |
| 二月 | 日月不明 前程有險 일월이밝지못하니 앞길이험난하다 | 日暮西山 小鳥失巢 해가서산에저문데 작은새가집을잃도다 | 上下不和 家有不平 상하가불화하니 집에불평이있다 |
| 三月 | 逢時不幸 喜悲相半 불행한때를만나니 기쁘고슬픔이상반이다 | 勿爲爭論 訟事不絶 다투지마라 송사가끊이지않는다 | 商路有財 可得千金 장사길에재물이있으니 천금을가히얻는다 |
| 四月 | 欲飛不飛 事事不利 날려고하나날지못하니 일마다이롭지못하다 | 勿謀他營 損財不免 다른경영을하지마라 손재를면치못한다 | 東北不利 吉變爲凶 동북이불리하니 길함이변하여흉하게된다 |
| 五月 | 老龍得珠 何時成功 노룡이구슬을얻으니 어느때성공할고 | 有志未就 此數奈何 뜻은있어도이루지못하니 이수를어찌할고 | 若非生財 必有弄璋 만일재물이생기지아니하면 생남하리라 |
| 六月 | 守舊安常 事無虛失 옛것을지키어편안하니 일에허실이없도다 | 有財南方 知則多得 재물이남방에있으니 알면많이얻는다 | 未月之數 公事不利 유월의수는 공사는불리하다 |
| 七月 | 財在外方 出則可得 재물이외방에있으니 나가면얻는다 | 雨下春草 憂散喜生 비가봄풀에내리니 근심흩어지고기쁨이난다 | 祈禱家神 壽福自來 가신에게기도하면 수복이스스로온다 |
| 八月 | 可別人情 所望如意 가히인정을이별하면 소망이여의하다 | 正心積德 財利可得 마음을바로하고적덕하면 재리를얻는다 | 若非橫財 移徙之數 만일횡재를아니하면 이사할수다 |
| 九月 | 草綠江邊 甘雨時至 풀이강가에푸르고 단비가때로이른다 | 水鬼窺門 莫近水邊 수귀가문을엿보니 물가를가까이마라 | 若非遠行 損財之數 만일원행을아니하면 손재할수다 |
| 十月 | 夜月三更 乘舟不利 야월삼경에 배타는것이불리하다 | 厄在時刻 宜行東方 액이시각에있으니 마땅히동방으로가라 | 臨津無船 來頭奈何 나루에임하여배가없으니 내두를어찌할고 |
| 十一月 | 釣魚山上 魚不可得 고기를산위에서낚으니 고기를가히얻지못한다 | 不知人心 親人反害 인심을알지못하니 친한사람이도리어해한다 | 每事無謀 意外禍生 매사에꾀가없으니 뜻밖에화가생긴다 |
| 十二月 | 改心治家 凶化爲吉 마음을고치고치가하면 흉함이화하여길해진다 | 苦盡甘來 天定之數 쓴것이다하고단것이오니 하늘이정한수다 | 舊情離別 新情何在 구정은이별하기어렵고 신정은어디있는고 |

# 五四一

䷩ 益之觀 ䷓

【註解】

若不動이면 有禍無益之象이라

【卦象】

三十六計 走行第一

【해왈】

되는대로 행하라 그러나 모든 일을 조심하여 행하면 복이 돌아오며 이제야 좋은 운을 만났으니 만사가 태평하여 돌아다니며 노는 괘다

| | | | |
|---|---|---|---|
| 卦辭 | 三十六計 走行第一 삼십육계에 달아나는 것이 제일이다 | 運數不吉 謹愼免厄 운수가 불길하니 근신하면 액을 면한다 | 勿無强求 事有虛妄 억지로 구하지 마라 일이 허망하리라 |
| | 入則傷心 動則滿利 들어오면 마음이 상하고 동하면 이익이 많다 | 若無素服 反有口舌 만일 복제가 없으면 도리어 구설이 있다 | 五六月令 口舌多端 오월과 유월에는 구설이 많다 |
| | 萬里行雲 暮入瀟湘 만리에 행하는 구름이 저물게 소상에 들도다 | 旱天望雨 杲杲出日 가문 하늘에 비를 바라니 해가 고고히 난다 | 鼓下有角 崩如鼓角 북 아래 피리가 있으니 무너져도 같은 북과 피리다 |
| 正月 | 天不賜福 强求不得 하늘이 복을 주지 않으면 억지로 구해도 못 얻는다 | 莫信人言 言甘事違 남의 말을 믿지 마라 말은 다나 일은 어긴다 | 落眉有厄 凡事可愼 낙미의 액이 있으니 범사를 조심하라 |
| 二月 | 黑雲滿空 不見月色 흑운이 공중에 가득하니 달빛을 보지 못한다 | 基地發動 反住有刑 기지가 발동하니 도리어 머무르면 형벌이 있다 | 在家心亂 宜行外方 집에 있으면 심란하니 마땅히 외방에 가라 |
| 三月 | 險路已過 更逢泰山 험한 길을 이미 지났는데 다시 태산을 만난다 | 失物可慮 盜賊操心 실물할까 염려되니 도둑을 조심하라 | 出他有吉 在家傷心 다른 데 가면 길하나 집에 있으면 마음이 상한다 |
| 四月 | 山深四月 蜂蝶何向 산이 깊은 사월에 봉접은 어디로 향하는고 | 北方不利 近則有害 북방이 불리하니 가까이 하면 불리하다 | 勿爲吊問 不利之數 조문하지 마라 불리할 수라 |
| 五月 | 夢中得財 不久之財 꿈가운데 재물은 오래지 못한 재물이다 | 勿貪虛慾 反有損害 허욕을 탐하지 마라 도리어 손해한다 | 財星隨身 必有橫財 재성이 몸에 따르니 반드시 횡재함이 있다 |
| 六月 | 若無服制 添口之數 만일 복제가 아니면 식구를 더할 수 있다 | 飢者得飯 無箸奈何 주린 자가 밥을 얻었으나 저가 없으니 어찌할고 | 靜則辛苦 動則得利 고요하면 괴롭고 움직이면 이를 얻는다 |
| 七月 | 上下和順 喜滿家庭 상하가 화순하니 기쁨이 가정에 가득하다 | 若非生產 橫財之數 만일 생산치 아니하면 횡재할 수다 | 在則無益 利在他鄉 집에 있으면 이익이 없고 이가 타향에 있다 |
| 八月 | 心大志弱 欲速不達 마음은 크고 뜻은 약하니 속히 하나 되지 않는다 | 西方不吉 勿爲出行 서방이 불길하니 출행하지 마라 | 雖得財利 別無所得 비록 재물은 얻으나 별로 소득은 없다 |
| 九月 | 身數平吉 損財奈何 신수는 길하나 손재하니 어찌할고 | 若非如此 家庭不安 만일 이같지 아니하면 가정이 불안하다 | 勿爲人爭 恐有口舌 남과 다투지 마라 구설이 있을까 두렵다 |
| 十月 | 財物隨身 先損後得 재물이 몸에 따르니 먼저는 손하고 뒤에는 얻는다 | 入則傷心 出門成功 들면 마음이 상하고 문을 나가면 성공한다 | 橫厄有數 交友愼之 횡액수가 있으니 친구 사귀기를 조심하라 |
| 十一月 | 時逢好運 千金自到 때가 좋은 운을 만나니 천금이 스스로 온다 | 若非官祿 膝下有慶 만약 관록이 아니면 슬하에 경사가 있다 | 賣牛買田 家道漸隆 소를 팔아서 밭을 사니 가도가 점점 융성한다 |
| 十二月 | 青山影裡 群鳥相樂 푸른 산 그림자 속에 뭇새가 서로 즐거워한다 | 東方不利 行則被害 동방이 불리하니 가면 해를 입는다 | 執心堅忍 凡事可愼 마음잡고 굳게 참고 범사를 조심하라 |

# 五四二

益之中孚

【註解】 而不行하면 有行害人之意

【卦象】 一把刀刃 害人何事

【해왈】 다른사람을 해코자 마라 천저가 넓다한들 어디로 도망할고 마음이 항상 두렵고 분주하다 뜻밖에 관재가 들어오니 주의할 괘

**卦辭**

一把刀刃 害人何事 한번칼날을쥐고 사람을해침이무슨일인고

若非如此 口舌難免 만일이와같지않으면 구설을면하기어렵다

荒山落月 陰魂秋秋 거친산떨어지는달에 음혼이추추하다

流離南北 別無所得 유리남북하니 별로소득이없다

孑孑單身 依托何處 혈혈단신이니 어느곳에의탁할고

若無身病 必有口舌 만일신병이없으면 반드시구설이있으리라

若非妻憂 損財之數 만일아내의근심이아니면 손재할수다

寂寞旅窓 客心悽凉 적막한여창에 손의마음이처량하다

守之則吉 改之則凶 지키면길하고 고치면흉하리라

**正月**

家有不平 夫婦相爭 집에불평함이있으니 부부가서로다툰다

若無身病 堂上有憂 만일신병이없으면 부모에게근심이있다

凡事不愼 意外有害 범사를삼가지아니하면 의외에해가있다

**二月**

妄動有害 守分則吉 망녕되이동하면해가있고 분수를지키면길하다

莫近土姓 損財多端 토성을가까이마라 손재가많다

若近酒色 損財不少 만일주색을가까이하면 손재가적지않다

**三月**

盜賊愼之 橫厄可畏 도둑을조심하라 횡액이두렵다

雲雨滿空 不見日月 구름비가공중에가득하니 일월을보지못한다

雪上植木 不可着根 눈위에나무를심으니 착근치못한다

**四月**

築室山根 人以爲安 집을산기슭에지으니 사람으로써편안하다

愼之女色 諸事可成 여색을조심하면 모든일을가히이룬다

西方有害 勿爲出行 서방이해로우니 출행하지마라

**五月**

五六月令 意外犯害 오월과유월에는 뜻밖에해를범한다

小求大得 財運漸回 적은것을구하다큰것을 얻으니재운이점점온다

若非損財 必有妻病 만일손재가아니면 반드시처병이있다

**六月**

到處有敗 身數奈何 도처에패함이있으니 신수를어찌할고

每事不成 心身不安 매사를이루지못하니 심신이불안하다

莫近是非 不利之事 시비를가까이마라 불리한일이다

**七月**

家無米穀 來頭何食 집에쌀과곡식이없으니 내두에무엇을먹을고

蹇馬出路 欲步不行 저는말이길에나가니걷고자하나행하지못한다

水姓有害 勿爲去來 수성이불리하니 거래를하지마라

**八月**

五月飛霜 草木何堪 오월에서리가날리니 초목이어찌견딜까

雖有小財 口舌難免 비록적은재물은있으나 구설을어찌면할고

莫親西人 必有失敗 서쪽사람을친하지마라 반드시실패가있다

**九月**

吉星助我 必受財福 길성이나를도와주니 반드시재복을받는다

先凶後吉 萬事如意 먼저는흉하고뒤에길하니 만사가여의하다

莫近酒色 有害無益 주색을가까이마라 해는있고이익은없다

**十月**

財數雖吉 身數不利 재수는비록길하나 신수는불리하다

事無頭緖 身病可侵 일에두서가없고 신병이침노한다

遠行不利 不如在家 원행함이불리하니 집에있느니만못하다

**十一月**

每事無計 必有失敗 매사에계교가없으니 반드시실패한다

若無疾苦 膝下有憂 만일질고가없으면 슬하에근심이있다

心同事異 表裡相反 마음은같으나일은다르니 겉과속이서로반대다

**十二月**

夫婦不順 家中不安 부부가불순하니 집안이불안하다

晩得好運 財福可受 늦게좋은운을얻으니 재복을가히받는다

若去水邊 必有生財 만일물가에가면 반드시재물이생긴다

## 五四三

益之家人

☴☳ / ☴☲

【註解】 雖有財利나 家有凶禍之意

【卦象】 先人丘墓 都在大梁

【해왈】 두곳에다 징들이니 어느곳을 배반할고 그일로인하여 병이되나 마음을잘먹고 덕을닦으면 나중에는 복이돌아오는 괘

| | | | |
|---|---|---|---|
| 卦辭 | 先人丘墓 都在大梁 선인의무덤이 모두대량에있다<br>先得後失 徒傷心情 먼저는얻고뒤에잃으니 한갓심정만상한다<br>淸江雨裡 漁翁吹笛 맑은강빗속에 어옹이저를불도다 | 身數不利 疾病愼之 신수가불리하니 질병을조심하라<br>身上有困 別無凶事 신상에곤함은있으나 별로흉함은없다<br>事在頃刻 何慮長久 일이경각에있는데 어찌장구하게생각할고 | 前程有險 善取遠惡 앞길에험함이있으니 선을취하고악을멀리하라<br>勿貪新物 守舊則吉 새물건을탐하지마라 옛을지키면길하다<br>老樹春盡 難結其子 늙은나무에봄을다하니 그열매를맺기가어렵다 |
| 正月 | 寅卯之月 改業之數 정월과이월에는 업을고칠수다 | 驛馬到門 奔走之象 역마가문에이르니 분주한기상이다 | 財在遠方 出則得財 재물이원방에있으니 나가면얻는다 |
| 二月 | 塵合泰山 絶對之功 티끌모아태산되니 절대의공이다 | 河姓不利 偶然貽害 하가성이불리하니 우연히해를끼친다 | 莫近酒色 損財口舌 만일주색을가까이하면 손재와구설이있다 |
| 三月 | 凡事不利 諸事注意 범사가불리하니 모든일을주의하라 | 無端之責 口舌難免 무단지책으로 구설을면하기어렵다 | 親友之間 以財義變 친구사이에 재물로써의가변한다 |
| 四月 | 世業如夢 赤手成家 세업이꿈같으니 적수성가한다 | 在家心亂 遠行則吉 집에있으면심란하고 원행하면길하다 | 若非損財 疾病可畏 만일손재가아니면 질병이두렵다 |
| 五月 | 鶯棲柳枝 一身自安 꾀꼬리버들가지에깃드니 일신이편안하다 | 守家則吉 出路有害 집을지키면길하고 길에나가면해가있다 | 勿貪人財 小得大失 남의재물을탐하지마라 적게얻고크게잃는다 |
| 六月 | 口舌有數 官災可畏 구설수가있으니 관재가두렵도다 | 前程有險 修身齊家 전정에험함이있으니 수신제가하라 | 財在西方 必得大財 재물이서방에있으니 반드시큰재물을얻는다 |
| 七月 | 秋逢草木 一悲一憂 가을을당한초목이니 한번슲고한번근심한다 | 勿貪分外 反有失敗 분수밖을탐하지마라 도리어실패한다 | 財不隨身 求之不得 재물이몸에딸지아니하니 구하여도얻지못한다 |
| 八月 | 酉月之數 可被人恩 팔월의수는 사람의은혜를입는다 | 身旺財旺 可得千金 몸과재물이왕성하니 천금을얻으리라 | 金姓不利 木姓有吉 금성은불리하고 목성은길하다 |
| 九月 | 秋山登臨 松竹靑靑 가을산에오르니 송죽이청청하다 | 莫行北方 不利財物 북방에가지마라 재물에불리하다 | 水姓不利 恒常遠之 수성이불리하니 항상멀리하라 |
| 十月 | 垂釣滄波 魚入石間 낚시를창파에던지니 고기가돌새로들어간다 | 莫近酒色 損財之數 주색을가까이마라 손재할수다 | 勿爲渡江 商路失財 강을건너지마라 장사길에재물을잃는다 |
| 十一月 | 若無人害 口舌之數 만일사람의해가없으면 구설수가있다 | 莫出遠路 損財不少 먼길에나가지마라 손재가적지않다 | 勿貪非理 反爲虛荒 비리를탐하지마라 도리어허황하다 |
| 十二月 | 春草方長 日就月將 봄풀이바야흐로자라니 일취월장한다 | 深山幽谷 宿鳥投林 심산유곡에 잘새가수풀에깃든다 | 善治其家 意外成功 그집을잘다스리면 뜻밖에성공한다 |

# 五五一

巽之小畜

☴☴
☴☰

【註解】

知進不能之意

【卦象】

妖魔入庭 作孽芝蘭

【해왈】

자손에게 불길함이 있어 되는 일은 없고 마음이 불안하니 절간에 가서 도나 닭는 괘

| | | | |
|---|---|---|---|
| 卦辭 | 妖魔入庭 作孽芝蘭 요마가 뜰에 들어서 자손에게 해를 입힌다<br>貴人何在 必是北方 귀인은 어디 있는고 반드시 북방이다<br>清風明月 元無主人 청풍과 명월은 원래 주인이 없다 | 妖鬼發動 疾病可畏 요귀가 발동하니 질병이 두렵다<br>若非損財 膝下之憂 만일 손재가 없으면 슬하에 근심이 있다<br>分限已定 妄生虛心 분한이 이미 정하였거늘 망녕되이 헛마음을 낸다 | 雖有得財 少得多用 비록 재물은 얻으나 적게 얻고 많이 쓴다<br>家有不安 禱厄則吉 집에 불안함이 있으니 도액하면 길하다<br>財爻帶殺 妻宮有憂 재효가 살격을 띠었으니 처궁에 근심이 있다 |
| 正月 | 久旱不雨 草木不長 오래 가물고 비가 아니오니 초목이 자라지 못한다 | 若非損財 膝下之憂 만일 손재하지 아니하면 슬하에 근심이 있다 | 一夜狂風 落花紛紛 하룻밤 광풍에 낙화가 분분하다 |
| 二月 | 以小易大 財運亨通 작은 것으로 큰 것을 바꾸니 재운이 형통한다 | 財星入門 偶然得財 재성이 문에 드니 우연히 재물을 얻는다 | 若不治誠 不利人口 만일 치성하지 아니하면 인구가 불리하다 |
| 三月 | 親人有害 吉變爲凶 친한 사람에 해가 있으니 길함이 변하여 흉해진다 | 西南兩方 必有貴人 서남 양방에는 반드시 귀인이 있다 | 謀事不利 安靜爲吉 꾀하는 일이 불리하니 안정하면 길하다 |
| 四月 | 北方來食 食則致病 북방에서 오는 음식은 먹으면 병이 된다 | 若行西北 疾病可侵 만일 서북으로 가면 질병이 침노한다 | 財運已回 強求小得 재운이 이미 돌아오니 억지로 구하면 조금 얻는다 |
| 五月 | 莫恨辛苦 初困後泰 신고함을 한하지 마라 처음은 곤하나 뒤에 통한다 | 橫厄有數 莫行東方 횡액수가 있으니 동방에 가지 마라 | 若無疾病 膝下之憂 만일 질병이 없으면 슬하에 근심이 있다 |
| 六月 | 家運不利 家有不安 가운이 불리하니 집에 근심이 있다 | 運數如此 禱厄則吉 운수가 이같으니 도액하면 길하다 | 修道遠惡 事事順成 도를 닦고 악을 멀리하면 일마다 순성한다 |
| 七月 | 若非官厄 口舌何免 만일 관액이 아니면 구설을 어찌 면할고 | 東方貴人 必是助我 동방의 귀인은 필시 나를 돕는다 | 家有憂患 治誠上帝 집에 우환이 있으니 상제께 치성하라 |
| 八月 | 事有危險 每事愼之 일에 위험하니 매사를 조심하라 | 守分安居 凶變爲吉 분수를 지키고 편히 거하면 흉함이 변하여 길하다 | 北方之人 勿親遠之 북방 사람은 친하지 말고 멀리하라 |
| 九月 | 雪中飛鳥 夕陽失巢 설중에 나는 새가 석양에 집을 잃도다 | 佛前致誠 可得財利 불전에 치성하면 가히 재리를 얻는다 | 若無榮貴 口舌紛紛 만일 영귀하지 아니하면 구설이 분분하다 |
| 十月 | 厄運消滅 所望如意 액운이 소멸하니 소망이 여의하다 | 九十月令 必有財旺 구월과 시월에는 반드시 재물이 왕성한다 | 身運如此 謀事可成 신운이 이같으니 꾀하는 일을 가히 이룬다 |
| 十一月 | 雪滿窓前 寒梅獨立 눈이 가득한 창앞에 한매가 홀로 서도다 | 損財有數 水姓遠之 손재수가 있으니 수성을 멀리하라 | 大財難得 小財可得 큰 재물은 얻기 어렵고 작은 재물은 얻는다 |
| 十二月 | 待時而動 別無後悔 때를 기다려 동하면 별로 후회는 없다 | 可怕失物 預爲祈禱 실물할까 두려우니 미리 기도하라 | 今年之運 別無神奇 금년의 운은 별로 신기함이 없다 |

# 五五二

☴☴ 巽之漸 ☴☶

【註解】 無險有順하니 必有安逸이라

【卦象】 四皓圍棋 消遣世慮

【해왈】 일신이 편안하고 안락하니 찾아오는 사람이 많아서 재미있게 놀고 근심과 걱정이 없으니 누가 영귀하다 아니하랴 안락하게 지내는 괘

| | | | | | | |
|---|---|---|---|---|---|---|
| 卦辭 | 四皓圍棋 消遣世慮 | 사호가 바둑을 두어서 세상근심을 보내도다 | 桃李滿開 蜂蝶來喜 | 복숭아꽃이 가득피니 벌나비가 기뻐한다 | 身遊外方 必有榮華 | 몸이 외방에서 노니 반드시 영화가 있다 |
| | 吉運漸回 晩時有吉 | 길운이 점점 돌아오니 늦게 길함이 있다 | 垂釣滄波 終得巨鱗 | 낚시를 창파에 던지니 마침내 큰고기를 낚는다 | 意外橫財 生活泰平 | 뜻밖에 횡재하여 생활이 태평하다 |
| | 魚遊春水 洋洋自得 | 고기가 봄물에 노니 양양자득하다 | 淸風明月 自有主人 | 청풍과 명월이 스스로 주인이 있다 | 隨人出脚 事無不利 | 다시 벼슬길에 나아가니 일이 이롭지 안함이 없다 |
| 正月 | 春風細雨 桃花欲笑 | 봄바람 가는비에 복숭아꽃이 피고자 한다 | 花林深處 飮酒自樂 | 꽃수풀 깊은곳에 술을 마시며 스스로 즐긴다 | 世事浮雲 身上安樂 | 세사가 뜬구름 같으니 신상이 안락하다 |
| 二月 | 春深山窓 與人談笑 | 봄이 깊은 산창에 사람으로 더불어 담소한다 | 家運大通 百事如意 | 가운이 대통하니 백사가 여의하다 | 身遊他鄕 人人敬我 | 몸이 타향에 노니 사람마다 나를 공경한다 |
| 三月 | 擧盃花間 春鳥自弄 | 술잔을 꽃사이에서 드니 봄새가 스스로 희롱한다 | 魚龍得水 活氣滔滔 | 고기와 용이 물을 얻으니 활기가 도도하다 | 若非官祿 必有弄璋 | 만일 관록이 아니면 생남한다 |
| 四月 | 雖有財物 或有小憂 | 비록 재물은 있으나 혹 작은 근심이 있다 | 貴人助我 成功無疑 | 귀인이 나를 도우니 성공하기 의심없다 | 誠心求事 成功之數 | 성심으로 일을 구하면 성공할 수다 |
| 五月 | 家有憂患 擇日預防 | 집에 우환이 있으니 택일하여 예방하라 | 若非如此 損財難免 | 만일 이같지 않으면 손재를 면하기 어렵다 | 家有不安 家人有別 | 집이 불안하니 집안사람과 이별함이 있다 |
| 六月 | 探景登山 花笑蝶舞 | 경치를 찾아 산에 오르니 꽃이 피고 나비가 춤춘다 | 山高谷深 花滿春山 | 산은 높고 골은 깊은데 꽃이 봄산에 가득하다 | 財福隨身 金玉萬堂 | 재복이 몸에 따르니 금옥이 만당하다 |
| 七月 | 若非橫財 必受吊問 | 만일 횡재가 아니면 반드시 조문을 받는다 | 守舊安居 利在其中 | 옛을 지키고 편히 거하면 이가 그가운데 있다 | 盜賊操心 失物可畏 | 도둑을 조심하라 실물할까 두렵다 |
| 八月 | 雲外萬里 得意還鄕 | 구름밖 만리에 뽐내며 고향에 돌아온다 | 憂散喜生 一家太平 | 근심이 흩어지고 기쁨이 생기니 집안이 태평하다 | 七八月令 吉中有憂 | 칠월과 팔월에는 길한가운데 근심이 있다 |
| 九月 | 安分樂道 滿室春風 | 안분하고 도를 즐기니 봄바람이 집에 가득하다 | 本性正直 必受吉祥 | 본성질이 정직하니 반드시 길한 상서를 받는다 | 安中有危 官災愼之 | 편안한가운데 위태함이 있으니 관재를 조심하라 |
| 十月 | 草綠江邊 兩牛相爭 | 풀이 푸른 강가에 두소가 서로 다툰다 | 若不祈禱 膝下有厄 | 만일 기도하지 아니하면 슬하에 액이 있다 | 今當吉運 萬事順成 | 이제야 좋은운을 만나니 만사를 순성한다 |
| 十一月 | 雪滿空山 群鳥何居 | 눈이 빈산에 가득하니 뭇새는 어디에 사는고 | 一身自安 人多欽仰 | 일신이 스스로 편안하니 사람이 많이 흠앙한다 | 幽谷春回 何事不成 | 깊은골에 봄이 돌아오니 무슨일을 이루지 못하랴 |
| 十二月 | 甘雨時來 百穀豐登 | 단비가 때때로 오니 백곡이 풍등하다 | 身數泰平 日得千金 | 신수가 태평하니 날로 천금을 얻는다 | 出行得利 豈不美哉 | 출행하여 이를 얻으니 어찌 아름답지 아니하랴 |

# 五五三

☴☴ 巽之渙

【註解】有順光明之意

【卦象】清風明月 對酌美人

【해왈】부부가 화합하고 자손이 창성하며 일신이 귀히되니 사람들이 우러러보는 패러라

**卦辭**
清風明月 밝은바람밝은달아래
對酌美人 미인과대작한다
家有吉慶 집에경사가있으니
人人仰視 사람마다앙시한다
東風和暢 동풍이화창하니
楊柳依依 양유가의의하다
年運大吉 연운이대길하니
必有榮華 반드시영화가있다
夫婦和合 부부가화합하니
子孫昌盛 자손이창성한다
事有定期 일이정한기약이있으니
喜怒一時 희노가한때로다
春光再到 봄빛이다시이르니
桃李欲笑 도화가웃고자한다
身上榮貴 몸이영귀하게되니
到處春風 도처춘풍이라
長安道上 장안길위에
男兒得意 남아가득의한다

**正月**
家人同心 집안사람마음이같으니
百事亨通 백사가형통한다
災消福來 재앙이사라지고복이오니
意外得財 뜻밖에재물을얻는다
土姓有害 토성은해롭고
水姓助我 수성은나를돕는다

**二月**
財在南方 재물이남방에있으니
出行可得 출행하면얻는다
若非如此 만일이같지아니하면
必有婚姻 반드시혼인이있다
若無婚姻 만일혼인이없으면
弄璋之數 생남할수다

**三月**
衆人助我 여러사람이나를도우니
福祿如山 복록이산같다
日月明朗 일월이명랑하니
必有慶事 반드시경사가있다
明月高樓 달밝은높은누에 저를
弄笛消日 희롱하며날을보낸다

**四月**
內外和合 내외가화합하니
萬事如意 만사가여의하다
凶變爲吉 흉함이변하여길하게되니
亦無官事 또관사도없다
人口旺盛 인구가왕성하고
利在田庄 이가전장에있다

**五月**
花筵設宴 꽃자리에잔치를열고
與人同樂 사람으로더불어즐긴다
飮酒高歌 술을마시고높이노래하니
興趣滔滔 취흥이도도하다
有財西方 재물이서방에있으니
行則可得 가면얻는다

**六月**
吉中有凶 길한중에흉함이있으니
一次爭論 한번다툰다
妖鬼發動 요귀가발동하니
或有疾厄 혹질액이있다
愼之木姓 목성을조심하라
口舌不免 구설을면하지못한다

**七月**
窓前黃菊 창앞의황국이 이슬을
含露欲笑 머금고웃고자한다
鳳凰呈祥 봉황이상서를드리니
子孫榮貴 자손이영귀하리라
家運如此 가운이이같으니
喜氣滿堂 희기가집에가득하다

**八月**
貴人來助 귀인이와서도우니
謀事速成 꾀하는일을속히이룬다
害在何姓 해로운성은무슨성인고
必是火姓 필시화성이라
木姓可親 목성을친하면
意外成功 뜻밖에성공한다

**九月**
花林深處 꽃수풀깊은곳에 거문
琴聲尤佳 고소리더욱아름답다
若非官祿 만일관록이아니면
橫財之數 횡재할수다
名利俱興 명리가다흥왕하니
事事亨通 일일이형통한다

**十月**
若非生產 만일생산하지아니하면
遠行之數 원행할수다
談笑和樂 말하고웃고즐기니
世事泰平 세사가태평하다
意外貴人 뜻밖에귀인이
偶來助我 우연히와서돕는다

**十一月**
竹林深處 대수풀깊은곳에
何人吹笛 어느사람이저를부는고
身數泰平 신수가태평하니
到處春風 도처춘풍이다
名利興旺 명리가흥왕하니 사람
人多敬我 이많이나를공경한다

**十二月**
雨後月出 비끝에돋는달이
景色更新 경색이다시새롭다
財運方盛 재운이왕성하니
日得千金 날로천금을얻는다
金李兩姓 김가이가두성은
勿親遠之 친하지말고멀리하라

# 五六一

渙之中孚

【註解】

有離散之意

【卦象】

風起西北

帽落何處

【해왈】

모든 일이 뜻과 같지 못하니 고향에 돌아가서 분수나 지키고 편안히 있는 것이 좋고 뜻밖에 실물할까 염려되니 주의할 괘

## 卦辭

風起西北 帽落何處 바람이 서북에 일어나니 사모가 어디에 떨어질고

雖有能力 不能奈何 비록 능력은 있으나 능하지 못하니 어찌할고

事與心違 虛度光陰 일이 마음에 틀리니 헛되이 광음을 보낸다

家運不利 愁心難解 가운이 불리하니 수심을 풀기 어렵다

勿爲妄動 損財可畏 망녕되이 동하지 마라 손재가 두렵다

今年之數 失物愼之 금년의 운수는 실물을 조심하라

十年磨劍 霜刃未試 십년이나 칼을 갈았으나 칼날을 써보지 못한다

勿聽人見 空費歲月 남의 말을 듣지 마라 공연히 세월만 허비한다

山深四月 不知春色 산이 깊은 사월에 봄빛을 알지 못한다

## 正月

雪滿春山 草木不生 눈이 봄산에 가득하니 초목이 나지 못한다

虛度光陰 世事無味 헛되이 세월을 보내니 세상일이 무미하다

事無頭緒 所望難成 일에 두서가 없으니 소망을 이루지 못한다

## 二月

暮春三月 探花無味 모춘삼월에 꽃을 탐하는 것이 무미하다

凡事多逆 愁心難免 범사가 많이 거슬리니 수심을 면하기 어렵다

先得小利 終見損財 먼저는 작은 이익을 얻고 마침내는 손재한다

## 三月

兩心不同 必有相別 두 마음이 같지 아니하니 반드시 상별함이 있다

些小之事 口舌又侵 사소한 일로 구설이 또 침노한다

莫近水邊 一次驚之 물가를 가까이 마라 한번 놀란다

## 四月

雖有謀事 必是虛荒 비록 꾀하는 일은 있으나 필시 허황하다

事有未決 憂苦何事 일에 미결함이 있는데 우고는 무슨 일인고

妻宮有憂 預爲防厄 처궁에 근심이 있으니 미리 방액하라

## 五月

身運不吉 又何口舌 신운이 불길한데 또 무슨 구설인고

橫厄有數 勿爲妄動 횡액수가 있으니 망녕되이 동하지 마라

與人同事 必有失敗 남과 동사하면 반드시 실패한다

## 六月

七年大旱 不見草色 칠년대한에 풀빛을 보지 못한다

莫恨財窮 初困後泰 재물궁한 것을 한치 마라 처음은 곤하고 뒤에 통한다

雖有財物 用途多處 비록 재물은 있으나 쓰는 곳이 많다

## 七月

雖有妙計 不中奈何 비록 묘한 계교는 있으나 맞지 아니하니 어찌할고

水姓有害 愼而遠之 수성이 해로우니 삼가 멀리하라

預爲治誠 憂在堂上 미리 치성하라 근심이 부모에게 있다

## 八月

莫近女子 陰謀姦請 여자를 가까이 마라 음모로 간청한다

若近女子 不意之變 만일 여자를 가까이하면 뜻하지 아니한 변이 있다

心神不平 遠行之數 심신이 불평하니 원행할 수다

## 九月

或有身厄 凡事愼之 혹 신액이 있으니 범사를 조심하라

若非如此 家庭風波 만일 이같지 않으면 가정에 풍파가 있다

預爲度厄 可免此數 미리 도액하면 가히 이 수를 면한다

## 十月

雨晴月出 四方明朗 비가 개고 달이 나니 사방이 명랑하다

家運已回 利在田庄 가운이 이미 돌아오니 이가 전장에 있다

預爲安宅 財福自豐 미리 안택하면 재복이 스스로 풍족하다

## 十一月

窓前碧桃 獨帶春色 창앞의 도화가 홀로 봄빛을 띠도다

若非生財 膝下有慶 만일 재물이 생기지 않으면 슬하에 경사가 있다

損財有數 親人愼之 손재수가 있으니 친한 사람을 조심하라

## 十二月

勿爲妄動 安靜爲吉 망녕되이 동하지 마라 안정하면 길하다

財上有損 勿爲與受 재산에 손이 있으니 여수를 하지 마라

出行不利 莫行東南 출행함이 불리하니 동남에 가지 마라

# 五六二

☴☵ 渙之觀
☴☷

【註解】有能無憂하니 必有滿足之意

【卦象】寶鼎煮丹 仙人之藥

【해왈】좋은 터를 얻어 사니 고생한 사람의 명망으로 찾아오는 사람이 많고 재물과 오곡이 풍족할 괘

| | | | |
|---|---|---|---|
| 卦辭 | 寶鼎煮丹 仙人之藥 보배솥에 단사를 지지니 신선의 약이로다 | 金星隨身 財帛綿綿 금성이 몸에 따르니 재백이 면면하다 | 身數大吉 威振四方 신수가 대길하니 위엄이 사방에 떨친다 |
| | 財星臨身 橫財之數 재물별이 몸에 따르니 횡재할 수로다 | 今年之數 移舍得利 금년의 운수는 이사하면 이익을 얻는다 | 財穀豐滿 此外何望 재물과 곡식이 가득하니 이밖에 무엇을 바랄고 |
| | 花含玉露 蜂蝶來戲 꽃이 옥이슬을 머금으니 봉접이 와서 희롱한다 | 先困後泰 害變爲吉 먼저는 곤하고 뒤에 편하니 해가 변하여 길해진다 | 雲興天上 奇峰如山 구름이 하늘위에 이니 기이한 봉우리가 메같다 |
| 正月 | 綠陰深處 鶯聲可美 녹음 깊은 곳에 꾀꼬리 소리가 아름답다 | 財祿隨身 男兒得意 재물이 몸에 따르니 남아가 뜻을 얻도다 | 正心積善 財福津津 마음을 바로하고 적선하면 재복이 진진하다 |
| 二月 | 今當言運 所願成就 지금에야 길운을 만나니 소원을 성취한다 | 財祿豐富 家人和悅 자록이 풍부하니 집안사람이 기뻐한다 | 家有吉慶 膝下之榮 집에 경사가 있으니 슬하의 영화다 |
| 三月 | 君明臣賢 可期太平 임금이 밝고 신하가 어지니 가히 태평을 기약한다 | 財在西方 出行可得 재물이 서방에 있으니 출행하면 얻는다 | 莫行西方 空然損財 서방에 가지마라 공연히 손재한다 |
| 四月 | 本無財産 橫財豐饒 본래는 재산이 없는데 횡재하여 풍족하다 | 西方之財 偶然到家 서방의 재물이 우연히 집에 이른다 | 名利俱存 安處太平 명리가 구존하니 편한 곳에 태평하게 지낸다 |
| 五月 | 財如丘山 此外何望 재물이 구산같으니 이밖에 무엇을 바라는고 | 災去福來 疾病不侵 재앙이 가고 복이 오니 질병이 침노치 않는다 | 若近火姓 損財不少 만일 화성을 가까이하면 손재가 적지 않다 |
| 六月 | 若非生財 新婚之數 만일 재물이 생기지 않으면 새로 혼인할 수로다 | 財星照門 到處有財 재성이 문에 비치니 도처에 재물이 있다 | 身運大通 名利共存 신운이 대통하니 명리가 같이 있다 |
| 七月 | 山深茂林 群鳥繁盛 산이 깊고 숲이 무성하니 뭇새가 번성한다 | 南方不利 莫出南方 남방은 불리하니 남방에 가지마라 | 家運興旺 福祿陳陳 가운이 흥왕하니 복록이 진진하다 |
| 八月 | 山雖泰高 登則可達 산이 비록 높으나 오르면 가히 달한다 | 所望如意 金玉滿堂 소망이 여의하니 금옥이 집에 가득하다 | 家運大吉 偶然得財 가운이 대길하니 우연히 재물을 얻는다 |
| 九月 | 若非橫財 膝下有榮 만일 횡재하지 않으면 자손에 영화로다 | 若無官祿 商路得財 만일 관록이 아니면 장사길로 재물을 얻는다 | 南方不利 口舌有數 남방이 불리하니 구설수가 있다 |
| 十月 | 甘雨已降 草木茂盛 단비가 이미 내리니 초목이 무성하다 | 若逢貴人 官祿隨身 만일 귀인을 만나면 관록이 몸에 따른다 | 若近火姓 失敗不免 만일 화성을 가까이하면 실패를 면하지 못한다 |
| 十一月 | 若有疾病 用藥卽差 만일 질병이 있으면 약을 쓰면 곧 낫는다 | 旱草逢雨 其色更靑 가문 풀이 비를 만나니 그 색이 다시 푸르다 | 意外成功 意氣洋洋 뜻밖에 성공하니 의기가 양양하다 |
| 十二月 | 庭前梅花 含露欲笑 뜰앞의 매화가 이슬을 머금고 웃고자 한다 | 若非生財 膝下有慶 만일 재물이 생기지 않으면 슬하에 경사가 있다 | 農則得利 士則得祿 농사꾼은 이를 얻고 선비는 녹을 얻는다 |

# 五六三

☴☵ 渙之巽

【註解】有盜有損之意

【卦象】深入青山 先建茅屋

【해왈】질병과 횡액을 조심하고 망녕되이 동하지 말며 다른 사업을 경영하지 말고 구설을 조심하며 집에 있으면 길할 괘

| | | | |
|---|---|---|---|
| 卦辭 | 深入青山 先建茅屋<br>깊이청산에들어가 먼저띳집을세운다 | 飛鳥羽傷 欲飛不能<br>나는새날개가상하니 날려고하나날지못한다 | 財星逢空 何望得財<br>재성이공을만났으니 어찌재물얻기를바랄까 |
| | 或有家憂 心身難定<br>혹집안에근심이있으니 마음을정하기어렵다 | 莫近女人 必有不利<br>여인을가까이마라 반드시불리하리라 | 今年之數 疾病愼之<br>금년의운수는 질병을조심하라 |
| | 霜落秋江 魚龍失所<br>서리가추강에떨어지니 고기와용이처소를잃다 | 此長彼短 勿與人爭<br>이것이길고저것이짧음을 남과다투지마라 | 妄爲尊大 眼下無人<br>망녕되게존대하니 눈아래사람이없다 |
| 正月 | 老龍無謀 何而登天<br>노룡이꾀가없으니 어찌하늘에오를까 | 雖有財物 得而難聚<br>비록재물은있으나 얻어서모으기어렵다 | 見而不食 有財無益<br>보고먹지못하니 재물이있어도무익하다 |
| 二月 | 春雪滿山 草木不生<br>봄눈이산에가득하니 초목이나지못한다 | 若近女色 損名損財<br>만일여색을가까이하면 명예와재물이손상한다 | 財運逢空 求財不利<br>재운이공을만났으니 재물을구하나불리하다 |
| 三月 | 山深四月 不見春色<br>산깊은사월에 봄빛을보지못한다 | 雖有勞苦 徒勞無功<br>비록노력은하나 도시공이없다 | 求而不得 此數奈何<br>구하여도얻지못하니 이운수를어찌할고 |
| 四月 | 膝下有憂 用藥不差<br>슬하에근심이있으니 약을써도낫지않는다 | 到處有害 心神不安<br>도처에해가있으니 심신이불안하다 | 財在南方 出則可得<br>재물이남방에있으니 나가면얻는다 |
| 五月 | 寂寞山窓 客心悽凉<br>적막한산창에 손의마음이처량하다 | 妻病不利 心神不安<br>처병이불리하니 심신이불안하다 | 在家傷心 遠行之數<br>집에있으면마음이상하니 원행할수다 |
| 六月 | 萬里遠程 辛苦難堪<br>만리원정에 피로움을견디기어렵다 | 每事愼之 橫厄可畏<br>매사를조심하라 횡액이두렵다 | 千里他鄕 遠思其家<br>천리타향에서 멀리그집을생각한다 |
| 七月 | 若無人爭 叩盆之數<br>만일남과다툼이없으면 상처할수다 | 青山之上 葛巾之人<br>청산위에 갈건쓴사람이다 | 莫聽他言 必有虛荒<br>남의말을듣지마라 반드시허황하다 |
| 八月 | 勿貪外財 反爲損財<br>외재를탐하지마라 도리어손재한다 | 無端之事 口舌紛紛<br>무단한일로 구설이분분하다 | 此月之數 有損無益<br>이달의수는 손은있고이익은없다 |
| 九月 | 東奔西走 別無所得<br>동으로달리고서로달리나 별로소득이없다 | 身上有困 恨嘆奈何<br>신상에곤함이있으니 한탄한들어찌할고 | 求財不利 守分在家<br>재물을구하나불리하니 수분하고집에있으라 |
| 十月 | 足踏虎尾 身上有危<br>발로범의꼬리를밟으니 신상이위태하다 | 妖鬼更發 疾病愼之<br>요귀가다시발하니 질병을조심하라 | 預爲度厄 可免此數<br>미리도액하면 가히이수를면한다 |
| 十一月 | 莫信友人 無端損財<br>친구를믿지마라 무단히손재한다 | 祈禱山神 厄消福來<br>산신에게기도하면 액이사라지고복이온다 | 東南兩方 出行不利<br>동남양방에는 출행하면불리하다 |
| 十二月 | 一夜狂風 落花如雪<br>하룻밤광풍에 낙화가눈같다 | 勿謀他營 必有狼狽<br>다른경영을하지마라 반드시낭패한다 | 今年之數 動則損財<br>금년의운수는 동하면손재한다 |

# 六一一

需之井

【註解】 有不安靜之意

【卦象】 平地風波 束手無策

【해왈】 뜻밖에 풍파가 일어나니 도망하려고 하나 전혀 계책이 없다 모든 일이 꿈속 같다 뜻밖에 재앙과 구설을 면하기 어려우며 주색을 조심하여야 할 괘

**卦辭**

平地風波 束手無策 평지에 파란을 일으키면 어찌할 도리가 없다
行路逢險 失路彷徨 길을 가다가 험한을 만나니 길을 잃고 방황한다
有始無終 行事浮雲 처음은 있고 끝이 없으니 행하는 것이 뜬구름 같다

官鬼發動 官災可畏 관귀가 발동하니 관재가 두렵다
意外有災 此數奈何 뜻밖에 재앙이 있으니 이 수를 어찌할고
今年之數 口舌愼之 금년의 운수는 구설을 조심하라

劍光如電 魂不付身 칼빛이 번개 같으니 혼과 몸이 따로따로다
日落瀟湘 雁影蕭蕭 해가 소상에 떨어지니 기러기 그림자가 쓸쓸하다
事不如心 心神散亂 일이 마음과 같지 않으니 심신이 산란하도다

**正月**

雪滿江山 行人不見 눈이 강산에 가득하니 행인을 보지 못한다
世事多逆 到處有傷 세사가 거슬림이 많으니 도처에 상함이 있다
險路馳馬 有險不進 험로에 말을 달리니 험난하여 나가지 못한다

**二月**

險路已過 更逢泰山 험한 길을 이미 지났는데 다시 태산을 만난다
萬里遠程 去去益甚 만리원정에 갈수록 더욱 심하도다
守分則吉 妄動則凶 분수를 지키면 길하고 망녕되이 동하면 흉하다

**三月**

寂寞旅窓 恨嘆不已 적막한 여창에서 한탄함을 마지 않는다
偶然之事 口舌難免 우연한 일로 구설을 면하기 어렵다
祈禱名山 可免此數 명산에 기도하면 이 수를 면한다

**四月**

意外費財 無處不傷 뜻밖에 재물을 허비하니 상치 아니한 곳이 없다
勿爲移基 守舊安靜 이사하지 말고 옛을 지키고 안정하라
若無口舌 身病可畏 만일 구설이 아니면 신병이 두렵다

**五月**

與人同事 狼狽之數 남과 동사하면 낭패할 수다
勿爲妄動 恐有刑罰 망녕되이 동하지 마라 형벌이 있을까 두렵다
如干財數 得而反失 여간 재수는 얻어도 도리어 잃는다

**六月**

一朝狂風 落花紛紛 하루아침 광풍에 낙화가 분분하다
事不如意 身數奈何 일이 여의치 못하니 신수라 어찌할고
若近外色 不意之變 만일 남의 여자를 가까이하면 뜻밖에 변이 있다

**七月**

不意之財 飛入我門 뜻하지 아니한 재물이 내 집으로 날아든다
若非官祿 橫財之數 만일 관록이 아니면 횡재할 수다
愼之盜賊 可怕失物 도둑을 조심하라 실물할까 두렵다

**八月**

家有慶事 膝下之慶 집에 있는 경사는 슬하의 경사다
若非如此 憂患不止 만일 이같지 않으면 우환이 그치지 않는다
先得後失 得失相半 먼저는 얻고 뒤에 잃으니 득실이 상반하다

**九月**

戌亥之月 必有成就 구월과 시월에는 반드시 성취함이 있다
財在北方 水産最吉 재물이 북방에 있으니 수산물이 가장 좋다
若近木姓 必有失財 만일 목성을 가까이하면 반드시 재물을 잃는다

**十月**

避凶南去 更逢凶禍 흉함을 피하여 남으로 가니 다시 흉화를 만난다
莫貪分外 反有損害 분수 밖의 것을 탐하지 마라 도리어 손재가 있다
兩人相爭 勝負未判 양인이 서로 다투니 승부를 판단치 못한다

**十一月**

月出東嶺 四方明朗 달이 동령에 돋으니 사방이 명랑하다
先凶後吉 吉凶相半 먼저는 흉하고 뒤에 길하니 길흉이 상반하다
財運方盛 必有生財 재운이 바야흐로 성하니 반드시 재물이 생긴다

**十二月**

清江含月 景色一新 맑은 강이 달을 머금으니 경색이 한결같이 새롭다
大財難得 小財可得 큰 재물은 얻지 못하나 작은 재물은 얻는다
莫近酒色 損財口舌 만일 주색을 가까이하면 손재하고 구설이 있다

# 六一二

☵☰ 需之旣濟

【註解】 有吉和合之意

【卦象】 植蘭青山 更無移意

【해왈】 좋은 터를 얻어서 샤니 명망있는 사람이 되나 간혹 집에 우환이 있으니 성심으로 불전에 기도하면 좋을 괘

| | | | |
|---|---|---|---|
| 卦辭 | 植蘭青山 更無移意 난초를 청산에 심으니 다시 옮길 뜻이 없다<br>利在田庄 一家富饒 이가 전장에 있으니 한집이 부요하도다<br>春回陰谷 百花爭發 봄이 음지에 돌아오니 백화가 다투어 핀다 | 花笑園中 蝶蜂探香 꽃이 동산가운데서 웃으니 봉접이 향기를 탐한다<br>擇地移居 福祿無窮 땅을 가리어 옮겨 사니 복록이 무궁하다<br>東西奔走 有名有財 동서에 분주하니 이름도 있고 재물도 있다 | 身遊都會 可得功名 몸이 도회에서 놀면 가히 공명을 얻는다<br>今年之數 百事如意 금년의 운수는 백사가 여의하다<br>手把金針 釣得銀魚 손으로 금바늘을 잡아서 낚아 은어를 얻는다 |
| 正月 | 隨時草木 花盛葉茂 때를 따르는 풀과 나무가 꽃과 잎이 성하다 | 東南兩方 貴人來助 동남양방에서 귀인이 와서 돕는다 | 財旺東方 日取千金 재물이 동방에 왕성하니 날로 천금을 취한다 |
| 二月 | 運數通泰 衣食自足 운수가 크게 통하니 의식이 자족하다 | 身數大吉 家道興旺 신수가 대길하고 가도가 흥왕하다 | 心神和平 萬事俱吉 심신이 화평하니 백사가 다 길하다 |
| 三月 | 家神發動 家有不平 가신이 발동하니 집에 불평이 있다 | 一悲一憂 憂散喜生 한번슬프고 한번근심하니 근심이 흩어져 기쁘다 | 膝下有憂 預爲度厄 슬하에 근심이 있으니 미리 도액하라 |
| 四月 | 妖鬼守路 出路有害 요귀가 길을 지키니 길에 나서면 해가 있다 | 岩上孤松 籬下黃菊 바위위의 외로운 소나무 요울타리 아래 황국이다 | 預先治防 恐有妻厄 미리 방비하라 처액이 있을까 두렵다 |
| 五月 | 後園碧桃 春到自發 후원의 벽도가 봄이 오니 스스로 핀다 | 財福具全 金玉滿堂 재복이 구전하니 금옥이 만당하다 | 誠心求之 小利可得 성심으로 구하면 적은 이익은 가히 얻는다 |
| 六月 | 本性溫厚 四方有財 본성품이 온후하니 사방에 재물이 있다 | 吉星助我 壽福綿綿 길성이 나를 도우니 수복이 면면하다 | 勿爲人爭 訟事可畏 남과 다투지 마라 송사가 두렵다 |
| 七月 | 孤獨一身 孑孑無依 고독한 한몸이 고단하나 의지할 곳 없다 | 若非如此 膝下小憂 만일 이같지 않으면 슬하에 적은 근심이 있다 | 鳳失竹林 依托何處 봉이 대수풀을 잃었으니 어느 곳에 의지할고 |
| 八月 | 財運逢吉 積小成大 재물이 길함을 만났으니 작은 것으로 큰 것을 이룬다 | 財數興旺 赤手成家 재수가 흥왕하니 맨손으로 성가한다 | 橫財有數 手弄千金 횡재수가 있으니 손으로 천금을 희롱한다 |
| 九月 | 先困後旺 待時安居 선곤후왕하니 때를 기다려고 안거하라 | 預先度厄 家有疾病 미리 도액하라 집에 질병이 있다 | 身數不利 夜夢散亂 신수가 불리하니 밤꿈이 산란하다 |
| 十月 | 蘭生芝園 花咲眞光 난초가 지초동산에 나니 꽃이 참빛으로 핀다 | 天降甘雨 地有甘泉 하늘은 단비내리고 땅에는 단샘이 있다 | 財星入門 自得千金 재성이 문에 드니 날로 천금을 얻는다 |
| 十一月 | 勿貪非理 反爲虛荒 비리를 탐하지 마라 도리어 허황하다 | 出門有苦 在家則吉 문을 나서면 괴롬이 있고 집에 있으면 길하다 | 莫信親友 損財不利 친구를 믿지 마라 손재하고 불리하다 |
| 十二月 | 花爛春城 蜂蝶來喜 꽃이 난만한 춘성에 봉접이 와서 기뻐한다 | 貴星照門 貴人來助 귀성이 문에 비치니 귀인이 와서 돕는다 | 若無官祿 反有損財 만일 관록이 없으면 도리어 손재가 있다 |

# 六一三

䷄ ䷻ 需之節

【註解】 逢時成就之意

【卦象】 若有緣人 丹桂可折

【해왈】 귀인을 만나면 관록을 먹을수 나 미인을 이별하고 영영 잊지 못하고 경영을 품고 때를 못만나서 허송세월하는 패

| | | | |
|---|---|---|---|
| 卦辭 | 若有緣人 丹桂可折 만일인연의사람이있으면붉은계수를꺾으리라 | 若偶人功 官祿臨身 만일사람의도움을받으면관록이몸에암하리라 | 君子得祿 小人有咎 군자는녹을얻고 소인은허물이있다 |
| | 如干財數 少得多用 여간재수는 적게얻고많이쓴다 | 家人和合 泰平之數 집안사람이화합하니 태평할수다 | 今年之數 登科之數 금년의운수는 과거할수다 |
| | 清灘白石 有女漂衣 맑은여울흰돌에 빨래하는여자가있다 | 遠近出行 事事如意 멀고가까운출입에 일마다뜻이같다 | 乘舟待風 遠出西南 배를타고바람을기다려 멀리서남쪽에난다 |
| 正月 | 龜龍呈祥 福祿綿綿 거북과용이상서를드리니 복록이면면하다 | 積德之故 財產興旺 적덕한연고로 재산이왕성한다 | 財在西方 偶然到家 재물이서방에있으니 우연히집에온다 |
| 二月 | 貴人來助 意外成功 귀인이와서도우니 뜻밖에성공한다 | 若非橫財 子孫之慶 만일횡재가아니면 자손에게경사가있다 | 家有慶事 萬人致賀 집에경사가있으니 만인이치하한다 |
| 三月 | 甘雨時降 百草茂盛 단비가때로내리니 백초가무성하다 | 以小易大 豈非生光 작은것으로큰것을바꾸니 어찌생광이아니냐 | 莫與人爭 是非愼之 남과더불어다투니 시비를조심하라 |
| 四月 | 乘龍上天 雲行雨施 용을타고하늘에오르니 구름이가고비가온다 | 人口增進 財祿興旺 인구가늘고 재록이왕성한다 | 春園桃李 蜂蝶探香 봄동산의도리에 봉접이향기를탐한다 |
| 五月 | 家無疾苦 心神自安 집에질고가없으니 심신이스스로편하다 | 財如丘山 此外何望 재물이산같으니 이외에무엇을바라리오 | 身數大吉 到處春風 신수가대길하니 도처에춘풍이다 |
| 六月 | 山深四月 綠陰繁盛 산이깊은사월에 녹음이번성하다 | 財物隨身 到處得財 재물이몸에따르니 도처에서재물을얻는다 | 此月之數 口舌愼之 이달의수는 구설을조심하라 |
| 七月 | 紫陌紅塵 花柳同樂 자맥홍진에 꽃과버들이함께즐긴다 | 貴人何在 東方可知 귀인은어디있는고 동방인줄알라 | 男兒得意 到處春風 남아가득의하니 이르는곳마다춘풍이다 |
| 八月 | 意外成功 名振四海 뜻밖에성공하니 이름이사해에떨친다 | 若非官祿 膝下之慶 만일관록이아니면 슬하에경사가있다 | 財祿俱吉 人人欽仰 재록이다길하니 사람이많이흠앙한다 |
| 九月 | 庶物咸興 百姓皆蘇 뭇물건이다일어나니 백성이다깨었다 | 財星隨身 橫財之數 재성이몸에따르니 횡재할수다 | 利在金姓 偶然來助 이가금성에있으니 우연히와서돕는다 |
| 十月 | 乘龍上天 雲行雨施 용을타고하늘에오르니 구름이가고비가온다 | 每事如意 利在其中 매사가여의하니 이익이그가운데있다 | 若非生財 生男之數 만일재물이생기지않으면 생남할수로다 |
| 十一月 | 家人同心 必受天福 집안사람이합심하니반드시하늘의복을받는다 | 家庭和平 喜事重重 가정이화평하니 기쁜일이중중하다 | 外方之財 偶然到家 외방의재물이 우연히집에온다 |
| 十二月 | 小往大來 必有財旺 작게가고크게오니 반드시재물이왕성한다 | 龍得明珠 造化無雙 용이명주를얻었으니 조화가무쌍하다 | 身上榮貴 人人仰視 일신이영귀하니 사람마다우러러본다 |

# 六二一

節之坎

【註解】 有險孤獨之意

【卦象】 三顧未着 吾情怠慢

【해왈】 모든 일을 경영함에 게을리하지 마라 그리고 남의 물건을 탐하지도 마라 타향에서 돌아가려고 해도 도리어 자기사는 곳만 못한 괘

**卦辭**
三顧未着 吾情怠慢 세번보아도만나지못하니 나의정이태만하도다
北方有害 南方不吉 북방에는해가있고 남방에는길함이있다
其雨其雨 杲杲出日 비가올듯올듯하더니 고고히해가나도다
在家傷心 出則無益 집에있으면마음이상하고 나아가면무익하다
三春之數 謀事不成 삼춘의수는 꾀하는일을이루지못한다
梁山風雨 竹林先鳴 양산비바람에 대수풀이먼저운다
似成難成 此亦奈何 될것같으나되지않으니 이것을어찌할고
今年之數 遠行不利 금년의운수는 원행하면불리하다
險中順行 因虛得實 험한중에순행하니 빈것으로실한것을얻는다

**正月**
入海求金 求事不成 바다에들어가금을구하니 일을이루지못한다
非理之財 勿爲貪之 비리의재물은 탐하지마라
在家身苦 出門則悲 집에있으면몸이괴롭고 밖에나가면슬프다

**二月**
久旱不雨 草木不長 오래가물고비가안오니 초목이자라지않는다
險路已過 前程平坦 험한길을이미지나니 앞길은평탄하다
與人同事 別無所望 남과동사하면 별로이익이없다

**三月**
惡鬼暗動 疾病愼之 악귀가암동하니 질병을조심하라
玄武發動 出行不利 현무가발동하니 출행하면불리하다
家人不合 謀事不利 집안사람이불합하니 꾀하는일이불리하다

**四月**
淺水行舟 欲行不進 얕은물에배를행하니 가려하되나가지못한다
莫行東方 損財不免 동방에가지마라 손재를면하지못한다
財如浮雲 得而難聚 재물이뜬구름같으니 얻어도모으기어렵다

**五月**
兄弟之間 訟事不絕 형제지간에 송사가끊이지않는다
事有未決 必有失敗 일에미결함이있으니 반드시실패가있다
入山求魚 徒勞無功 산에들어가고기구하니 수고만하고공은없다

**六月**
有始無終 事有虛荒 처음은있고끝이없으니 일에허황함이있다
謀事不利 安分上策 꾀하는일이불리하니 분수를편히함이상책이다
虛慌之事 愼勿爲之 허황한일은 삼가하지마라

**七月**
莫近女子 陰事不止 여자를가까이마라 음사가끊이지않는다
風雨不順 道路不通 바람과비가불순하니 도로가통하지못한다
入則平安 出則有害 집에있으면편안하고 나가면해가있다

**八月**
木姓不利 勿爲信聽 목성이불리하니 믿고듣지마라
信聽木姓 損財損名 목성을신청하면 손재하고명예를손상한다
七八兩月 凶多吉少 칠월과팔월두달에는 흉함은많고길함은적다

**九月**
天降雨澤 萬物含新 하늘이비를내리니 만물이새로움을머금는다
財運方盛 日致千金 재운이왕성하니 하루에천금을이룬다
吉運已回 財豐家給 길한운이이미돌아오니 재물이족하여가멸하다

**十月**
家人各心 家有不平 집사람이마음을각각하니 집에불평함이있다
莫近親人 損財不吉 친한사람을가까이마라 손재하고불길하다
靜則有吉 動則損財 정하면길하고 동하면손재한다

**十一月**
積小成大 漸漸亨通 적은것을쌓아큰것을이루니 점점형통한다
先困後泰 先凶後吉 먼저곤하고뒤에태평하니 먼저흉하고뒤에좋다
莫與人爭 口舌不利 남과다투지마라 구설로불리하다

**十二月**
信人有害 用人可愼 믿는사람이해로우니 사람쓰기를조심하라
莫近女色 不意之厄 여색을가까이마라 뜻하지않은액이다
盜在路上 失物愼之 도둑이노상에있으니 실물을조심하라

# 六二二

䷻ 節之屯 ䷂

【註解】有險有憂之意

【卦象】僅避釣鉤 張網何免

【해왈】작은 화를 피하고 나니 큰 화가 당도한다 작은 일을 탐하다가 큰 일을 잃는다 자기의 잘못이라 누구를 원망하지도 못하는 패

| | | | |
|---|---|---|---|
| 卦辭 | 僅避釣鉤 張網何免 겨우 낚시를 피하였으나 그물 친 것을 어찌 면할고 | 積雪不消 不見青草 쌓인 눈이 사라지지 않으니 푸른 풀을 보지 못한다 | 愼之親人 笑中有刀 친한 사람을 조심하라 웃음 가운데 칼이 있다 |
| | 財數不利 事有多魔 재수가 불리하니 일에 마가 많다 | 身數不利 何望榮貴 신수가 불리하니 어찌 영화함을 바랄까 | 莫貪浮財 必有虛荒 뜬 재물을 탐하지 마라 반드시 허황하다 |
| | 綠陰芳草 飛霜何事 녹음방초에 날으는 서리가 웬일인고 | 謀事不愼 被害難免 일꾀하기를 삼가지 못해 해당함을 면키 어렵다 | 持身不愼 罪及念外 몸가지기를 삼가지 못해 죄가 생각밖에 미친다 |
| 正月 | 四方無路 進退不之 사방에 길이 없으니 진퇴를 하지 못한다 | 每事不利 凶禍不測 매사가 불리하니 흉화를 측량치 못한다 | 東西兩方 出行不利 동서양방에는 출행하면 불리하다 |
| 二月 | 正二之月 生涯淡泊 정월과 이월에는 생애가 담박하다 | 清天無月 反爲無味 맑은 하늘에 달이 없으니 도리어 무미하다 | 勿貪非理 天不賜福 비리를 탐하지 마라 하늘이 복을 아니 준다 |
| 三月 | 夜雨行路 辛苦不少 밤에 빗길을 행하니 신고함이 적지 않다 | 勿貪分外 安靜則吉 분수밖을 탐하지 마라 안정하면 길하다 | 三四兩月 勿參公事 삼월과 사월에는 공사에 참례하지 마라 |
| 四月 | 四方之人 總是凶人 사방의 사람은 다 흉한 사람이다 | 莫近水邊 橫厄可慮 물가에 가까이 마라 횡액이 두렵도다 | 朴李兩姓 近則有害 박가 이가 두 성은 가까이하면 해가 있다 |
| 五月 | 事有瓦解 損財不少 일에 와해가 있으니 손재가 적지 않다 | 莫近親友 空然損害 친한 친구를 가까이 마라 공연히 손해한다 | 杜門不出 出路有害 문을 닫고 나가지 마라 길에 나가면 해가 있다 |
| 六月 | 吉變爲凶 安中有危 길함이 변하여 흉하니 편한 가운데도 위태하다 | 與人不利 求事有虛 사람으로 해서 불화하니 구하는 일에 헛됨이 있다 | 莫信親友 被害不少 친구를 믿지 마라 피해가 적지 않다 |
| 七月 | 七八兩月 疾病愼之 칠월과 팔월에는 질병을 조심하라 | 預爲度厄 可免凶厄 미리 도액하면 흉한 액을 면한다 | 勿爲人爭 口舌有數 남과 다투지 마라 구설이 있을 것이다 |
| 八月 | 虎入青山 兎狸相侵 범이 청산에 들어가니 토끼와 삵이 서로 침노한다 | 在家則吉 出他不利 집에 있으면 길하고 다른 데 가면 불리하다 | 謀事難成 求財無益 꾀하는 일을 이루기 어려우니 재물에 무익하다 |
| 九月 | 事無頭緖 終見失敗 일에 두서가 없으니 마침내 실패한다 | 利在南方 小財必得 이가 남방에 있으니 작은 재물을 얻는다 | 凡事可愼 或有損害 범사를 조심하라 혹 손해가 있다 |
| 十月 | 莫近是非 終見訟事 시비를 가까이 마라 마침내 송사를 보리라 | 雖有生財 小得大失 비록 재물은 생기나 적게 얻고 크게 잃는다 | 莫恨辛苦 苦盡甘來 신고함을 한하지 마라 쓴 것이 다하면 단 것이 온다 |
| 十一月 | 雨順風調 百物長養 비가 순하고 바람이 고르니 만물이 자란다 | 鼠入米庫 食祿陳陳 쥐가 쌀곳간에 드니 식록이 진진하다 | 明月高樓 飮酒自樂 달 밝은 높은 누에서 술마시며 스스로 즐긴다 |
| 十二月 | 馳馬大路 前程無害 큰길에서 말을 달리니 전정에 해가 없다 | 一身榮華 人人仰視 일신이 영화하니 사람마다 우러러본다 | 親友之間 勿泄內容 친구 사이라도 내용을 말하지 마라 |

# 六二三

☵☱ 節之需
☰☵

【註解】 待時有吉之意

【卦象】 投入于秦 相印纏身

【해왈】 공명하여 높은 지위를 얻고자 헛되이 여러 사람이 우러러본다 외방에 나가면 공명하여 부귀할 괘

| | | | |
|---|---|---|---|
| 卦辭 | 投入于秦 相印纏身 먼저 진나라에 들어가니 정승의 인이 몸에 얽힌다<br>莫與人爭 家有不安 남과 다투지 마라 집에 불안함이 있다<br>東風和暢 百花爭春 동풍이 화창하니 백화가 봄을 다툰다 | 在家則吉 出行得利 집에 있으면 길하고 출행하면 이를 얻는다<br>龍得明珠 必有喜事 용이 밝은 구슬을 얻었으니 반드시 기쁜 일이 있다<br>出門東行 自有貴人 문에 나서 동으로 행하면 스스로 귀인이 있으리라 | 勿謀分外 反有失敗 분수 밖의 것을 꾀하지 마라 도리어 실패가 있다<br>今年之數 可得功名 금년의 운수는 공명을 얻는다<br>紅塵多夢 不如閑居 홍진이 꿈 같으니 한가히 있음만 못하다 |
| 正月 | 心仁積德 福祿自來 마음이 어질고 덕을 쌓으니 복록이 스스로 온다 | 貴人助我 財祿必得 귀인이 나를 도우니 재록을 반드시 얻는다 | 財星入門 橫財之數 재성이 문에 드니 횡재할 수다 |
| 二月 | 莫貪外財 別無所得 외재를 탐하지 마라 별로 소득이 없다 | 卯月之數 出行不利 이월의 운수는 나가면 불리하다 | 若非官祿 可得千金 만일 관록이 아니면 천금을 얻는다 |
| 三月 | 西南兩方 必有財旺 서남 양방에서 반드시 재물이 왕성한다 | 人口興旺 財祿如山 인구가 왕성하고 재록이 산 같다 | 與人登樓 酒肴豐足 사람과 더불어 누에 오르니 술과 안주가 풍족하다 |
| 四月 | 三四兩令 生活自足 삼월과 사월에는 생활이 자족하다 | 一出門外 所望如意 한번 문밖에 나가면 소망이 여의하다 | 利在何方 東南兩方 이는 어느 곳에 있는고 동남 양방이다 |
| 五月 | 名利俱吉 壽福綿綿 명리가 다 길하니 수복이 면면하다 | 到處有財 男兒得意 또처에 재물이 있으니 남아가 득의한다 | 與人同事 利益甚多 남과 동사하면 이익이 심히 많다 |
| 六月 | 莫貪人財 反爲損害 남의 재물을 탐하지 마라 도리어 손해한다 | 若非如此 名譽損傷 만일 같지 않으면 명예를 손상한다 | 莫親金姓 損財不少 금성을 친하지 마라 손재가 적지 않다 |
| 七月 | 細流歸海 積小成大 적은 물이 바다로 가니 작은 것을 쌓아 큰 것이 된다 | 甘雨時降 百穀豐登 단비가 때로 내리니 백곡이 풍등하다 | 利在四方 到處春風 이가 사방에 있으니 도처 춘풍이다 |
| 八月 | 若非官祿 必有弄璋 만일 관록이 아니면 반드시 생남한다 | 家運大通 萬事如意 가운이 대통하니 만사가 여의하다 | 先困後泰 利在其中 먼저 곤하나 뒤에 태평하니 이가 그 가운데 있다 |
| 九月 | 有智有藝 意外成功 지혜도 있고 재주도 있으니 의외에 성공한다 | 財自天來 所望可成 재물이 하늘로부터 오니 바라는 바를 이룬다 | 人家和合 百事順成 집안사람이 화합하니 백사를 순성한다 |
| 十月 | 亥月之數 疾病愼之 시월의 운수는 절병을 조심하라 | 莫近火姓 外親內疎 화성을 가까이하지 마라 밖은 친하나 안은 섬긴다 | 千里他鄕 客心悽凉 천리타향에 객의 마음이 처량하다 |
| 十一月 | 一人之榮 及於萬人 한 사람의 영화가 만인에게 미치도다 | 人口增加 食祿興旺 인구를 더하고 식록이 홍왕하다 | 子孫興旺 一家泰平 자손이 홍왕하니 집안이 태평하다 |
| 十二月 | 根深葉茂 長帶春光 뿌리가 깊고 잎이 성하니 길이 봄빛을 띠도다 | 守分安居 偶然到福 수분하고 편안히 거하면 우연히 복이 온다 | 今年之數 求官最吉 금년의 운수는 벼슬을 구함이 가장 좋다 |

# 六三一

䷾ ䷦

既濟之蹇

【註解】 吉運已過나 更有好時之意

【卦象】 桂花開落 更待明春

【해왈】 여러해만에 형제를 만나보고 타향에 있는 가족의 소식도 듣고 좋은 때를 기다리는 괘

| | | |
|---|---|---|
| 卦辭 | 桂花開落 更待明春 계수꽃이 피었다 떨어지니 다시 명춘을 기다리라 | 若非慶事 移徙有數 만일 경사가 아니면 이사할 수다 | 若非家憂 妻憂何免 만일 집안근심이 아니면 아내의 근심을 어찌할고 |
| | 守分則吉 忘動有損 수분하면 길하고 망녕되이 동하면 손이 있다 | 三春之數 別無損益 삼춘의 수는 별로 손과 이가 없다 | 今年之數 待時而動 금년의 운수는 때를 기다려 동하라 |
| | 四方無人 鶯歌太平 사방에 사람이 없으니 꾀꼬리가 태평을 노래한다 | 與人同心 其利必倍 남과 더불어 동심하면 그 이가 배나 된다 | 執心正直 事事如意 마음잡기를 정직히 하니 일마다 뜻같다 |
| 正月 | 吉變爲凶 先吉後凶 길함이 변하여 흉하니 먼저 길하고 뒤에는 흉하다 | 此月之數 凶多吉少 이달의 운수는 흉함은 많고 길함은 적다 | 每事多逆 心神散亂 매사에 거슬림이 많으니 마음이 산란하다 |
| 二月 | 雲霧滿空 不見日月 구름과 안개가 공중에 가득하니 일월을 못본다 | 謀事不成 又何口舌 꾀하는 일은 이루지 못하고 또 무슨 구설인고 | 事有時刻 臨事急圖 일이 시각에 있으니 일에 임하여 급히 도모하라 |
| 三月 | 三四之月 別無損益 삼월과 사월에는 별로 손익이 없으리라 | 莫近女色 不利於身 여색을 가까이 마라 몸에 불리하리라 | 歲月如流 已過三春 세월이 흐르는 물같아서 이미 삼춘을 지나도다 |
| 四月 | 後園碧桃 開花滿發 후원의 벽도가 꽃이 피어 만발하도다 | 求魚于山 必是不得 고기를 산에서 구하니 필시 얻지 못한다 | 日暮江山 歸客失路 해가 강산에 저문데 돌아가는 손이 길을 잃도다 |
| 五月 | 五六月令 天不賜福 오월과 유월에는 하늘이 복을 주지 않는다 | 若非親憂 厄在子孫 만약 부모의 근심이 아니면 액이 자손에게 있다 | 盜賊愼之 失物可畏 도둑을 조심하라 실물할까 두렵다 |
| 六月 | 出行不利 在家則吉 출행하면 불리하고 집에 있으면 길하다 | 六月之數 勿爲乘舟 유월의 수는 배타지 마라 | 遠行不利 有損無利 원행함이 불리하니 손은 있고 이는 없다 |
| 七月 | 七年大旱 喜逢甘雨 칠년대한에 기쁘게 단비를 만난다 | 雖有財數 小憂可畏 비록 재수는 있으나 적은 근심이 두렵다 | 莫近是非 口舌難免 시비를 가까이 마라 구설을 면하기 어렵다 |
| 八月 | 家人和合 一家和氣 집안사람이 화합하니 한집안이 화기로다 | 利在南方 勿失此期 이가 남방에 있으니 이 기회를 잃지 마라 | 若而欺人 反有被害 만일 남을 속이면 도리어 해를 입는다 |
| 九月 | 勿貪外財 損財難免 외재를 탐하지 마라 손재를 면하기 어렵다 | 莫近火姓 口舌不免 화성을 가까이 마라 구설을 면하지 못한다 | 初困後吉 終見亨通 처음은 곤하고 뒤에 길하니 마침내 형통함을 본다 |
| 十月 | 若非親憂 膝下有憂 만일 부모의 근심이 아니면 슬하에 근심이 있다 | 歲月如流 虛送光陰 세월이 흐르는 것 같으니 헛되이 광음을 보낸다 | 此月之數 凶多吉少 이달의 수는 흉은 많고 길은 적다 |
| 十一月 | 穀雨靡靡 春花正開 곡식에 비가 미미하니 봄꽃이 정히 피도다 | 國泰民安 家給人足 국태민안하니 집이 넉넉하며 사람이 족하다 | 家産興旺 人口增加 가산도 흥왕하고 인구도 더는다 |
| 十二月 | 青山孤松 碧海片舟 청산에 고송이요 푸른 바다에 조각배다 | 喜憂相半 先吉後凶 기쁨과 근심이 상반하니 먼저 길하고 뒤에 흉하다 | 梁朴權李 空然害我 양가 박가 권가 이가는 공연히 나를 해하리라 |

# 六三二

既濟之需

【註解】 有吉하나 有傷之意

【卦象】 怒奔燕軍 無處不傷

【해왈】 내 몸이 괴로우니 그 해가 다른 사람에게까지 미친다 전의 영업을 버리고 타향에 돌아다니면 낭패하며 자기 힘을 생각지 아니하고 망녕되이 동하면 손재할 패

## 卦辭

怒奔燕軍 無處不傷 — 노하여 달아나는 연군이 다치지 아니한 곳이 없다
守分則吉 忘動有害 — 수분하면 길하고 망녕되이 동하면 해가 있다
若非身病 官災可畏 — 만일 신병이 아니면 관재가 두렵다

莫近是非 事有未決 — 시비를 가까이 마라 일에 미결됨이 있다
久旱無雨 草木有傷 — 오래 가물어 비가 없으니 초목이 상한다
今年之數 移基有害 — 금년의 수는 터를 옮기면 해가 있다

吾鼻三尺 何暇嘲人 — 내 코가 석자이거늘 어느 틈에 남을 조롱하랴
一合一散 竟不如初 — 한번 모으고 한번 흩으니 마침내 처음 같지 않다
本是同根 相煎何急 — 본래 동근의 소생으로 서로 끓임이 어찌 급한고

## 正月

足踏虎尾 空谷傳聲 — 발로 범의 꼬리를 밟으니 소리가 빈 골에 전한다
疾病有憂 預爲度厄 — 질병이 있을까 두려우니 미리 도액하라
勿貪外財 反爲損害 — 외재를 탐하지 마라 도리어 손해한다

## 二月

莫近親人 背恩忘德 — 친한 사람을 가까이 마라 배은망덕하리라
不思人情 凡事如意 — 인정을 생각지 않으면 범사가 여의하다
勿爲忘動 反爲失敗 — 망녕되이 동하지 마라 도리어 실패본다

## 三月

妖鬼窺門 疾病可侵 — 요귀가 문을 엿보니 질병이 침노한다
若非如此 藥毒難免 — 만일 이같지 않으면 약독을 면하기 어렵다
莫聽他言 或恐官災 — 다른 사람의 말을 듣지 마라 혹 관액이 두렵다

## 四月

每事可愼 大禍當頭 — 매사를 조심해하라 큰 화가 당두한다
勿爲出路 或有橫厄 — 길에 나가지 마라 혹 횡액이 있다
莫恨辛苦 吉運次回 — 신고함을 한하지 마라 좋은 운이 돌아온다

## 五月

雖有謀事 不中奈何 — 비록 꾀하는 일은 있으나 맞지 아니하니 어찌할고
事有多逆 事事不成 — 일에 거슬림이 많이 있으니 일마다 이루지 못한다
預爲祈禱 厄在妻宮 — 미리 기도하라 액이 처궁에 있다

## 六月

莫近酒色 不利其財 — 주색을 가까이 마라 재물에 불리하다
若近木姓 必有其害 — 만일 목성을 가까이 하면 반드시 그 해가 있다
莫聽人言 橫厄可畏 — 남의 말을 듣지 마라 횡액이 두렵다

## 七月

勿爲遠行 別無所得 — 원행하지 마라 별로 소득이 없다
小得大失 有何所得 — 적게 얻고 큰 것을 잃으니 무슨 소득이 있는가
財運亨通 求則必得 — 재운이 형통하니 구하면 얻는다

## 八月

淺水行舟 有勞無功 — 얕은 물에 배를 행하니 수고하나 공은 없다
若非婚姻 必有弄璋 — 만일 혼인이 아니면 반드시 득남한다
酒也色也 損財不利 — 술이든 색이든 손재하고 불리하다

## 九月

每事不成 又何疾病 — 매사를 이루지 못하는데 또 무슨 질병인고
身有困厄 預爲祈禱 — 몸에 곤액이 있으니 미리 기도하라
治誠竈王 可免身厄 — 조왕에 치성하면 신액을 면한다

## 十月

夫婦不和 家庭不安 — 부부가 불화하니 가정이 불안하다
入海求金 求兎碧海 — 바다에 들어 금을 구하고 벽해에서 토끼를 구한다
東方木姓 偶然貽害 — 동방의 목성이 우연히 해를 끼친다

## 十一月

雖有勞苦 徒勞無功 — 수고는 하나 한갓 공은 없다
東奔西走 有損無益 — 동으로 닫고 서로 달아나니 손은 있고 이익은 없다
運否如此 守分則吉 — 운수 비색한 것이 이같으니 분수를 지키면 길하다

## 十二月

出頭何方 四顧無親 — 머리를 어느 곳에 내놓을고 사고무친하다
木姓有害 近則有損 — 목성에게 해가 있으니 가까이 하면 손해가 있다
沈姓有害 勿爲同事 — 심가에게 해가 있으니 동사하지 마라

# 六三三

䷾ ䷂

既濟之屯

【註解】 若行不正之事하면 必傷其心이라

【卦象】 骨肉相爭 手足絶脈

【해왈】 일가에 싸움하고 친척간에 절교하니 오뉴월에는 부모에게 근심을 끼치고 재물도 손해하며 마음이 불안한 괘이

| | | | |
|---|---|---|---|
| 卦辭 | 骨肉相爭 手足絶脈 골육이 서로 다투니 수족의 맥이 끊이도다 | 雖有勞力 反無成功 비록 노력은 하나 도리어 성공은 없다 | 財星逢空 求財不得 재성이 공을 만났으니 재물을 구하나 얻지 못한다 |
| | 勿貪分外 反有損財 분수밖을 탐하지 마라 도리어 손재한다 | 欲進不能 徒傷中心 나 가려하나 가지 못하니 한갖 마음만 상한다 | 今年之數 是非愼之 금년의 운수는 시비를 조심하라 |
| | 秋風野花 其色可憐 가을바람에 들꽃이 그빛이 가련하다 | 洛陽城裏 秋風忽起 낙양성속에 가을바람이 홀연히 인다 | 物各有主 非理愼之 물건에 각각 주인이 있나니 이치아닌 것을 삼가라 |
| 正月 | 秋草逢霜 悲心難堪 가을풀이 서리를 만나니 슬픈 맘을 견디기 어렵다 | 親戚冷情 妾亦無情 친척이 냉정하니 첩도 무정하다 | 有害北方 損財之數 해가 북방에 있으니 손재할 수다 |
| 二月 | 日暮長程 去去泰山 해는 저물고 길은 먼데 갈수록 태산이다 | 草木逢霜 事多失敗 초목이 서리를 만나니 일에 실패가 많다 | 心神不安 又何辛苦 심신이 불안한데 또 무슨 신고일까 |
| 三月 | 秋風落葉 更逢狂風 가을바람에 잎이 졌는데 다시 광풍을 만나도다 | 莫近南方 親友害我 남방에 가지마라 친구가 나를 해한다 | 他人之事 橫厄可侵 타인의 일로 횡액이 침노한다 |
| 四月 | 官鬼發動 官厄可畏 관귀가 발동하니 관액이 가히 두렵다 | 言語愼之 橫厄有數 말을 조심해하라 횡액이 있을 수다 | 自力生財 陰人扶助 자기힘으로 재물을 생하니 음인이 붙들고 돕는다 |
| 五月 | 莫近是非 口舌難免 시비를 가까이 마라 구설을 면하기 어렵다 | 日暮江山 行路有厄 해가 강산에 저문데 길을 가면 액이 있다 | 誠禱七星 可免此厄 칠성에게 치성하면 이 액을 면한다 |
| 六月 | 雲霧滿山 不知方向 구름안개가 산에 가득하니 방향을 알지 못한다 | 每事有滯 徒費心力 매사에 막힘이 있으니 한갖 심력만 허비한다 | 心神不安 世事浮雲 심신이 불안하니 세상일이 뜬구름이다 |
| 七月 | 家神發動 預防無厄 가신이 발동하니 예방하면 액이 없으리라 | 若非度厄 損財可當 만일 도액아니하면 손재를 당한다 | 莫近是非 官訟可侵 시비를 가까이하지 마라 관송이 침노한다 |
| 八月 | 謀事不利 憂苦不絶 꾀하는 일이 불리하니 근심과 괴로움이 부절하다 | 千里他鄉 家信難得 천리타향에 가신을 얻지 못한다 | 身遊外方 歸期何時 몸이 외방에 노니 돌아갈 기약은 어느때일고 |
| 九月 | 雖有憤心 忍之上策 비록 분한 마음이 있더라도 참는 것이 상책이다 | 如干財數 先得後失 여간재수는 먼저 얻고 뒤에는 잃는다 | 寂寞旅窓 空然嘆息 적막한 여창에서 공연히 탄식한다 |
| 十月 | 女子多言 亡家之兆 여자의 말이 많은 것은 망가의 징조로다 | 勿貪虛慾 狼狽之數 허욕을 탐하지 마라 낭패할 수로다 | 若非官祿 生男之數 만일 관록이 아니면 생남할 수다 |
| 十一月 | 意外成功 產業興旺 뜻밖에 성공하니 산업이 왕성한다 | 家人和合 家道旺盛 집안사람이 화합하니 가도가 왕성한다 | 今當吉運 安過泰平 지금에야 길운을 만나니 안과태평하리라 |
| 十二月 | 凶變爲吉 先凶後吉 흉한이 변하여 좋게 되니 먼저는 흉하고 뒤에 좋다 | 今年之數 守分則吉 금년의 운수는 분수를 지키면 길하다 | 妄動有害 安分則吉 망녕되이 동하면 해가 있고 안분하면 길하다 |

# 六四一

䷂ ䷇ 屯之比

【註解】

有德有信하면 終得吉利之意

【卦象】

心小膽大 居常安靜

【해왈】

가정이 평안하니 부부가 화락하다 공명이 무엇인고 다 버리고 산수 좋은 곳에 가서 수양하는 괘

| | | | |
|---|---|---|---|
| 卦辭 | 心小膽大 마음은 작고 담이 크니 居常安靜 항상 안정되어 있다 | 上下有憂 상하가 근심이 있으니 家宅不寧 집안이 불녕하다 | 若無官災 만일 관재가 없으면 口舌紛紛 구설이 분분하다 |
| | 在家心亂 집에 있으면 심란하고 出則無益 나가면 이익이 없다 | 草木逢春 초목이 봄을 만나니 次次成長 차차로 성장한다 | 今年之數 금년의 운수는 凡事愼之 범사를 조심하라 |
| | 積雪未消 쌓인 눈이 녹지않으니 花信杳然 꽃소식이 아득하다 | 親友愼之 친한 벗을 조심하라 恩反爲仇 은혜가 도리어 원수된다 | 西南得朋 서남은 벗을 얻고 東北喪朋 동북은 벗을 잃으리라 |
| 正月 | 在家無益 집에 있으면 이익이 없고 出路何向 길에 나면 어디로 향할고 | 虛荒之事 허황한 일을 晝思夜度 밤낮으로 생각한다 | 壽福綿綿 수복이 면면하니 泰平之數 태평할 수다 |
| 二月 | 夫婦合心 부부가 마음을 합하니 家道漸興 가도가 점점 흥한다 | 貴人相助 귀인이 서로 도와주니 百事如意 백사가 여의하다 | 守分安居 분수를 지켜 편안히 거하라 動則有害 동하면 해가 있다 |
| 三月 | 事無頭緖 일에 두서가 없으니 謀事不成 꾀하는 일을 이루지 못한다 | 身運不利 신운이 불리하니 意外有厄 뜻밖에 액이 있다 | 隱仇誰知 숨은 원수를 누가 알고 尙在近地 오히려 근지에 있다 |
| 四月 | 萬頃滄波 만경창파에 順風加帆 순풍에 돛을 달도다 | 財福如山 재복이 산같으니 家人一悅 집안사람이 한번 즐긴다 | 利在何方 이는 어느 방위에 있는고 東南兩方 동쪽과 남쪽 양방이라 |
| 五月 | 勿爲他營 다른 경영을 하지 마라 反爲損財 도리어 손재한다 | 盜賊愼之 도둑을 조심하라 失物可畏 실물할까 두렵다 | 閑坐高堂 한가히 높은 집에 앉았으니 心身平安 마음과 몸이 편안하다 |
| 六月 | 修身齊家 행실을 닦고 집을 정제하면 萬事泰平 만사태평하다 | 春風暖和 봄바람이 온화하니 萬物自生 만물이 스스로 난다 | 若非橫財 만일 횡재가 아니면 膝下有榮 슬하에 영화가 있다 |
| 七月 | 出則有悔 나간즉 뉘우침이 있고 入則心安 들어간즉 마음이 편하다 | 出外無益 바깥에 나가면 무익하니 杜門不出 문을 닫고 나가지 마라 | 名山祈禱 명산에 기도하면 別無身厄 별로 신액이 없다 |
| 八月 | 雲雨滿空 구름비가 공중에 가득하니 不見星辰 성신을 보지 못한다 | 莫近是非 시비를 가까이 마라 官災難免 관재를 면하기 어렵다 | 莫親火姓 화성을 친하지 마라 損財多端 손재가 많다 |
| 九月 | 渴龍得水 목마른 용이 물을 얻고 飢虎得食 주린 범이 밥을 얻도다 | 運數亨通 운수가 형통하니 구하지 不求自得 않아도 스스로 얻는다 | 口舌愼之 구설을 조심하라 或有爭訟 혹 송사가 있다 |
| 十月 | 盜賊愼之 도둑을 조심하라 失物有數 실물수가 있다 | 東西兩方 동서 양방에는 謀事不利 꾀하는 일이 불리하다 | 枯木逢春 마른 나무가 봄을 만나니 千里有光 천리에 빛이 있다 |
| 十一月 | 魚龍得水 고기와 용이 물을 얻으니 造化無雙 조화가 무쌍하도다 | 財星照門 재성이 문에 비치니 金玉滿堂 금옥이 만당하다 | 魚遊春水 고기가 봄물에 노니 其尾洋洋 그 꼬리가 양양하다 |
| 十二月 | 子丑兩月 동짓달과 섣달에 必有慶事 반드시 경사가 있다 | 財祿旺盛 재록이 왕성하니 사람 因人成功 으로 인하여 성공한다 | 今年之運 금년의 운수는 安分第一 안분하는 것이 제일이다 |

# 六四二

䷂ ䷻

屯之節

【註解】 求之六得之意니 有難無益之象이라

【卦象】 捕兎于海 求魚于山

【해왈】 분수밖의 일을 하지 마라 도리어 공이 없고 남에게 적원하니 그 해가 적지 않도다 자기분수에 맞지 않는 일을 하니 되지 않고 마음만 산란한 괘

| | | | |
|---|---|---|---|
| 卦辭 | 捕兎于海 求魚于山 토끼를 바다에서 잡고 고기를 산에서 구한다<br>害在何姓 必在朴宋 해는 무슨 성에 있는고 반드시 박가 송가에 있다<br>山崩谷塡 所望者絶 산이 무너져 골이 메이니 바라는 바가 끊어진다 | 莫信人言 事多隨魔 남의 말을 믿지 마라 일에 마가 따른다<br>狂風吹園 落花紛紛 광풍이 동산에 부니 낙화가 분분하다<br>瞻前顧後 絶無親人 앞을 보고 뒤를 보나 친한 사람이 없도다 | 南北不利 勿爲出行 남북이 불리하니 출행하지 마라<br>今年之數 勿貪虛慾 금년의 운수는 허욕을 탐하지 마라<br>僅避嫌人 更逢仇者 겨우 혐의를 피하였더니 다시 원수를 만난다 |
| 正月 | 莫貪虛慾 反爲虛荒 허욕을 탐하지 마라 도리어 허황하다 | 財數論之 得而反失 재수를 의논하면 얻고 도리어 잃는다 | 事無始終 勞而無功 일에 처음과 끝이 없으니 수고하나 공이 없다 |
| 二月 | 莫與人爭 以財傷心 남과 다투지 마라 재물로써 마음을 상한다 | 勿貪外財 反爲損財 외재를 탐하지 마라 도리어 손재한다 | 若非失物 出門失敗 만일 실물하지 아니하면 문을 나가서 실패한다 |
| 三月 | 莫近酒色 身上有憂 주색을 조심하라 신상에 근심이 있다 | 事不如意 財物不得 일이 여의치 못하니 재물도 얻지 못한다 | 身數不利 憂苦不免 신수가 불리하니 근심을 면하지 못한다 |
| 四月 | 莫出路上 狼狽歸家 길에 나가지 마라 낭패하고 집에 돌아온다 | 賊在路上 失物可畏 도둑이 길위에 있으니 실물할까 두렵다 | 莫近金姓 以利傷心 금성을 가까이 마라 이해로써 마음을 상한다 |
| 五月 | 天不賜福 生計困窮 하늘이 복을 아니 주시니 생계가 곤궁하다 | 預爲度厄 膝下有憂 미리 도액하라 슬하에 근심이 있다 | 欲行不成 恨嘆之已 행하려하나 이루지 못하니 한탄할 따름이다 |
| 六月 | 動必有悔 居家安常 동하면 반드시 뉘우치니 집에 있어야 편안하다 | 不發虛慾 不利之數 허욕을 발하지 마라 불리할 수로다 | 口舌有數 木姓遠之 구설수가 있으니 목성을 멀리하라 |
| 七月 | 意外貴客 偶然助我 뜻밖에 귀객이 우연히 와서 나를 돕는다 | 莫恨辛苦 苦盡甘來 신고함을 한하지 마라 쓴 것이 다하면 단 것이 온다 | 勿謀他營 徒是傷心 다른 경영은 하지 마라 한갓 마음만 상한다 |
| 八月 | 莫聽人言 偶然損財 남의 말을 듣지 마라 우연히 손재한다 | 細流歸海 塵合泰山 세류가 바다에 돌아가니 티끌모아 태산이다 | 土姓助我 生色五倍 토성이 나를 도우니 생색이 오배나 된다 |
| 九月 | 家運不吉 疾病愼之 가운이 불길하니 질병을 조심하라 | 莫近病人 恐有病厄 병인을 가까이 마라 병액이 있을까 두렵다 | 祈禱名山 可免疾病 명산에 기도하면 가히 질병을 면한다 |
| 十月 | 勿貪外財 得而反失 외재를 탐하지 마라 얻어도 도리어 잃는다 | 花落無春 蜂蝶不來 꽃이 떨어지고 봄이 없으니 봉접이 오지 않는다 | 莫近東方 損財可畏 동방에 가까이 마라 손재할까 두렵다 |
| 十一月 | 事有復雜 都無所益 일에 복잡함이 있으니 도시 소익이 없다 | 諸百之事 有頭無尾 제백사가 머리는 있고 꼬리는 없다 | 凡事虛荒 徒費心力 범사가 허황하니 심력만 허비한다 |
| 十二月 | 預爲度厄 病殺可侵 미리 도액하라 병살이 침노한다 | 千萬意外 金姓來助 천만뜻밖에 금성이 와서 돕는다 | 守分居家 可免困厄 분수를 지키고 집에 있으면 가히 곤액을 면한다 |

# 六四三

䷂ ䷾ 屯之旣濟

【註解】有光明之意

【卦象】暗中行人 偶得明燭

【해왈】쓴것이 다하면 단것이 오는것과 같이 나뿐운은 다가고 좋은운이 돌아오니 재수있고 귀인을 만나면 관록을 언고 가난한 사람은 재물을 언어서 안락하게 지낼괘

| | | | |
|---|---|---|---|
| 卦辭 | 暗中行人 偶得明燭 어둔속에행하는사람이 우연히촛불을얻는다 | 若非慶事 反有不利 만일경사가아니면 도리어불리하리라 | 橫財千金 致產更期 천금을횡재하여 치산을다시기약한다 |
| | 財自天來 一身自安 재물이하늘로부터오니 일신이편안하다 | 利在南方 偶然到家 이가남방에있으니 우연히집에이른다 | 今年之數 財數大吉 금년의운수는 재수가대길하다 |
| | 愼之親友 以利傷義 친한벗을삼가라 이해로써의를상하리라 | 瑤池仙子 來獻蟠桃 요지의신선이 와서반도를드린다 | 於公於財 所望如意 관록이나재물에 소망이여의하다 |
| 正月 | 春園桃李 花落結實 봄동산에도리가 꽃떨어지고열매를맺는다 | 若非橫財 生產之數 만일횡재가아니면 생산할수다 | 正二之月 近人助我 정월과이월에는 가까운사람이나를돕는다 |
| 二月 | 草木含露 其色靑靑 초목이이슬을머금으니 그빛이청청하다 | 吉星照門 貴人來助 길성이문에비치니 귀인이와서돕는다 | 西方之財 偶入我門 서방의재물이 우연히우리문에들어온다 |
| 三月 | 春風雪消 草木茂盛 봄바람에눈이사라지니 초목이무성하다 | 財在外方 出行得財 재물이외방에있으니 출행하면재물을얻는다 | 若非官祿 膝下有榮 만일관록이아니면 슬하에영화가있다 |
| 四月 | 四月南風 身遊外方 사월남풍에 몸이외방에가서논다 | 身上無憂 無事泰平 신상에근심이없으니 무사태평하다 | 福祿陳陳 金玉滿堂 복록이진진하니 금옥이만당하다 |
| 五月 | 意外榮貴 人多欽仰 뜻밖에영귀하니 사람들이흠앙하다 | 豫爲度厄 膝下有憂 미리도액하라 슬하에근심이있다 | 神之所佑 百事成功 신의도운바가되니 백사가성공하리라 |
| 六月 | 金入火中 終成大器 금이불가운데들어가니 마침내큰그릇을이룬다 | 財運已回 自手成家 재운이이미돌아오니 자수성가한다 | 財數大吉 大財入門 재수가대길하니 큰재물이문에들어온다 |
| 七月 | 文書有吉 官祿隨身 문서에기쁨이있으니 관록이몸에따른다 | 利在四方 事事亨通 이가사방에있으니 일마다형통한다 | 天神自助 百事吉利 천신이스스로도우니 백사가길리하다 |
| 八月 | 東園春桃 逢時花發 동원의춘도가 때를만나꽃이핀다 | 若非婚慶 弄璋之數 만일혼인의경사가아니면 생남할경사다 | 添口添土 家道興旺 식구도더하고토지도더하니 가도가흥왕한다 |
| 九月 | 意外功名 名振四方 뜻밖에공명하여 이름이사방에떨친다 | 財星照宅 千金可得 재성이집에비치니 천금을가히얻는다 | 百事如意 世事泰平 백사가여의하니 세사가태평하다 |
| 十月 | 雖有憤心 忍之爲德 비록분한마음이있더라도 참는것이덕이된다 | 兩人同心 必有喜事 두사람의마음이같으니 반드시기쁜일이있다 | 心仁積德 萬人稱讚 마음이어질고덕을쌓으니 만인이칭찬한다 |
| 十一月 | 空谷回春 處處花山 빈골에봄이돌아오니 곳곳이꽃산이다 | 莫近女色 恐有橫厄 여색을가까이하지마라 횡액이있을까두렵다 | 東風細雨 草色靑靑 동풍세우에 초색이청청하다 |
| 十二月 | 身旺財旺 必有慶事 몸과재물이왕성하니 반드시경사가있다 | 到處有財 出行可得 도처에재물이있으니 출행하면얻는다 | 莫與人爭 或有官厄 남과다투지마라 혹관액이있다 |

## 六五一

井之需

【註解】

安靜待時하여出世之象

【卦象】

籠中囚鳥
放出飛天

【해왈】

곤궁하던 신세가활발하게되고세상공명다버리고산중에들어가서편안히지내는괘

| | | | |
|---|---|---|---|
| 卦辭 | 籠中囚鳥 放出飛天 농속에갇힌새가 놓여서하늘을날다 | 雲散月明 別有天地 구름이흩어져달이밝으니 별다른천지다 | 南北兩方 必有喜事 남북양방에 반드시기쁜일이있다 |
| | 先困後泰 運數奈何 먼저는곤하고뒤에통하니 운수라어찌할고 | 若非服制 或有家憂 만일복제가아니면 혹집안근심이있다 | 春光再到 萬物始生 봄빛이두번이르니 만물이시생한다 |
| | 百穀豐登 含飽叩腹 백곡이풍등하니 배부르게먹는다 | 四時順節 民安其所 사시가절후를순히하니 백성이그곳에편안하다 | 身旺財豐 喜事重重 몸이왕성하고재물이많으니 기쁜일이중중하다 |
| 正月 | 雨後月出 景色一新 비뒤에달이나오니 경색이한결같이새롭다 | 若非官祿 必有得財 만약관록이아니면 반드시재물을얻는다 | 若逢土姓 必得大財 만일토성을만나면 반드시큰재물을얻는다 |
| 二月 | 貴人助我 先困後泰 귀인이나를도우나 먼저곤하고뒤에태평하다 | 天祐助我 必有餘慶 천신이나를도우니 필연경사가있으리라 | 莫近女色 必受其禍 여색을가까이마라 반드시그화를받는다 |
| 三月 | 身數泰平 人人仰視 신수가태평하니 사람마다우러러본다 | 因虛爲實 意外得財 헛된결로인해실상이되니 뜻밖에재물을얻는다 | 財在西方 貴人助我 재물이서방에있으니 귀인이나를돕는다 |
| 四月 | 夫婦和合 一室和氣 부부가화합하니 일실이화기로다 | 財數平吉 或有口舌 재수는평길하나 혹구설이있다 | 預禱竈王 或恐疾病 미리조왕에게기도하라 혹질병이두렵다 |
| 五月 | 家人和合 日得千金 집안사람이화합하니 날로천금을얻는다 | 所望如意 萬事順成 소망이여의하니 만사를순성한다 | 若近女色 身上有害 여색을가까이하면 신상에해가있다 |
| 六月 | 遊戲仁德 日益有福 어진덕으로놀고희롱하니 날로더욱복이있다 | 於焉之間 財聚千金 어언간에 모은재물이천금이라 | 綠陰芳草 登樓自樂 녹음방초에 누에올라즐긴다 |
| 七月 | 雲散月出 天地更明 구름이흩어지고달이나니 천지가다시밝다 | 意外成功 喜滿家庭 뜻밖에성공하니 기쁨이가정에가득하다 | 其德如海 必有餘慶 그덕이바다같으니 반드시남은경사가있다 |
| 八月 | 人口增進 金玉滿堂 인구도더하고 금옥이만당하다 | 天賜奇福 食祿陳陳 하늘이기이한복을주시니 식록이진진하다 | 每事如意 家產興旺 매사가여의하니 가산이흥왕하다 |
| 九月 | 身數大吉 百事如意 신수가대길하니 백사가여의하다 | 所望如意 憂散喜生 소망이여의하니 근심이흩어지고기쁨이생긴다 | 莫近西方 親友害我 서방을가까이마라 친구가나를해롭게한다 |
| 十月 | 庭前梅花 逢時花發 뜰앞의매화가 때를만나서꽃이피도다 | 天神助我 不求自得 천신이나를도우니 구하지않아도스스로얻는다 | 夫婦和順 一家和平 부부가화순하니 한집안이화평하다 |
| 十一月 | 春光再到 慶事到門 춘광이두번이르니 경사가문에이른다 | 若非橫財 官祿隨身 만일횡재가아니면 관록이몸에따른다 | 預爲治誠 或有妻厄 미리치성하라 혹처액이있다 |
| 十二月 | 財運旺盛 大財入門 재운이왕성하니 큰재물이문에들어온다 | 若近水姓 偶然失敗 만일수성을가까이하면 우연히실패한다 | 朴吳權姓 可親有害 박가오가권가성은 가히친하면해가있다 |

# 六五二

井之蹇

【註解】 單獨孤獨之意

【卦象】 雪裡梅花 獨帶春光

【해왈】 집안이 화평하니 마음도 화평하며 재물이 많이 생기는 괘

| | | | |
|---|---|---|---|
| 卦辭 | 雪裡梅花 獨帶春光 눈속에 매화가 홀로 봄빛을 띠도다<br>若逢貴人 功名之數 만일 귀인을 만나면 공명할 수로다<br>秉杖登高 朗吟新詩 막대잡고 높은 데 올라서 새 글을 읊는다 | 旱苗逢雨 其色更新 가물에 싹이 비를 만나니 그 빛이 다시 새롭다<br>凶化爲福 豈不美哉 흉함이 변하여 복이 되니 어찌 아름답지 않느냐<br>事有前定 勿爲悲嘆 일이 앞에 정함이 있으니 슬피 탄식하지 마라 | 雖有危難 不傷心情 비록 위난은 있으나 마음은 상하지 않는다<br>高朋滿座 酒肴陳陳 높은 벗이 자리에 가득하고 술과 안주가 진진하다<br>蹇裳涉水 水深濕衣 옷을 걷고 물을 건너니 물이 깊어 옷을 적신다 |
| 正月 | 春和日暖 百花爛漫 춘화일난하니 백화가 난만하다 | 吉星照門 財源方生 길성이 문에 비치니 재원이 바야흐로 생긴다 | 家人和合 和氣到門 집안사람이 화합하니 화기가 문에 이른다 |
| 二月 | 日出東天 明朗世界 해가 동쪽하늘에서 나오니 세계가 명랑하다 | 貴人來助 必有成功 귀인이 와서 도우니 반드시 성공한다 | 心仁言直 天賜其福 마음이 어질고 말이 곧으니 하늘이 그 복을 주신다 |
| 三月 | 精神一到 何事不成 정신이 한번 이르면 무슨 일이든 이루지 못할까 | 到處有權 貴人自助 도처에 권리가 있으니 귀인이 스스로 돕는다 | 若非生財 子孫有榮 만일 재물이 생기지 않으면 자손에 영화가 있다 |
| 四月 | 明月高樓 佳人相逢 달밝은 높은 누에서 가인을 서로 만난다 | 莫近木姓 橫厄可侵 목성을 가까이 마라 횡액이 침노한다 | 若近金姓 損財口舌 만일 금성을 가까이하면 손재와 구설이 있다 |
| 五月 | 天有甘雨 地湧甘泉 하늘에는 단비가 있고 땅에는 단샘이 솟는다 | 身數泰平 財如丘山 신수태평하고 재물이 구산같다 | 利在他鄕 出行得利 이가 타향에 있으니 출행하여 이를 얻는다 |
| 六月 | 臨津有船 順風加帆 나루를 임하니 배가 있어 순풍에 돛을 달도다 | 在家有吉 莫出路上 집에 있는 것이 길하니 길에 나가지 마라 | 莫向水邊 一次水驚 물가에 향하지 마라 한번 물에 놀란다 |
| 七月 | 財運方盛 財祿隨身 재운이 성하니 재록이 몸에 따른다 | 經營之事 必是成事 경영한 일은 필시 성공한다 | 勿近木姓 損財難免 목성을 가까이 마라 손재를 면하기 어렵다 |
| 八月 | 秋天雲散 日月共明 가을 하늘에 구름이 흩어지니 일월이 같이 밝다 | 聲聞高閣 喜滿家庭 소리가 높은 집에 들리니 기쁨이 가정에 가득하다 | 東園紅桃 花落結實 동원의 홍도가 꽃이 떨어져 열매를 맺는다 |
| 九月 | 垂釣滄波 終得多魚 낚시를 창파에 드리우니 마침내 많은 고기를 얻는다 | 利在外方 出求多得 이가 외방에 있으니 가서 얻으면 많이 얻는다 | 文書有財 文筆有光 문서에 재물이 있고 문필에 빛이 있다 |
| 十月 | 閑坐高堂 身上無憂 한가로이 고당에 있으니 신상에 근심이 없다 | 一身榮貴 人人仰視 일신이 영귀하니 사람마다 우러러본다 | 財祿興旺 謀事順成 재록이 왕성하고 꾀하는 일이 순성한다 |
| 十一月 | 淘沙成金 百謀進就 모래를 이러 금을 이루니 백가지 꾀가 나아간다 | 守分在家 福祿自來 분수를 지키고 집에 있으면 복록이 스스로 온다 | 不發虛慾 一身自安 허욕을 발하지 않으면 일신이 편안하다 |
| 十二月 | 天降雨澤 萬物含新 하늘이 비를 내리니 만물이 새로움을 머금는다 | 與人謀事 可得千金 남과 일을 꾀하면 가히 천금을 얻는다 | 財旺身旺 一家和平 재물과 몸이 왕성하니 한집이 화평하다 |

# 六五三

井之坎

【註解】出入有險하니 不安之象

【卦象】成功者去 前功可惜

【해왈】좋은 시절이 다 지나갔으니 모든 일이 허사라 마음이 불안하다 함부로 덤벼 일을 하면 큰 해가 있다 예전 직업을 지키고 이사하면 이를 언을 괘

| | | | | | | |
|---|---|---|---|---|---|---|
| 卦辭 | 成功者去 前功可惜 | 성공한자가 가니 전공이 아깝도다 | 雖有吉事 有名無實 | 비록 좋은 일이 있으나 이름만 있고 실상은 없다 | 移居東方 功名之數 | 동방으로 이사하면 공명할 수로다 |
| | 莫近是非 口舌有數 | 시비를 가까이 마라 구설이 있을 수다 | 吉運已過 諸事虛妄 | 길운이 이미 지났으니 모든 일이 허망하다 | 今年之數 心神難定 | 금년의 수는 마음을 정하기 어렵다 |
| | 老狗戴冠 觀者失色 | 늙은 개에게 갓을 씌우니 보는 자가 실색한다 | 旅館寒灯 客心悽然 | 여관의 차가운 등불에 객의 마음이 처량하다 | 財物濫用 終見空手 | 재물을 남용하면 마침내 빈손이 된다 |
| 正月 | 東北兩方 必有吉利 | 동북양방에는 반드시 길리함이 있다 | 莫信親友 吉中有凶 | 친구를 믿지 마라 길한 가운데 흉함이 있다 | 莫近是非 口舌可畏 | 시비를 가까이 하지 마라 구설이 두렵다 |
| 二月 | 日暮江山 行人失路 | 허저믄 강산이 행인이 길을 잃는다 | 若無官災 口舌難免 | 만일 관재가 없으면 구설을 면하기 어렵다 | 莫近東方 事有虛荒 | 동방에 가까이 하지 마라 일에 허황함이 있다 |
| 三月 | 黑雲滿空 不見日月 | 검은 구름 공중에 가득하니 일월을 보지 못하도다 | 身入江中 更出不能 | 몸이 강가운데 드니 다시 나오기가 불능하다 | 口舌相刑 事不心合 | 구설이 서로 형벌하니 일이 마음에 합하지 않는다 |
| 四月 | 久旱不雨 草木不長 | 오래 가물고 비가 아니오니 초목이 자라지 못한다 | 妻宮不利 膝下之憂 | 처궁이 불리하고 슬하에 근심이 있다 | 朱雀發動 口舌愼之 | 주작이 발동하니 구설을 조심하라 |
| 五月 | 天理順從 新事可從 | 천리를 순종하니 새 일이 따른다 | 火姓可親 我事和順 | 화성을 친하면 나의 일에 화순하다 | 火神窺門 火災愼之 | 불귀신이 문을 엿보니 화재를 조심하라 |
| 六月 | 吉星照門 暗福隨身 | 길성이 문에 비치니 음복이 몸에 따른다 | 勿爲退職 反有其害 | 퇴직하지 마라 도리어 그 해가 있다 | 莫親木姓 無端口舌 | 목성을 친하지 마라 무단히 구설이 있다 |
| 七月 | 老龍無力 登天無益 | 노룡은 힘이 없으니 하늘에 오르나 무익하다 | 進退兩難 此亦奈何 | 진퇴양난하니 이를 또 어찌할고 | 若無疾病 膝下有厄 | 만일 질병이 있으면 슬하에 액이 있다 |
| 八月 | 事有失敗 心神不安 | 일에 실패가 있으니 심신이 불안하다 | 今當吉運 凶變爲吉 | 지금에야 길운을 당하니 흉함이 변하여 길해진다 | 若行北方 鄭金有利 | 만일 북방에 가면 정가와 김가가 유리하리라 |
| 九月 | 在家有吉 偶然得財 | 집에 있으면 길하고 우연히 재물도 얻는다 | 財聚如山 可比石崇 | 재물 모은 것이 산 같으니 석숭과 비할 만하다 | 日月相望 光輝盛昌 | 해와 달이 서로 바라니 빛이 창성한다 |
| 十月 | 守分安居 可保一身 | 분수를 지키고 편히 있으면 일신을 보전한다 | 土姓不利 吉變爲凶 | 토성이 불리하니 길함이 변하여 흉하게 된다 | 家人不和 名分東西 | 집안 사람이 불화하니 각기 동서로 나눈다 |
| 十一月 | 家庭之憂 膝下小憂 | 가정의 근심은 슬하에 적은 근심이다 | 祈禱天神 可免此厄 | 천신에게 기도하면 액을 면한다 | 莫近火姓 口舌紛紛 | 화성을 가까이 마라 구설이 분분하다 |
| 十二月 | 或有疾病 祈禱名山 | 혹 질병이 있으니 명산에 기도하라 | 守舊安靜 妄動有厄 | 옛을 지키고 안정하라 망동하면 액이 있다 | 運逢吉時 疾病日退 | 좋은 때를 만나니 질병이 스스로 물러간다 |

# 六六一

坎之節

【註解】有榮貴之象

【卦象】九重丹桂 我先折揷

【해왈】벼슬하고 귀자를 낳고 가족이 화락하며 안락한 괘

| | | | |
|---|---|---|---|
| 卦辭 | 九重丹桂 我先折揷 구중의붉은계수를 내가먼저꺾어꽂도다 | 春回故國 萬物始生 봄이고국에돌아오니 만물이처음으로난다 | 若逢貴人 可得功名 만일귀인을만나면 공명을얻는다 |
| | 有財有權 食祿陳陳 재물도있고권리도있으니 식록이진진하다 | 勿爲人爭 或有訟事 남과다투지마라 혹송사가있다 | 官祿隨身 生男之數 관록이몸에따르고 생남할수다 |
| | 春風三月 萬和方暢 춘풍삼월에 만화가방창하다 | 錦衣玉食 和氣滿堂 금의옥식하니 화기가만당하다 | 宴開高樓 鼓瑟吹笙 잔치가높은누에열리니 비파를타고생황을분다 |
| 正月 | 龍得明珠 必得功名 용이밝은구슬을얻었으니 반드시공명을얻는다 | 若非科甲 膝下有慶 만일벼슬이아니면 슬하에경사가있다 | 財祿隨身 人人仰視 재록이몸에따르니 사람마다우러러본다 |
| 二月 | 君子德少 祿人不利 군자는덕이적고 녹인은불리하다 | 到處有財 男兒得意 도처에재물이있으니 남아가뜻을얻도다 | 有財有權 意氣男兒 재물도있고권리도있으니 의기남아다 |
| 三月 | 心仁積德 必有餘慶 마음이어질고적덕을하니 반드시경사가있다 | 南方有吉 出行得財 남방에길함이있으니 출행하면재물을얻는다 | 財利俱吉 滿面和氣 재리가다길하니 만면에화기가있다 |
| 四月 | 勿爲相爭 有損不利 서로다투지마라 손은있고이롭지않다 | 似易有難 中道失敗 쉬운듯어려움이있으니 중도에실패가있다 | 若近木姓 或恐有厄 만일목성을가까이하면 혹관액이두렵다 |
| 五月 | 人心不同 處處俗異 인심이같지않으니 곳곳마다풍속이다르다 | 莫近水姓 空然有害 수성을가까이마라 공연히해가있다 | 身入金谷 可得財寶 몸이금곡에들어가니 재보를얻는다 |
| 六月 | 貴人恒助 利在其中 귀인이항상도우니 이가그가운데있다 | 莫信他言 損財損名 다른말을믿지마라 손재하고명예를손상한다 | 身數平吉 財祿綿綿 신수가평길하니 재록이면면하다 |
| 七月 | 財數大吉 偶然得財 재수가대길하니 우연히재물을얻는다 | 財祿豐滿 或有小憂 재록은풍만하나 혹작은근심이있다 | 膝下有憂 移徙大吉 슬하에근심이있으나 이사하면대길하다 |
| 八月 | 居家有吉 出門有害 집에있으면길하고 문을나가면해가있다 | 西北兩方 出行不利 서쪽과북쪽양방은 출행하면불리하다 | 凡事可愼 好事有魔 범사를조심하라 좋은일에마가있다 |
| 九月 | 事無頭緖 欲速不達 일에두서가없으니 속히하려하나되지않는다 | 莫向水邊 水厄可畏 물가에가지마라 수액이두렵다 | 此月之數 別無吉利 이달의운수는 별로길함이없다 |
| 十月 | 木姓可親 必有財旺 목성을친하면 반드시재물이왕성한다 | 貴人恒助 可得大財 귀인이항상도우니 큰재물을얻는다 | 名利俱興 萬人仰視 명리가같이일어나니 만인이앙시한다 |
| 十一月 | 勿貪虛慾 事利不當 허욕을탐하지마라 사리에부당하다 | 意外功名 財祿陳陳 뜻밖에공명하니 재록이진진하다 | 莫向北方 有勞無功 북방에가지마라 수고는있으나공은없다 |
| 十二月 | 丑月之數 必有餘慶 섣달에는 반드시남은경사가있다 | 險中順行 必有財旺 험한가운데순히행하니 반드시재물이왕성하다 | 若逢金姓 意外生財 만일금성을만나면 의외로재물이생긴다 |

# 六六二

☵☵ 坎之比

【註解】有吉有榮之意

【卦象】六里青山 眼前別界

【해왈】산에 들어가니 산수의 낙이 있고 환로에 나가니 권리가 장하다 세상일에 거침이 없고 공명을 이루고 복록이 진진한 괘

| | | |
|---|---|---|
| 卦辭 | 六里青山 眼前別界 | 육리청산에 눈앞에 딴세계가 있다 |
| | 到處有財 財帛陳陳 | 도처에 재물이 있으니 재백이 진진하다 |
| | 晨鵲報喜 利在西方 | 새벽까치가 기쁨을 알리니 이익이 서방에 있다 |
| | 夫婦和合 家道旺盛 | 부부가 화합하고 가도가 왕성한다 |
| | 三春之數 所望如意 | 삼춘의 수는 소망이 여의하다 |
| | 七月螢火 光照十里 | 칠월의 개똥불이 십리를 비친다 |
| | 若非官祿 意外得財 | 만일 관록이 아니면 뜻밖에 득재한다 |
| | 今年之數 名利俱興 | 금년의 운수는 명리가 같이 일어난다 |
| | 吉人天祐 自無疾苦 | 길한 사람은 하늘이 도우니 스스로 질고가 없다 |
| 正月 | 吉星入門 百事順成 | 길성이 문에 드니 백사를 순성한다 |
| | 一家和平 子孫榮貴 | 집안이 화평하니 자손이 영귀하다 |
| | 財星隨身 到處有財 | 재성이 몸에 따르니 도처에 재물이 있다 |
| 二月 | 財物豊足 生活自足 | 저물이 풍족하니 생활이 자족하다 |
| | 利在四方 出門利得 | 이가 사방에 있으니 문을 나가면 이득이 있다 |
| | 若非官祿 反有身憂 | 만일 관록이 아니면 도리어 몸에 근심이 있다 |
| 三月 | 所望如意 謀事順成 | 소망이 여의하니 꾀하는 일을 순성한다 |
| | 春園桃李 蜂蝶來喜 | 춘원도리에 봉접이 와서 기뻐한다 |
| | 魚遊春水 食祿陳陳 | 고기가 봄물에 노니 식록이 진진하다 |
| 四月 | 渴龍得水 赤手成家 | 목마른 용이 물을 얻었으니 적수로 성가한다 |
| | 善持家道 意外成家 | 가도를 잘지키면 뜻밖에 성가한다 |
| | 至誠所到 厄運漸消 | 극한 정성이 이르니 액운이 점점 사라진다 |
| 五月 | 石間殘水 細流歸海 | 돌사이에 쇠잔한 물이 가늘게 바다로 흘러간다 |
| | 小往大來 可致千金 | 작게 가고 크게 오니 천금을 이룬다 |
| | 閑坐高樓 身上無憂 | 한가히 높은 누에 앉았으니 신상의 근심이 없다 |
| 六月 | 窓前黃菊 逢時滿開 | 창앞에 황국이 때를 만나 피도다 |
| | 外富內貧 一時有困 | 외부내빈하니 일시는 곤함이 있다 |
| | 雖有智謀 待時可行 | 비록 지모는 있으나 때를 기다려 행하라 |
| 七月 | 月入雲間 夜夢散亂 | 달이 구름사이에 드니 밤꿈이 산란하다 |
| | 若非疾病 膝下有憂 | 만일 질병이 아니면 슬하에 근심이 있다 |
| | 可擇吉人 預爲致誠 | 길한 사람을 가리어 미리 치성하라 |
| 八月 | 尺月照身 服制可慮 | 자만한 달이 몸에 비치니 복제가 가히 두렵다 |
| | 預禱佛前 可免此數 | 미리 불전에 기도하면 이수를 면한다 |
| | 若非官祿 反有災禍 | 만일 관록이 아니면 도리어 재화가 있다 |
| 九月 | 虛荒之事 愼勿行之 | 허황한 일은 삼가 행하지 마라 |
| | 凶中有吉 死地求生 | 흉한중에 길함이 있으니 사지에서 살기를 구한다 |
| | 身上有危 諸事愼之 | 신상에 위태함이 있으니 모든 일을 조심해하라 |
| 十月 | 日出東天 千門共開 | 해가 동쪽하늘에 나니 천문이 같이 열린다 |
| | 旱時降雨 萬物回生 | 가문 때 비가 오니 만물이 회생한다 |
| | 苦盡甘來 終時亨通 | 쓴것이 가고 단것이 오니 마침내 형통한다 |
| 十一月 | 足踏虎尾 危中有安 | 발로 범의 꼬리를 밟으나 위태한 중에 편함이 있다 |
| | 莫與人爭 口舌可畏 | 남과 다투지 마라 구설이 두렵다 |
| | 勿貪非理 空然損財 | 비리를 탐하지 마라 공연히 손재한다 |
| 十二月 | 久旱不雨 草木漸枯 | 오래 가물고 비가 아니오니 초목이 점점 마른다 |
| | 守分上策 妄動不利 | 수분하는 것이 상책이고 망동하면 불리하다 |
| | 今年之運 吉多凶少 | 금년의 운은 길은 많고 흉은 적다 |

# 六六三

坎之井 (☵☵ / ☴☵)

【註解】 安靜有福之意

【卦象】 九月丹楓 勝於牡丹

【해왈】 봄에 씨를 뿌리고 여름에 부지런히 가꾸니 가을에 추수할 것이 많다 좋은 곳으로 가서 사니 복록이 스스로 왕성하며 의식이 풍족하여 안락한 생활을 하는 괘

| | | | |
|---|---|---|---|
| 卦辭 | 九月丹楓 勝於牡丹 구월단풍이 모란보다 낫다 | 年運最吉 生活泰平 연운이 가장 길하니 생활이 태평하다 | 若非移居 一次遠行 만일 이사하지 않으면 한번 원행한다 |
| | 身數大吉 必有喜事 신수가 대길하니 반드시 기쁜일이 있다 | 勿爲急圖 晩得成就 급히 도모하지 마라 늦게 성취한다 | 財數如意 事不順成 재수는 뜻과 같으나 일은 순성치 못한다 |
| | 瑤池王母 生不知老 요지왕모가 나서 늙음을 알지 못한다 | 財自外來 最利此月 재물이 밖으로부터 오니 가장 이달이 이롭도다 | 臨深不溺 登高不墜 깊은데도 빠지지 않고 높은데도 떨어지지 않는다 |
| 正月 | 先困後泰 一身安樂 먼저 곤하고 뒤에 태평하니 일신이 안락하다 | 利在何處 必是南方 이는 어느곳에 있는고 필시 남방이다 | 若無妻憂 夫婦不順 만일 아내의 근심이 아니면 부부가 불순하다 |
| 二月 | 若無生財 必有人謀 만일 생재가 아니면 반드시 사람의 꾀가 있다 | 莫近外色 吉變爲凶 남의 여자를 가까이 마라 길함이 변하여 흉해진다 | 家神助我 百事順成 가신이 나를 도우니 백사를 순성한다 |
| 三月 | 飢者逢豐 食祿豐足 주린자가 풍년을 만났으니 식록이 풍족하다 | 若逢貴人 可得千金 만일 귀인을 만나면 가히 천금을 얻는다 | 利在田庄 賣買得利 이가 전장에 있으니 매매하는데 이를 얻는다 |
| 四月 | 花落葉茂 必有弄璋 꽃이 떨어지고 잎이 성하니 반드시 생남한다 | 若無身病 妻病不免 만일 신병이 아니면 아내의 병을 못면한다 | 身數不利 財數興旺 신수는 불리하나 재수는 흥왕한다 |
| 五月 | 逢時而動 成功最速 때를 만나 동하니 성공이 가장 빠르다 | 名利俱興 到處春風 명리가 다 일어나니 도처에 춘풍이다 | 本姓忠直 富貴兼全 본성이 충직하니 부귀를 겸전한다 |
| 六月 | 運數大吉 事多順成 운수가 대길하니 일을 많이 순성한다 | 春園桃花 秋山松栢 봄동산의 도화요 가을산의 송백이다 | 預爲致誠 或有妻憂 미리 치성하라 혹 아내의 근심이 있다 |
| 七月 | 閑臥高堂 心神自安 한가히 높은집에 누웠으니 심신이 스스로 편하다 | 雲散月出 靑天一色 구름이 흩어지고 달이 나니 푸른 하늘이 한빛이다 | 家運旺盛 可得千金 가운이 왕성하니 가히 천금을 얻는다 |
| 八月 | 淸天月白 海天一碧 하늘이 맑고 달이 희니 바다와 하늘이 한빛이다 | 莫近金姓 恩反爲仇 금성을 가까이 마라 은인이 도리어 원수된다 | 若非官祿 膝下有榮 만일 관록이 아니면 슬하에 영화가 있다 |
| 九月 | 每事順成 利在其中 매사를 순성하니 이가 그 가운데 있다 | 勿貪浮財 反有損財 뜬재물을 탐하지 마라 도리어 손재한다 | 虛荒之事 愼勿行之 허황한 일은 삼가 행하지 마라 |
| 十月 | 若非生財 新婚之數 만일 생재가 아니면 새로 혼인할 수로다 | 利在南方 強求後得 이가 남방에 있으니 억지로 구한 뒤에 얻는다 | 害在何姓 必是水姓 해는 무슨 성에 있는고 필시 수성이다 |
| 十一月 | 貴人來助 必有財旺 귀인이 도와주니 반드시 재물이 왕성한다 | 以小易大 財聚千金 작은것으로 큰것을 바꾸나 재물 모은게 천금이다 | 謀事多端 奔走之象 꾀하는 일이 많으니 분주한 기상이다 |
| 十二月 | 驛馬到門 一次遠行 역마가 문에 이르니 한번 원행할 수다 | 每事勿急 速圖有悔 매사를 급히 마라 속히 도모하면 뉘우침이 있다 | 先困後旺 豈不美哉 먼저 곤하다 뒤에 왕성하니 어찌 아름답지 않은가 |

# 七一一

䷙ 大畜之 ䷑ 蠱

【註解】猶如草木이 開花之意

【卦象】尋芳春日 却見花開

【해왈】미혼자이면 혼인하여 생남하며 도와주는 사람이 많으니 매사에 힘이 들지 아니하고 잘되며 성공하기 쉬운괘

**卦辭**

尋芳春日 却見花開 꽃다움을찾는봄날에 문득꽃피는것을보도다
一身安逸 此外何望 일신이편안하니 이밖에무엇을바랄고
順風加帆 事多順成 순풍에돛을다니 일이많이순성한다

有財有權 上下無憂 재물도있고권리도있으니 상하가근심이없다
乘馬出門 日行千里 말을타고문을나니 하루에천리를간다
閑坐高樓 其樂滔滔 한가히높은누에앉았으니 그낙이도도하다

燕語東風 其子和之 제비가동풍에지저귀니 그새끼가화합한다
貴人來助 財祿可得 귀인이와서도우니 재물과녹을얻는다
高朋滿座 有酒盈樽 높은벗이좌석에찼으니 술이잔에가득하다

**正月**

旱時草木 喜逢甘雨 가문때에초목이 기뻐단비를만나다
財物興旺 膝下有榮 재물이흥왕하고 슬하에영화가있다
天神自助 必有亨通 천신이스스로도우니 반드시복이형통한다

**二月**

求兎得莵 所求可濫 토끼를구하다사슴을얻으니 구하는바가넘친다
經營之事 事事如意 경영하는일은 일마다여의하다
乘時積德 身受吉慶 때를타서덕을쌓으니 몸소길경을받는다

**三月**

枯苗逢雨 其色更新 마른싹이비를만나니 그색이다시새롭도다
利在何物 必有田庄 이익은무슨일에있는고 반드시전장에있다
所爲之事 必是成功 하는일은 반드시성공한다

**四月**

財旺身旺 一家和平 재물도몸도왕성하니 한집안이화평하다
文書有吉 可期致富 문서에길함이있으니 가히치부를기약한다
若非身病 膝厄可畏 만일신병이아니면 슬하에액이두렵다

**五月**

貴人來助 必有喜事 귀인이와서도우니 반드시기쁜일이있다
利在出入 必有橫財 출행에이익이있으니 반드시횡재한다
若非如此 或有妻憂 만일이같지않으면 아내의근심이있다

**六月**

花落結實 子孫榮貴 꽃떨어지고열매를맺으니 자손이영귀하다
若非科甲 必然得財 만일과거가아니면 반드시재물을얻는다
常時積德 不逢災禍 상시에덕을쌓으니 재화를만나지않는다

**七月**

吉星照門 必有胎氣 길성이문에비치니 반드시태기가있다
夫婦和順 喜滿家庭 부부가화순하니 기쁨이집에가득하다
幸逢貴人 謀事如意 다행히귀인을만나니 꾀하는일이여의하다

**八月**

心神安樂 貴人相對 심신이안락하니 귀인을상대한다
損財有數 莫信親友 손재수가있으니 친구를믿지마라
春風三月 百花爭發 봄바람삼월에 백화가다투어핀다

**九月**

運數亨通 事事如意 운수가형통하니 일마다여의하도다
若非生財 喜逢佳人 만일생재가아니면 기쁘게가인을만난다
或有疾病 用藥木姓 혹질병이있거든 목성의약을써라

**十月**

身入名山 眼前別世 몸이명산에들어가니 눈앞에딴세계로다
口舌有數 水姓莫交 구설수가있으니 수성을사귀지마라
在家心亂 宜行南方 집에있으면심란하니 마땅히남방으로가라

**十一月**

順風加帆 每事順成 순풍에돛을다니 매사를순성한다
家道興旺 安過泰平 가도가흥왕하니 태평하게편히지낸다
小求大得 豈不美哉 작은것구하다큰걸얻으니 어찌아름답지않으랴

**十二月**

六月炎天 喜逢甘雨 유월염천에 기쁘게단비를만나다
若非官祿 意外橫財 만일관록이아니면 뜻밖에횡재한다
食祿豐滿 此外何求 식록이풍만하니 이밖에무엇을구할까

# 七一二

大畜之賁

【註解】 不達不成之意

【卦象】 銀鱗萬點 金角未成

【해왈】 용이 여의주를 얻지 못한 괘며 아직 때가 오지 아니하였으니 기다리면 마침내 좋은 일이 돌아오는 괘

| | | | |
|---|---|---|---|
| 卦辭 | 銀鱗萬點 金角未成 은비늘은 만점이나 용이 뿔을 이루지 못하도다<br>幸逢貴人 名振四方 다행히 귀인을 만나니 이름이 사방에 떨친다 | 雖有難事 事有成就 비록 어려운 일은 있으나 일은 성취함이 있다<br>運數亨通 必是成功 운수가 형통하니 반드시 성공한다 | 馳馬花衢 意氣洋洋 말을 꽃거리에 달리니 의기가 양양하다<br>若非榮貴 官訟口舌 만일 영귀하지 않으면 관송과 구설이 있다 |
| 正月 | 月姥佳緣 天老地荒 월모의 아름다운 인연이 하늘이 늙고 땅이 거칠다<br>春光不到 草木不生 봄빛이 이르지 아니하니 초목이 나지 않는다 | 細流漫漫 必達于海 적은 물이 졸졸 흐르나 반드시 바다에 도달한다<br>東方有害 莫行東方 동방에 해가 있으니 동방에 가지 마라 | 才藝出衆 功及隣里 재주가 출중하니 공이 이웃에 미친다<br>莫信人言 言甘事違 남의 말을 믿지 마라 말은 다나 일은 어긴다 |
| 二月 | 幼鳥雖飛 欲飛未飛 어린 새가 비록 날려 하나 마음 뿐이지 날지 못한다 | 金入煉爐 終成大器 금이 난로에 드니 마침내 그릇을 이룬다 | 誠心勞力 必有所得 성심으로 노력하면 반드시 소득이 있다 |
| 三月 | 基地發動 移徙吉利 기지가 발동하니 이사하면 길하다 | 勿爲乘舟 一次水驚 배타지 마라 한번 물에 놀랜다 | 莫近木姓 必受其禍 목성을 가까이 마라 반드시 그 화를 받는다 |
| 四月 | 經營之事 似成未成 경영하는 일은 이룰 것 같으나 못 이룬다 | 千耶萬耶 忍之爲德 천이든 만이든 참는 것이 덕이다 | 常有其德 災禍自退 항상 그 덕이 있으니 재화가 스스로 물러간다 |
| 五月 | 害人取利 反有其害 사람 해하고 이를 취하면 도리어 그 해가 있다 | 橫厄有數 莫貪女色 횡액수가 있으니 여색을 탐하지 마라 | 月入雲間 不見其色 달이 구름 사이에 드니 그 빛이 나타나지 못한다 |
| 六月 | 木姓不利 近則有害 목성이 불리하니 가까이 하면 해가 있다 | 心神不安 世事浮雲 심신이 불안하니 세상일이 뜬구름 같다 | 李金兩姓 同事不利 이가 김가 양성은 동사하면 불리하다 |
| 七月 | 財運逢空 取利不利 재운이 공을 만났으니 취리가 불리하다 | 在家心亂 出他心閑 집에 있으면 심란하고 출타하면 마음이 한가하다 | 時運不吉 害人不離 시운이 불길하니 해하는 사람이 떠나지 않는다 |
| 八月 | 青鳥傳信 必有喜事 청조가 소식을 전하니 반드시 기쁜 일이 있다 | 若非橫財 必有新婚 만일 횡재가 아니면 반드시 새 혼인이 있다 | 財祿興旺 一家泰平 재록이 흥왕하니 집안이 태평하다 |
| 九月 | 家人不和 心神不平 집안 사람이 불화하니 심신이 불평하다 | 雖有生財 反爲損財 비록 생재는 있으나 도리어 손재가 있다 | 東西奔走 有勞無功 동서로 분주하나 수고는 있고 공은 없다 |
| 十月 | 賴人成功 必有名利 남을 인하여 성공하니 반드시 명리가 있다 | 明月紗窓 閑居自樂 달 밝은 사창에 한가히 거하며 즐긴다 | 若近火姓 空然損財 만일 화성을 가까이 하면 공연히 손재한다 |
| 十一月 | 諸事無謀 有志未就 모든 일에 꾀가 없으니 뜻을 이루지 못한다 | 家有小憂 常居不安 집에 적은 근심이 있으니 항상 거하는 데 불안하다 | 進退不知 心亂事違 진퇴를 알지 못하니 심란하고 일은 어긴다 |
| 十二月 | 世行不利 守舊安靜 출행하면 불리하니 옛을 지키고 안정하라 | 莫近是非 口舌爭訟 시비를 가까이 마라 구설과 송사가 있다 | 自此以後 必有餘慶 이후부터는 필연 남은 경사가 있다 |

# 七一三

䷙ ䷨ 大畜之損

【解註】進行求得之意

【卦象】龍蟠虎踞 風雲際會

【해왈】용과 범의 조화가 무궁하니 만사가 여의하고 재수가 대통한 괘

**卦辭**

龍蟠虎踞 風雲際會 용은서리고범은걸터앉으니 바람구름이모인다

經營之事 必有成事 경영하는일은 반드시성사한다

東風淡蕩 柳含生意 동풍이담탕하니 버들이생의를머금는다

千里他鄕 喜逢親友 천리타향에서 친구를기쁘게만나다

今年之數 外貧內富 금년의운수는 바깥은 빈하고안은부하다

步步行進 漸入佳境 보보행진하니 점점가경에든다

金星隨身 求財如意 금성이몸에따르니 재물을구하면여의하다

家人和睦 一家泰平 집안사람이화목하니 일가가태평하다

因人成事 千金自來 사람으로해서성사하니 천금이스스로온다

**正月**

堀井生水 積土成山 우물을파서물이나고 흙을쌓아산을이룬다

誠心至極 凡事可成 성심이지극하면 범사를이룬다

窓前梅花 逢時花開 창앞에매화가 때를만나피도다

**二月**

謀事如意 到處有財 꾀하는일은 여의하니 도처에재물이있다

若非得財 必有婚姻 만일재물을얻지못하면 반드시혼인이있다

若非如此 膝下有慶 만일이같지않으면 슬하에경사가있다

**三月**

若非功名 可得大財 만일공명이아니면 가히큰재물을얻는다

吉人天佑 橫財之數 길한사람은하늘이돕나니 횡재할수다

命在權威 到處春風 명령에권위가있으니 도처춘풍이로다

**四月**

陰陽和合 萬物有光 음양이화합하니 만물에빛이있다

家運旺盛 厄運自退 가운이왕성하니 액운이스스로물러간다

財在東方 必得大財 재물이동방에있으니 반드시큰재물을얻는다

**五月**

午未之月 百事如意 오월과유월에는 백사가여의하다

春園桃花 蜂蝶探香 봄동산의도화에 봉접이향기를탐한다

意外成功 功名可得 뜻밖에성공하여 공명을얻는다

**六月**

家庭和平 福祿自來 가정이화평하니 복록이스스로온다

財旺東方 偶然得財 재물이동방에왕성하니 우연히재물을얻는다

西南兩方 利在田庄 서남양방에 이가전장에있다

**七月**

西方之人 不利其財 서방사람은 그재물에불리하다

莫近金姓 損財難免 금성을가까이마라 손재를면하기어렵다

雪裡求筍 出天之孝 눈속에서댓순을구하니 하늘이낸효자다

**八月**

財數雖吉 身上有憂 재수는비록길하나 신상에근심이있다

鳳凰呈瑞 晩時生光 봉황이상서를드리니 늦게빛이난다

若非官祿 膝下有榮 만일관록이아니면 슬하에영화가있다

**九月**

東方貴人 偶來助我 동방의귀인이 우연히와서나를돕는다

四方之中 南方有吉 사방가운데에 남방에길함이있다

先得大財 損財相半 먼저는큰재물을얻었으나 손재가상반하다

**十月**

今逢吉運 必有慶事 지금에야길운을만나니 반드시경사가있다

遠行有吉 四方無害 원행하여길하니 사방에다해는없다

莫近是非 口舌可侵 시비를가까이마라 구설이침노한다

**十一月**

子丑之月 必有慶事 동짓달과섣달에는 반드시경사가있다

若逢海商 偶然得財 만일해상을만나면 우연히재물을얻는다

至誠勞力 終時有吉 지성껏노력하면 종시길함이있다

**十二月**

牛逢食草 食祿陳陳 소가풀을만난격이니 식록이진진하다

春風三月 芳草可美 춘풍삼월에 방초가아름답다

百事如意 此外何望 백사가여의하니 이밖에무엇을바라는고

# 七二一

☶☱ 損之蒙
☶☵

【註解】急速而行則 有利益之象

【卦象】陰陽和合 萬物化生

【해왈】음양이 화합하니 귀자를 낳을 것이며 권리가 많으며 재운이 대통하니 횡재하여 사방에 전장을 장만하고 마음이 안락한 패

| | | | |
|---|---|---|---|
| 卦辭 | 陰陽和合 萬物化生 음양이화합하니 만물이화하여생긴다<br>驛馬到門 出他成功 역마가문에이르니 나가면성공한다<br>太昊時節 結繩爲政 복희씨시절에는 노를맺어정사를하도다 | 名高有權 漸漸亨通 이름이높고권리가있으니 점점형통한다<br>事事如意 安樂之數 일마다여의하니 안락한수로다<br>鶴鳴九皐 聲聞于天 학이구고에우니 소리가하늘에서들린다 | 恩人恒助 廣置田庄 은인이항상도우니 널리전장을장만한다<br>常時施德 福祿自來 항상덕을베푸니 복록이스스로온다<br>飢者得食 枯木逢春 주린자가밥을얻고 마른나무가봄을만나다 |
| 正月 | 山影倒江 魚遊山上 산그림자가강에거꾸러져 고기가산위에논다 | 陰陽和合 萬事如意 음양이화합하니 만사가여의하다 | 謀事順成 意氣揚揚 꾀하는일을순성하니 의기가양양하다 |
| 二月 | 因官得財 一室和氣 벼슬로인해재물을얻으니 일실이화기롭다 | 若非得財 必是生男 만일재물을얻지아니하면 필시생남한다 | 苦盡甘來 漸入佳境 고진감래하니 점점가경에든다 |
| 三月 | 與人同事 反爲虛荒 남과동사하면 도리어허황하다 | 所望之事 必是狼狽 바라는일은 필시낭패다 | 財星逢空 損財之數 재성이공을만나니 손재할수다 |
| 四月 | 吉星照門 必是成功 길성이문에비치니 필시성공한다 | 以小易大 必有財旺 작은것으로큰것을바꾸니 반드시재물이성한다 | 塵合泰山 財物豐足 티끌모아태산이되니 재물이풍족하다 |
| 五月 | 順風掛帆 速如飛鳥 순풍에돛을다니 빠르게나는새같다 | 凡事急圖 遲則不利 범사를급히도모하라 더디면불리하다 | 綠陰枝上 黃鳥自歌 녹음가지위에 황조가노래한다 |
| 六月 | 莫出路上 疾病可畏 길에나가지마라 질병이두렵도다 | 四野豐登 百穀陳陳 사야에풍년이드니 백곡이진진하다 | 財物隨身 人口增加 재물이몸에따르니 인구도더는다 |
| 七月 | 運數大吉 天賜其福 운수가대길하니 하늘이그복을준다 | 家庭安樂 萬事泰平 가정이안락하니 만사가태평하다 | 財星助我 求之必得 재성이나를도우니 구하면반드시얻는다 |
| 八月 | 財運旺盛 偶然得財 재운이왕성하니 우연히재물을얻는다 | 西方來客 偶然貽害 서방으로오는손은 우연히해를끼친다 | 一枝梅花 獨帶春色 한가지매화가 홀로봄빛을띠도다 |
| 九月 | 空谷回春 絶處逢生 빈골에봄이돌아오니 절처봉생하도다 | 若逢木姓 生色五倍 만일목성을만나면 생색이오배나된다 | 莫行東方 必有困辱 동방에가지마라 반드시곤욕이있다 |
| 十月 | 高山松栢 其色靑靑 높은산에송백이 그빛이청청하다 | 六月炎天 喜逢甘雨 유월염천에 기쁘게단비를만난다 | 妻子有憂 勿爲傷心 처자에근심이있으나 마음을상하지마라 |
| 十一月 | 日麗中天 天地明朗 해가중천에밝으니 천지가명랑하다 | 添口添土 家道中興 식구도늘고토지도느니 가도가중흥한다 | 失物有數 盜賊操心 실물수가있으니 도둑을조심하라 |
| 十二月 | 身上無憂 可謂仙人 신상에근심이없으니 가위신선이다 | 雖有生財 用度甚大 비록생재는있으나 용도가심히크다 | 每事有謀 事事如意 매사에꾀가있으니 일마다여의하다 |

# 七二二

損之頤

【註解】事有未決之意

【卦象】日中不決 好事多魔

【해왈】모든 일이 결말이 아니나니 좋은 일에 마가 많다 노력하여도 공이 없이 되어가는 일이 없으니 신수가 불길한 괘

**卦辭**

日中不決 好事多魔 한낮이 다가도록 결단못하니 좋은일에 마가 많다
年運不利 吉中有凶 연운이 불리하니 길한가운데 흉이 있다
如干財數 少得多失 여간재수는 적게얻고 많이 잃는다

其心正直 助我者少 그마음은 정직하나 나를돕는자가 적다
家有憂患 心神難定 집에우환이 있으니 마음을 정하기 어렵다
今年之數 勿謀他營 금년의 운수는 다른경영을 하지마라

梁園雖好 不可久留 황실이 비록좋으나 오래머물지 못하리라
四時之序 成功者去 사시의 차례가 공을이룬자는 간다
旅館燈寒 客子彷徨 여관에 등불이 차니 손님이 방황한다

**正月**
欲行未就 徒勞無功 행하려하나 이루지못하니 수고해도 공은 없다
事不如意 一無成事 일이 여의치못하니 하나도 성공함이 없다
莫信親友 損財之數 친구를 믿지마라 손재할 수다

**二月**
索居閑居 風塵不侵 한가한곳을 찾아살면 풍진이 침노치않는다
誠禱上帝 必是成功 지성으로 상제께 기도하면 필시 성공한다
若非改業 一次遠行 만일 업을 고치지않으면 한번 원행한다

**三月**
避鹿逢虎 反爲凶禍 사슴을 피하여 범을 만나니 도리어 흉화가 된다
莫信友人 笑中有刀 친구를 믿지마라 웃음속에 칼이 있다
若逢水姓 必是無害 만일 수성을 만나면 필시 해가 없다

**四月**
奔走不暇 不知閑暇 분주하여 가가 없으니 한가할줄 모른다
小求大失 仰天大笑 작은것을 구하다가 큰것을 잃으니 앙천대소한다
莫近喪家 疾病可畏 상가를 가까이마라 질병이 두렵다

**五月**
各人各心 事與心違 각 사람이 마음을 각각하니 일이 마음과 어긴다
北方有害 勿爲出入 북방에 해가 있으니 출입하지마라
厄去病消 謀事不成 액은 가고 병은 사라지나 꾀하는일을 못이룬다

**六月**
一喜一悲 喜憂相半 한번 기쁘고 한번 슬프니 기쁨과 근심이 상반하다
若無橫財 必是生男 만일 횡재가 없으면 필시 생남한다
莫近木姓 損財口舌 목성을 가까이마라 손재와 구설이 있다

**七月**
莫行酒家 必有損財 술집에 가지마라 반드시 손재가 있다
每事有敗 到處損害 매사에 패가 있으니 도처에 손해가 있다
西人莫近 言甘事違 서쪽사람을 가까이마라 말은 다나 일은 어긴다

**八月**
偶然之財 飛入我家 우연한 재물이 날아서 나의집에 들어온다
東奔西走 必然奔走 동으로 달리고 서로 달리니 필연 분주하다
莫近是非 口舌不免 시비를 가까이마라 구설을 면하지 못한다

**九月**
小草逢春 蓮花逢秋 작은풀은 봄을 만났고 연꽃은 가을을 당하였다
若非吉慶 手弄千金 만일 경사가 아니면 손으로 천금을 희롱한다
事有未決 辛苦奈何 일에 미결함이 있으니 신고함을 어찌할고

**十月**
山鳥失巢 空飛中天 산새가 집을 잃으니 공연히 중천에 난다
家庭不安 更有風波 가정이 불안한데 다시 풍파가 있다
若近木姓 損財口舌 만일 목성을 가까이하면 손재하고 구설이 있다

**十一月**
出門不利 不如在家 문을 나서면 불리하니 집에 있느니만 못하다
勿參訟事 有損無益 송사에 참여하지마라 손은 있고 이익은 없다
若非疾病 失物可畏 만일 질병이 아니면 실물이 두렵다

**十二月**
去舊從新 必有吉事 옛을 버리고 새것을 좇으니 반드시 길한일이 있다
靜則不利 動則滿利 정하면 불리하고 동하면 이가 많다
大財難望 小財可得 큰재물은 바라기어려우나 작은재물을 얻는다

## 七二三

損之大畜

【註解】避險更逢小險之意

【卦象】一渡滄波 後津何濟

【해왈】비록 곤란 이 심하나 성심껏 노력하면 어진 사람을 만날 괘

| | | | |
|---|---|---|---|
| 卦辭 | 一渡滄波 後津何濟 한번 창파를 건넜으나 뒤의 나루를 어찌 건널고 | 生活之道 去去益甚 살아갈 길은 갈수록 더욱 심하다 | 事多未決 必多煩悶 일에 미결함이 많으니 마음에 번민이 많다 |
| | 家有良妻 大禍不侵 집에 어진 아내가 있으면 큰 화가 침노치 않는다 | 一身困苦 貴人扶助 일신이 곤고하나 귀인이 돕는다 | 雖有辛苦 晚得良人 비록 신고함이 있으나 늦게 어진 사람을 얻는다 |
| | 露濕荷葉 圓轉可愛 이슬이 연잎에 젖으니 둥글게 구름이 사랑스럽다 | 東阡西陌 芳草如烟 동편언덕과 서편언덕에 꽃다운 풀이 연기 같다 | 事與心違 財福不遂 일이 마음과 어그러지니 재복을 이루지 못한다 |
| 正月 | 身旺東方 財旺南方 몸은 동방에 왕성하고 재물은 남방에 왕성한다 | 貴人助我 必有財旺 귀인이 나를 도우니 반드시 재물이 왕성한다 | 凶中有吉 損者反益 흉한 중에 길함이 있으니 손자가 도리어 유익하다 |
| 二月 | 斫石見玉 掘井得水 돌을 쪼아 옥을 보고 우물을 파서 물을 얻는다 | 若不成功 反有損財 만일 성공 아니하면 도리어 손재가 있다 | 若如失時 恨嘆不已 만일 때를 잃을것 같으면 한탄함을 마지 않는다 |
| 三月 | 三四兩月 喜憂相雜 삼월과 사월 두달은 기쁨과 근심이 섞이도다 | 若無膝憂 因人生財 만일 아환이 없으면 사람으로 하여 생재하다 | 莫近是非 官厄可畏 시비를 가까이 마라 관액이 두렵다 |
| 四月 | 喜中有憂 一次落淚 기쁜중에 근심이 있으니 한번 눈물을 흘린다 | 其間芳緣 女人吉美 그간의 꽃다운 인연은 여인이 길하다 | 勿爲相爭 是非口舌 서로 다투지 마라 시비와 구설이 있다 |
| 五月 | 莫近西人 以財傷心 서쪽 사람을 가까이 마라 재물로써 마음을 상한다 | 若非如此 必有口舌 만일 같지 않으면 반드시 구설이 있다 | 東方貴人 意外助我 동방의 귀인이 뜻밖에 나를 돕는다 |
| 六月 | 勿貪虛慾 官災可畏 허욕을 탐하지 마라 관재가 두렵다 | 莫近火姓 無事得謗 화성을 가까이 마라 일없이 비방을 얻는다 | 莫行南方 橫厄可畏 남방에 가지 마라 횡액이 두렵다 |
| 七月 | 若逢貴人 意外成功 만일 귀인을 만나면 뜻밖에 성공한다 | 土姓有害 有害無益 토성이 해로우니 해는 있고 이익은 없다 | 若非損財 六畜有害 만일 손재가 아니면 육축에 해가 있다 |
| 八月 | 庭前蘭草 其香可美 뜰앞의 난초가 그 향기가 아름답다 | 財利常存 名振四方 재리가 항상 있으니 이름이 사방에 떨친다 | 財豐身安 此外何望 재물이 풍하고 몸이 편하니 이밖에 무엇을 바랄고 |
| 九月 | 不得貴人 事有未決 귀인을 얻지 못하였으니 일에 미결함이 있다 | 莫近西方 損財不利 서방을 가까이 마라 손재하고 불리하다 | 欲決未決 徒傷心中 결단하고자 하다가 결단치 못하니 마음만 상한다 |
| 十月 | 或有妻憂 身上無害 혹 아내에 근심은 있으나 신상에는 해가 없다 | 家有吉慶 生產之慶 집에 경사가 있으면 생산할 경사이다 | 莫近酒色 或有橫厄 주색을 가까이 마라 혹 횡액이 있다 |
| 十一月 | 青山松栢 常守其節 청산의 송백은 항상 그 절개를 지킨다 | 誠心勤苦 必是成功 성심으로 근고하니 반드시 성공한다 | 預先致誠 或有疾病 미리 치성하라 혹 질병이 있다 |
| 十二月 | 岩上青松 郁郁青青 바위위의 푸른 솔은 욱욱하고 청청하다 | 運數亨通 眞人相逢 운수가 형통하니 진인을 서로 만난다 | 今年之運 商業不利 금년의 운수는 상업이 불리하다 |

# 七三一

賁之艮

【註解】 有通達之意

【卦象】 遍踏帝城 千門共開

【해왈】 앞길이 열리고 경영하는 일이 마음과 같이 잘 되어 부귀하니 복록이 자연히 있어 안락하며 만사가 대길한 괘

| | | | | | | |
|---|---|---|---|---|---|---|
| 卦辭 | 遍踏帝城 千門共開 | 황성을 편답하니 일천문이 함께 열리도다 | 吉星隨身 必是登科 | 길성이 몸에 따르니 반드시 과거하리라 | 意外成功 人多稱讚 | 뜻밖에 성공하니 사람이 많이 칭찬한다 |
| | 今年之數 官祿重重 | 금년의 운수는 관록이 중중하리라 | 春風和暢 萬花弄春 | 봄바람이 화창하니 만화가 봄을 희롱한다 | 運數亨通 百事如意 | 운수가 형통하니 백사가 뜻과 같다 |
| | 長安三月 春色如錦 | 장안 삼월에 봄빛이 비단 같다 | 以羊易牛 得失可知 | 양으로써 소를 바꾸니 득실을 가히 알리라 | 偶然西去 意外橫財 | 우연히 서로 가니 뜻밖에 횡재한다 |
| 正月 | 春回故國 百花爛漫 | 봄이 고국에 돌아오니 백화가 난만하다 | 財祿豐滿 百事順成 | 재록이 풍만하니 백사를 순성한다 | 家庭有慶 所望如意 | 가정에 경사가 있고 소망이 여의하다 |
| 二月 | 吉星助我 可得功名 | 길성이 나를 도우니 가히 공명을 얻는다 | 東南兩方 貴人來助 | 동남 양방에서 귀인이 와서 돕는다 | 天佑神助 必有喜事 | 하늘이 돕고 귀신이 도우니 반드시 기쁜 일이 있다 |
| 三月 | 若非官祿 商路得財 | 만일 관록이 아니면 장사길에서 재물을 얻는다 | 財數亨通 日得千金 | 재수가 형통하니 날로 천금을 얻는다 | 一朝功名 金玉滿堂 | 하루아침에 공명하니 금옥이 집에 가득하다 |
| 四月 | 誠心致誠 動則無咎 | 성심으로 치성하고 동하면 허물이 없다 | 若非得財 反爲凶禍 | 만일 재물을 얻지 않으면 도리어 화가 된다 | 金姓有害 損財有少 | 금성에 해가 있으니 손재가 적지 않다 |
| 五月 | 守家則吉 遠行不利 | 집을 지키면 길하고 원행하면 불리하다 | 東南兩方 出行不利 | 동남 양방은 출행하면 불리하다 | 若逢貴人 皇恩自得 | 만일 귀인을 만나면 임금의 은혜를 스스로 얻는다 |
| 六月 | 百川歸海 積小成大 | 모든 내가 바다로 흐르니 작은 것 쌓아 큰 것이 된다 | 意外貴人 偶來助力 | 뜻밖에 귀인이 우연히 와서 조력한다 | 若非新業 一時困苦 | 만일 새 업이 아니면 한때 곤고하다 |
| 七月 | 見而不食 好事多魔 | 보고도 먹지 못하니 좋은 일에 마가 많다 | 兩鳥爭巢 誰知勝負 | 두 새가 집을 다투니 누가 승부를 알겠느냐 | 秘密之事 誰有知之 | 비밀한 일을 누가 있어 알겠느냐 |
| 八月 | 若近女子 口舌不免 | 만일 여자를 가까이하면 구설을 면하지 못한다 | 若非官祿 弄璋之慶 | 만일 관록이 아니면 생남할 경사이다 | 莫近火姓 必受其害 | 화성을 가까이 마라 반드시 그 해를 받는다 |
| 九月 | 花落無春 蜂蝶不來 | 꽃이 떨어지고 봄이 없으니 봉접이 오지 않는다 | 求而不得 守分有吉 | 구하여도 얻지 못하니 수분하는 것이 가장 길하다 | 若爲妄動 後悔無益 | 만일 망동하면 후회하나 유익함이 없다 |
| 十月 | 花落無實 有形無影 | 꽃지고 열매 없으니 형상은 있고 그림자가 없다 | 先凶後吉 福祿自來 | 먼저 흉하고 뒤에는 길하니 복록이 스스로 온다 | 若非移徙 一次遠行 | 만일 이사 아니하면 한번 원행한다 |
| 十一月 | 意外之財 飛入我家 | 뜻밖에 재물이 나의 집에 날아 들어온다 | 農商有吉 偶然得利 | 농사나 장사에 길하니 우연히 재물을 얻는다 | 若非口舌 或有官災 | 만일 구설이 아니면 혹 관재가 있다 |
| 十二月 | 每事愼之 身上有危 | 매사를 조심하라 신상이 위태하다 | 莫信親人 恩反爲仇 | 친한 사람을 믿지 마라 은혜가 도리어 원수 된다 | 莫行西方 偶逢仇人 | 서방에 가지 마라 우연히 원수를 만난다 |

# 七三二

☳☲ ☳☶ 賁之大畜

【註解】有權威之象

【卦象】雷門一聲 萬人驚倒

【해왈】공명할 수요 재물을 많이 얻고 안락한 패

| | | | |
|---|---|---|---|
| 卦辭 | 雷門一聲 우뢰문한소리에<br>萬人驚倒 만인이놀란다 | 立身揚名 입신양명하니<br>道德文章 도덕과문장이로다 | 財星助我 재성이나를도우니<br>財帛津津 재백이진진하다 |
| | 智謀兼全 지모가겸전하니<br>意氣男兒 의기남아다 | 子孫榮華 자손이영화하니<br>福祿綿綿 복록이면면하다 | 君之八字 그대의팔자는<br>可得功名 공명을얻는다 |
| | 射虎南山 범을남산에서쏘니<br>連貫五中 연하여다섯번을맞히다 | 水中之玉 물속의옥이<br>意得出世 세상에나와뜻을얻는다 | 良工琢玉 양공이옥을쪼으니 아<br>終成美器 름다운그릇을이룬다 |
| 正月 | 禍去福來 화가가고복이오니<br>終時亨通 마침내형통한다 | 預爲致誠 미리치성하면<br>凶禍自消 흉화가스스로사라진다 | 南方之人 남방의사람이<br>偶來助力 우연히와서조력한다 |
| 二月 | 若而移居 만일이사하면<br>必有吉事 반드시길한일이있다 | 勿貪非理 비리를탐하지마라<br>必得大財 반드시큰재물을얻는다 | 若非得財 만일재물을얻지않으면<br>必逢佳人 반드시가인을만난다 |
| 三月 | 與人謀事 사람과꾀하는일은<br>必然不利 필연불리하다 | 上下相沖 상하가상충하니<br>惡人愼之 악한사람을조심하라 | 財在西方 재물이서방에있으니억<br>強求小得 지로구하면조금얻는다 |
| 四月 | 勿爲輕言 경솔한말을마라<br>吉事有害 좋은일에해가있다 | 損財有數 손재수가있으니<br>莫近北方 북방에가까이마라 | 若非生財 만일생재하지않으면<br>必有婚姻 반드시혼인이있다 |
| 五月 | 若無治防 만일다스려막지않으면<br>家有大厄 집에큰액이있다 | 惡鬼作害 악귀가해를지으니<br>爭訟口舌 송사와구설이있다 | 莫近親人 친한사람을가까이마라<br>吉中有凶 길한속에흉이있다 |
| 六月 | 金姓有害 금성이해로우니 가까<br>莫近遠之 이하지말고멀리하라 | 勿爲妄動 망녕되이동하지마라<br>謀事不利 꾀하는일이불리하다 | 欲速不達 속히하고자하나달하지<br>此亦奈何 못하니 이를어찌할고 |
| 七月 | 凶去福來 흉한것이가고복이오니<br>一室和平 한집이화평하다 | 所望如意 소망이여의하니<br>必是成家 필시성가한다 | 在家無益 집에있으면이익이없으<br>出門求之 니 문을나서서구하라 |
| 八月 | 火姓不利 화성이불리하니<br>愼勿相從 삼가상종하지마라 | 橫厄有數 횡액수가있으니<br>祈禱可免 기도하면가히면한다 | 此月之數 이달의운수는<br>吉多凶少 흉은많고길은적다 |
| 九月 | 旱時草木 가물때초목이<br>喜逢甘雨 기쁘게단비를만나도다 | 幸逢吉運 다행히길운을만나니<br>名利俱吉 명리가다길하다 | 小求大得 작게구하여크게얻으니<br>喜滿家庭 기쁨이가정에가득하다 |
| 十月 | 幸逢貴人 다행히귀인을만나서<br>必得功名 반드시공명을얻는다 | 若非科甲 만일과거가아니면<br>必然得財 필연큰재물을얻는다 | 財在路中 재물이길가운데있으니<br>出行可得 출행하면가히얻는다 |
| 十一月 | 守舊安靜 옛을지키고안정하라망<br>妄動有敗 녕되이동하면패가있다 | 若無口舌 만일구설이없으면<br>官災可畏 관재가두렵다 | 先失後得 먼저는잃고뒤에얻으니<br>事有安全 일에안전함이있다 |
| 十二月 | 每事如意 매사가여의하니<br>苦盡甘來 고진감래로다 | 莫近親人 친한사람을가까이마라<br>恩反爲仇 은혜가도리어원수된다 | 若近女色 만일여색을가까이하면<br>必有損財 반드시손재가있다 |

## 七三三

賁之頤

【註解】有變化之象

【卦象】魚變成龍 造化不測

【해왈】오랫동안 공부하여 공명하고 덕을 닦아 부자되는 괘

| | | | |
|---|---|---|---|
| 卦辭 | 魚變成龍 造化不測 고기가 변하여 용이되니 조화를 측량치 못한다 | 水滿淸江 魚遊深水 물이 맑은 강에 가득하니 고기가 깊은 물에 논다 | 三春之數 必有喜事 삼춘의 운수는 반드시 기쁜일이 있다 |
| | 三夏之數 所望如意 여름석달의 운수는 소망이 여의하도다 | 三秋之數 食祿陳陳 가을석달의 운수는 식록이 진진하리라 | 與人同事 事多心違 남과 동사하면 일이 많이 마음과 어긴다 |
| | 雲龍風虎 各從其類 구름의 용과 바람의 범이 각각 그 유를 좇도다 | 三月城頭 花發弄春 삼월성머리에 꽃이 피어 봄을 희롱한다 | 兩兩白鷗 自去自來 쌍쌍의 백구가 스스로 가고 스스로 온다 |
| 正月 | 青龍得珠 必有慶事 청룡이 구슬을 얻었으니 반드시 경사가 있다 | 命在權威 必是高官 명령에 권위가 있으니 필시 고관이다 | 頭揷桂花 出入官門 머리에 계화를 꽂았으니 관문에 출입한다 |
| 二月 | 身數大吉 財數興旺 신수가 대길하고 재수가 흥왕하다 | 花落結實 必有弄璋 꽃이 떨어져 열매를 맺으니 반드시 생남한다 | 貴人恒助 積財如山 귀인이 항상 나를 도우니 재물 쌓은 것이 산 같다 |
| 三月 | 意外成功 家道興旺 뜻밖에 성공하니 가도가 흥왕한다 | 若非榮貴 可得千金 만일 영귀치 않으면 가히 천금을 얻는다 | 道高名利 名振四方 도가 높고 이름이 이로우니 이름이 사방에 떨친다 |
| 四月 | 到處有權 仁聲遠播 도처에 권리가 있으니 어진 소리가 멀리 난다 | 勿爲爭訟 口舌不利 쟁송하지 마라 구설로 불리하다 | 土姓有害 愼之莫近 토성이 불리하니 가까이 하지 마라 |
| 五月 | 東園碧桃 喜逢花春 동원의 벽도가 기쁜 화춘을 만난다 | 五穀滿庫 食祿陳陳 오곡이 곳간에 가득하니 식록이 진진하다 | 財星隨身 所營如意 재성이 몸에 따르니 경영하는 바가 여의하다 |
| 六月 | 魚龍得水 必有慶事 고기와 용이 물을 얻었으니 반드시 경사가 있다 | 家人和睦 所望成就 집안사람이 화목하니 소원을 성취한다 | 運數亨通 百事順成 운수가 형통하니 백사를 순성한다 |
| 七月 | 天神助我 壽福綿綿 천신이 나를 도우니 수복이 면면하다 | 財旺南方 利在田庄 재물은 남방에 왕성하고 이익은 전장에 있다 | 東西兩方 必有喜事 동서양방에 반드시 기쁜 일이 있다 |
| 八月 | 有財有權 到處春風 재물도 있고 권리도 있으니 도처에 춘풍이다 | 井魚出海 意氣洋洋 우물고기가 바다에 나가니 의기가 양양하다 | 身數大吉 或有妻優 신수는 대길하나 혹 아내에 근심이 있다 |
| 九月 | 若非科甲 膝下有榮 만일 과거가 아니면 슬하에 영화가 있다 | 貴人相助 可得功名 귀인이 와서 도우니 공명을 얻는다 | 若非如此 服制何免 만일 이같지 않으면 복제를 어찌 면할고 |
| 十月 | 百畝良田 百穀成實 백무양전에 백곡이 열매를 맺도다 | 立身揚名 事事如意 입신양명하니 일마다 여의하다 | 家道旺盛 名聲顯揚 가도가 왕성하니 명성이 현양한다 |
| 十一月 | 水産之物 必得大財 수산물로 하여 반드시 큰 재물을 얻는다 | 若如失時 反爲有損 만일 때를 잃으면 도리어 손이 있다 | 財星逢吉 可得千金 재성이 길함을 만나니 가히 천금을 얻는다 |
| 十二月 | 窓前紅桃 逢時滿發 창앞에 홍도가 때를 만나 만발하도다 | 十年勤苦 一日之榮 십년 근고는 하루의 영화로다 | 財祿興旺 子孫有榮 재록이 왕성하고 자손의 영화가 있다 |

# 七四一

☶☲ 頤之剝
☷☶

【註解】 他處有功之象

【卦象】 六馬交馳 男兒得意

【해왈】 힘써 공부한 결과 공명을 얻고 우연히 부자되는 괘

| | | | | | | |
|---|---|---|---|---|---|---|
| 卦辭 | 六馬交馳 男兒得意 | 여섯말이섞기어달리니 남아가뜻을얻는다 | 勤苦之德 必得功名 | 근고한덕으로 반드시공명을얻는다 | 一次有慶 一次有憂 | 한번은경사가있고 한번은근심이있다 |
| | 在家心亂 出他心違 | 집에있으면심란하고 다른데가면마음이어긴다 | 草綠江邊 牛逢盛草 | 풀이푸른강가에 소가성한풀을만나도다 | 春風來到 百花滿發 | 봄바람이와서이르니 백화가만발한다 |
| | 金冠玉帶 趨拜鳳闕 | 금관과옥대로 추창하여봉궐에절한다 | 玉樹芝蘭 共生一處 | 옥수와지란이 한가지로한곳에난다 | 日中則昃 月滿則虧 | 해가중천에오면기울고 달이차면기운다 |
| 正月 | 東風細雨 桃花微笑 | 동풍세우에 도화가피고자한다 | 春和日暖 萬物始生 | 봄이화하고날이따뜻하니 만물이비로소난다 | 幸逢恩人 財祿滿庫 | 다행히은인을만나면 재록이곳간에가득하다 |
| 二月 | 花開弄春 可得功名 | 꽃이피어봄을희롱하니 가히공명을얻는다 | 若非科擧 膝下之慶 | 만일과거가아니면 슬하에경사가있다 | 手執喜信 必逢緣人 | 손에기쁨을잡았으니 반드시인연을만난다 |
| 三月 | 好雨知時 草木繁茂 | 좋은비가때를아니 초목이무성하다 | 勤苦之德 偶然成功 | 근고한덕으로 우연히성공한다 | 財在西方 求而可得 | 재물이서방에있으니 구하면얻는다 |
| 四月 | 渴龍飮水 喜事重重 | 마른용이물을마시니 기쁜일이중중하다 | 家庭安樂 家産興旺 | 가정이안락하니 가산이흥왕한다 | 家有吉慶 必有弄璋 | 집안에경사가있으니 반드시생남한다 |
| 五月 | 神靈助我 官祿隨身 | 신령된신이나를도우니 관록이몸에따른다 | 家運通泰 事事亨通 | 가운이크게통하니 일마다형통한다 | 善行凡事 必是成功 | 범사를잘행하면 반드시성공한다 |
| 六月 | 天佑神助 必然成事 | 하늘이돕고신이도우니 필연성사하리라 | 舟行順水 順風掛帆 | 배가순한물에가고 순풍에돛을달도다 | 每事速圖 遲則不利 | 매사를속히도모하라 더디면불리하다 |
| 七月 | 鳳引雛行 和樂其聲 | 봉이새끼를데리고가니 그소리가화락하다 | 若非官祿 子孫榮貴 | 만일관록이아니면 자손이영귀한다 | 雲興天上 桂花欲笑 | 구름이하늘위에있으니 계화가피고자한다 |
| 八月 | 積德如山 大福自來 | 덕쌓은것이산같으니 대복이스스로온다 | 富貴兼全 名振四海 | 부귀를겸전해있으니 이름이사해에떨친다 | 財祿陳陳 喜事重重 | 재록이진진하니 기쁜일이중중하다 |
| 九月 | 開門納福 加以善祥 | 문을열고복을들이니 착한상서를더한다 | 利在田庄 東南兩方 | 이가전장에있으니 동남양방이라 | 善持避惡 福祿常存 | 착한것을갖고악한것을 피하니복록이항상있다 |
| 十月 | 金冠玉帶 皇恩自得 | 금관과옥대의 황은을스스로얻는다 | 到處有財 道高名利 | 도처에재물이있으니도 가높고이름이이롭도다 | 身數大吉 功名遠播 | 신수가대길하니 공명이늘어난다 |
| 十一月 | 子丑之月 恩人相助 | 동짓달과섣달에는 은인이서로돕는다 | 謀事在人 晚得成就 | 모사는사람에게있으니 늦게성취하면얻는다 | 身在花間 蝶如貪香 | 몸이꽃사이에있으니 나비가향기를탐함같다 |
| 十二月 | 甘雨知時 百穀豐登 | 단비가때를아니 백곡이풍년든다 | 一次服制 一次喜慶 | 한번은복제가있고 한번은경사가있다 | 因人成事 必有成家 | 남으로인하여성사하니 반드시성가한다 |

## 七四二

頤之損

【註解】 有吉有益之象

【卦象】 前程早辨 榮貴有時

【해왈】 영화하고 귀히 됨이 때가 있으니 성공하기 어렵지 않다 기회가 좋음으로 마음과 같이 되는 패

| | | | |
|---|---|---|---|
| 卦辭 | 前程早辨 榮貴有時 앞길을일찌기판단하니 영귀함이때가있다 | 臨江求魚 終時多魚 강에서고기를구하니마침내많은고기를얻는다 | 堀地得金 先困後泰 땅을파서금을얻으니먼저곤하고뒤에형통한다 |
| | 春日桃花 九月黃菊 봄날의도화요 구월의누런국화다 | 榮貴有時 待時而動 영귀함이때가있으니 때를기다려동하라 | 今年之數 自然成福 금년의운수는 자연히복을이룬다 |
| | 清風明月 我是主人 청풍명월은 내가주인이다 | 兄弟和樂 子孫振振 형제가서로화락하고 자손이진진하다 | 東園桃李 一場春夢 동원의도리가 일장춘몽이다 |
| 正月 | 吉星隨身 貴人來助 길성이몸에따르니 귀인이와서돕는다 | 身數大吉 財祿旺盛 신수가대길하니 재록이왕성하다 | 西南兩方 必有財旺 서남양방에 반드시재물이왕성한다 |
| 二月 | 春風之月 到處花發 춘풍지월에 이르는곳마다꽃이핀다 | 利在官祿 積小成大 이가관록에있으니 작은것으로큰것을이룬다 | 財穀滿庫 太平安過 재물과곡식이곳간에가득하니태평히잘지낸다 |
| 三月 | 天神顧我 一身榮貴 천신이나를돌아보니 일신이영귀하다 | 花笑園中 蜂蝶來喜 꽃이원중에피니 봉접이와서기뻐한다 | 莫近親人 或恐口舌 친한사람을가까이마라 혹구설이두렵다 |
| 四月 | 財星助我 必得大財 재성이나를도우니 반드시큰재물을얻는다 | 預爲度厄 或有疾病 미리도액하라 혹구설이두렵다 | 金風已回 金菊滿開 금풍이이미돌아오니 금국이가득피었다 |
| 五月 | 一身高名 榮華彬彬 일신이고명하게되니 영화가빈빈하다 | 宜行南方 大財入手 마땅히남방에가면 큰재물이손에들어온다 | 大明中天 金玉滿堂 크게밝은하늘가운데 금옥이만당하다 |
| 六月 | 預先度厄 疾病可畏 미리도액하라 질병이두렵다 | 莫近酒色 損財損名 주색을가까이마라 손재하고명예를손상한다 | 莫近木姓 損財有驚 목성을가까이마라 손재하고놀람이있다 |
| 七月 | 貴人相助 日得千金 귀인이서로도우니 날로천금을얻는다 | 百事如意 財帛陳陳 백사가여의하니 재백이진진하다 | 積善之家 必受吉慶 적선한집에는 반드시 길한경사를받는다 |
| 八月 | 青龍登天 造化無窮 청룡이하늘에오르니 조화가무궁하다 | 事事亨通 此外何望 일마다형통하니 이밖에무엇을바라는고 | 福祿臨身 世事太平 복록이몸에임하니 세상일이태평하다 |
| 九月 | 道德兼全 必受幸福 도덕이겸전하니 반드시행복을받는다 | 財旺田庄 出求西方 재물이전장에왕성하니 나가서서방에구하라 | 綠陰芳草 勝於花時 녹음방초가 꽃핀때보다낫다 |
| 十月 | 龍得明珠 事事多意 용이밝은구슬을얻었으니 일마다여의하다 | 愼之木姓 有損無益 목성을조심하라 손은있고이익은없다 | 莫信人言 言甘事違 남의말을믿지마라 말은다나일은어긴다 |
| 十一月 | 若非婚姻 必生貴子 만일혼인이아니면 반드시귀자를낳는다 | 莫貪外財 必有虛荒 외재를탐하지마라 반드시허황하다 | 愼之盜賊 失物可畏 도둑을조심하라 실물할까두렵다 |
| 十二月 | 因人成事 財利可得 사람으로인하여성사하니 재리를가히얻는다 | 若爲改業 新業難得 만일업을고치면 새업을얻기어렵다 | 莫親木姓 必有失敗 목성을친하지마라 반드시실패한다 |

# 七四三

頤之賁

【註解】 先吉後凶之意

【卦象】 早朝起程 女服何事

【해왈】 다른 사람을 속이려다가 되지 않고 도리어 자기가 해를 입으며 도와주는 사람이 없으니 마음이 항상 불안한 괘

**卦辭**
早朝起程 女服何事 이른아침에길을떠나는데 여복이웬일인고
今年之數 必有財旺 금년의운수는 반드시재물이왕성한다
春雷行雨 草木欣欣 봄우뢰가비를내리니 초목이흔흔한다
若非口舌 家憂奈何 만일구설이아니면 집안근심을어찌면할고
三春之數 別無吉事 삼춘의운수는 별로좋은일이없다
財數無欠 少有身厄 재수는흠이없으나 적은신액이있다
財星逢吉 外財入門 재성이길함을만났으니 외재가문에들어온다
若而欺人 反有其害 만일남을속이면 도리어그해가있다
枯旱三月 野無青草 석달을가물어마르니 들에푸른풀이없다

**正月**
青山歸客 失路彷徨 청산에돌아가는손이 길을잃고방황한다
膝下有病 心神不安 자손에병이있으니 마음이불안하다
若非官災 口舌可畏 만일관재가아니면 구설이두렵다

**二月**
山深四月 不見春色 산이깊은사월에 봄빛을보지못한다
運數不吉 守舊安靜 운수가불길하니 옛을지키고안정하라
欲速不達 或有失敗 속히하고자하나이루지 못하고 혹실패가있다

**三月**
秘密之事 向人莫言 비밀한일은 사람을향하여말하지마라
家有不平 家人各離 집에불평이있으니 집안사람이각기떠난다
愼之親人 反爲虛荒 친한사람을삼가라 도리어허황하다

**四月**
身遊外方 何時歸鄉 몸이외방에노니 어느때에고향에돌아올고
謹身守分 吉中有禍 몸을삼가고수분하라 길한가운데화가있다
財星隨身 終得財利 재성이몸에따르니 마침내재리를얻는다

**五月**
勿聽他言 損害不免 다른말을듣지마라 손해를면하기어렵다
身運不利 大厄可畏 신운이불리하니 큰액이두렵다
安中有厄 凡事愼之 편한중에액이있으니 범사를조심하라

**六月**
遠求近失 所望難成 먼데것구하다가까운것을잃고소망을못이룬다
若非損財 叩盆之嘆 만일손재가아니면 상처할수로다
致誠南山 可免此數 남산에치성하면 가히이수를면한다

**七月**
西北兩方 莫爲出行 서북양방에는 출행하지마라
登山求魚 善無功德 산에올라고기를구하니 선무공덕이다
四方之中 東南有吉 사방가운데에 동남에길함이있다

**八月**
若無服制 損財不免 만일복제가아니면 손재를면하기어렵다
水鬼窺門 莫渡江水 수귀가문을엿보니 강물을건너지마라
每事不成 愁心滿面 매사를이루지못하니 수심이만면하다

**九月**
惡鬼作害 謀事難成 악귀가해를지으니꾀 하는일을이루기어렵다
家有不安 膝厄可畏 집에불안함이있으니 슬하에액이두렵다
心神散亂 世事如夢 마음이산란하니 세상일이꿈같다

**十月**
日暮西天 山鳥失巢 해가서천에저문데 산새가길을잃도다
失物有數 盜賊愼之 실물수가있으니 도둑을조심하라
動則有害 不如在家 동하면해가있으니 집에있느니만못하다

**十一月**
運數不利 勞苦難免 운수가불길하니 수고를면하기어렵다
木姓不利 勿爲取利 목성이불리하니 취리를하지마라
愼之親人 偶然有害 친한사람을삼가라 우연히해가있다

**十二月**
修身齊家 轉禍爲福 행실을닦고집을정제하면 화가굴러복이된다
勿爲成造 不利之數 집짓지마라 불리할수다
愼之木姓 意外貽害 목성을조심하라 뜻밖에해를끼친다

蠱之大畜

【註解】 奔走奔忙이나 無所得之意

【卦象】 三日之程 一日行之

【해왈】 모든 일이 많으니 바쁘다 어느 때나 다 마칠고 생활이 곤란하다가 늦게야 형편이 조금 핀다 자기 힘에 넘치는 일을 하면 이루기 어려울 괘

**卦辭**

三日之程 一日行之 사흘길을 하루에 간다
空谷回春 絶處逢生 빈골에 봄이 돌아오니 절처봉생한다
火炎崑崙 玉石俱焚 불이 곤륜산에 일어나니 옥과 돌이 함께 탄다

勿貪虛慾 事多心違 허욕을 탐하지 마라 일이 마음과 많이 어긴다
初雖困苦 晩時生光 처음은 비록 곤하나 늦게 빛이 나리라
傷弓之鳥 亦驚曲木 활에 상한 새는 굽은 나무에도 놀랜다

若逢貴人 謀事順成 만일 귀인을 만나면 꾀하는 일을 순성한다
今年之數 奔走之格 금년의 운수는 분주한 격이다
得羊失牛 何有益也 양을 얻고 소를 잃으니 무슨 이익이 있는고

**正月**
欲速不達 臨津無船 속히 하려 하다 달치 못하니 나루를 임해 배가 없다
分外之事 愼勿行之 분수 밖의 일은 삼가 행하지 마라
似成未成 徒傷心中 될것 같되 되지 아니하니 한갓 심중만 상한다

**二月**
一六如意 求財何益 하나드여의치 아니하니 구재한들 어찌 유익하랴
東南兩方 出行不利 동남양방에는 출행하는 것이 불리하다
若如求財 宜行西方 만일 재물을 구한 것 같으면 마땅히 서방으로 가라

**三月**
愼之言語 妄言有害 말을 조심하라 망녕된 말은 해가 있다
莫近是非 官厄可畏 시비를 가까이 마라 관액이 두렵다
莫近金姓 損財難免 금성을 가까이 마라 손재를 면하기 어렵다

**四月**
魚龍得水 必有慶事 고기와 용이 물을 얻으니 반드시 경사가 있다
若非官祿 橫財之數 만일 관록이 아니면 횡재할 수다
百事如意 西方有吉 백사가 여의하니 서방에 길함이 있다

**五月**
身數大吉 喜事重重 신수가 대길하니 기쁜 일이 중중하다
若非功名 必生貴子 만일 공명이 아니면 반드시 귀자를 낳는다
隨分閑居 道味漸佳 분수를 따라 한가히 살면 도의 맛도 점점 아름답다

**六月**
事不如意 空然恨嘆 일이 여의치 못하니 공연히 한탄만 한다
東奔西走 別無所得 동으로 달리고 서로 달리나 별로 소득은 없다
莫近女色 不利於事 여색을 가까이 마라 일에 불리하다

**七月**
萬里遠程 去去泰山 만리 먼길에 갈수록 태산이다
取善遠惡 身上有憂 착함을 취하고 악을 멀리하니 신상에 근심이 있다
破屋重修 晩時生光 파옥을 중수하니 늦게 빛이 난다

**八月**
莫近酒色 不利於財 주색을 가까이 마라 재물에 불리하다
歲月如流 每事速圖 세월이 흐르는 것 같으니 매사를 속히 도모하라
財在南方 求而可得 재물이 남방에 있으니 구하면 얻는다

**九月**
事事亨通 利在西方 일마다 형통하니 이가 서방에 있다
或有妻憂 預爲度厄 혹 아내의 근심이 있으리니 미리 도액하라
春風到處 萬物回生 봄바람이 이르는 곳에 만물이 회생한다

**十月**
若非官祿 加土增地 만일 관록이 아니면 토지를 더한다
貴人相助 財祿陳陳 귀인이 서로 도우니 재록이 진진하다
去舊從新 積小成大 옛을 버리고 새것을 좇으니 작은걸로 큰걸 이룬다

**十一月**
勤苦之德 意外成功 근고한 덕으로 뜻밖에 성공한다
勿貪虛慾 反爲不利 허욕을 탐하지 마라 도리어 불리하다
遠行不利 在家則吉 원행하면 불리하고 집에 있으면 길하다

**十二月**
災消福來 一室安樂 재앙이 사라지고 복이 오니 집안이 안락하다
莫近酒色 損財之數 주색을 가까이 마라 손재할 수다
身旺財旺 樂在其中 몸도 재물도 왕성하니 낙이 그 가운데 있다

# 七五二

蠱之艮

【註解】 有光明之意

【卦象】 天心月光 正照萬里

【해왈】 운수가 대통하니 경영하는 일이 뜻과 같이 되며 귀인을 만나 성공하고 재취하여 기뻐할 괘

| | | | |
|---|---|---|---|
| 卦辭 | 天心月光 하늘가운데달빛이<br>正照萬里 정히만리를비친다 | 恒時積德 항시에적덕하였으니<br>事多成就 일을많이성취한다 | 或有膝憂 혹슬하에근심이있으니<br>祈禱可免 기도하면면한다 |
| | 若非生産 만일생산하지않으면<br>家憂間間 집안근심이간간히있다 | 年運大吉 연운이대길하니<br>所望成就 소망을성취한다 | 財運旺盛 재운이왕성하니<br>終得大財 마침내큰재물을얻는다 |
| | 先貧後富 먼저가난하고나중부하<br>心廣體胖 니맘은넓고몸은살찐다 | 乘時而動 때를타서동하니 이름<br>名半功倍 은반이나공은배다 | 貴人來助 귀인이와서도우니<br>手弄千金 손에천금을희롱한다 |
| 正月 | 運數大吉 운수가대길하니<br>百事順成 백사를순성한다 | 若非官祿 만일관록이아니면<br>必生貴子 반드시귀자를낳는다 | 財星隨身 재성이몸에따르니<br>求財如意 재물을구하면여의하다 |
| 二月 | 君臣和合 군신이화합하니<br>皇恩自得 황은을스스로얻는다 | 事業成就 사업을성취하니<br>財帛陳陳 재백이진진하다 | 百事雖吉 백사는비록길하나<br>火災愼之 화재를조심하라 |
| 三月 | 家庭之憂 가정의근심은<br>或有膝下 혹슬하에있다 | 吉日令辰 길한날좋은때에<br>致誠家神 가신에게치성하라 | 若擇眞人 만일진인을가리려면<br>金姓最吉 금성이가장길하다 |
| 四月 | 四野回春 사야에봄이돌아오니<br>草木更生 초목이다시산다 | 莫向北方 북방에향하지마라<br>損財不免 손재를면하지못한다 | 預先度厄 미리도액하라<br>妻宮有厄 처궁에액이있다 |
| 五月 | 意外功名 뜻밖에공명하니<br>名振四方 이름이사방에떨친다 | 利財外方 이가외방에있으니<br>出行得財 출행하면재물을얻는다 | 財物豊富 재물이풍부하니 사람<br>人多敬我 이많이나를공경한다 |
| 六月 | 虛中得實 헛된가운데실상을얻으<br>財祿興旺 니재록이흥왕한다 | 貴人來助 귀인이와서도우니<br>必是成功 반드시성공한다 | 勿爲急圖 급히도모하지마라 길<br>吉事反害 한일이도리어해롭다 |
| 七月 | 運數大通 운수가대통하니<br>百事如意 백사가여의하다 | 到處有財 도처에재물이있으니<br>財祿陳陳 재록이진진하다 | 若非官祿 만일관록이아니면<br>子孫榮華 자손에영화가있다 |
| 八月 | 南方有吉 남방에길함이있으니<br>謀事速成 꾀하는일을속히이룬다 | 意外功名 뜻밖에공명하니<br>到處有權 도처에권리가있다 | 出入東方 동방에출입하면<br>事事有光 일마다빛이있다 |
| 九月 | 命在權威 명에권위가있으니<br>腰帶黃金 허리에황금을띤다 | 祿重名高 녹이중하고이름이높으<br>意氣男兒 니의기남아다 | 魚遊碧海 고기가벽해에노니<br>意氣洋洋 의기양양하다 |
| 十月 | 與友登樓 친구와더불어누에오르<br>致賀紛紛 니치하가분분하다 | 事事如意 일마다여의하고<br>慶事彬彬 경사가빈빈하다 | 花開月明 꽃이피고달이밝으니<br>壽福綿綿 수복이면면하다 |
| 十一月 | 一朝狂風 하루아침광풍에<br>落花紛紛 낙화가분분하다 | 預爲祈禱 미리기도하라<br>膝下有憂 슬하에액이있다 | 莫近親人 친한사람을가까이마라<br>失敗之數 실패할수다 |
| 十二月 | 喜信來到 기쁜서신이와서이르니<br>必有喜事 반드시기쁜일이있다 | 財在外方 재물이외방에있으니<br>出入可得 출입하여얻는다 | 小得多用 조금얻고많이쓰니<br>此亦年運 이것도연운이다 |

# 七五三

☶☷ 蠱之蒙

【註解】有吉無凶處之象

【卦象】一渡長江 非淺非深

【해왈】 길흉이 상반하다 장사하면 재물을 얻을 것이다 귀한 아들을 낳고 가정이 화평한 괘

**卦辭**

一渡長江 한번장강을건너니
非淺非深 얕지도않고깊지도않다

三秋之數 삼추의운수는
財旺南方 재물이남방에왕성한다

物盛則衰 물건이성하면쇠함은
理所固然 이치의당연함이다

春和日暖 봄이화하고날이따뜻한
家有慶事 데 집안에경사가있다

勿問財數 재수를묻지마라
得而多損 얻어서많이손한다

飛雁含蘆 나는기러기갈대를물고
背暗向明 어둠에서밝음을향한다

三春之數 삼춘의운수는
口舌愼之 구설을조심하라

今年之數 금년의운수는
勿建家宅 집을짓지마라

窮達由人 궁달은사람에게있고
富貴在天 부귀는하늘에있다

**正月**

一喜一悲 한번기쁘고한번슬프니
吉凶相半 길흉이상반한다

莫近木姓 목성을가까이마라
不利之數 불리할수다

言語愼重 말을신중히하라
口舌可畏 구설이두렵다

**二月**

險程已過 험한길을이미지나니
前程有順 전정에순함이있다

雖有勞苦 비록노고는있으나 꾀
謀事必成 하는일을반드시이룬다

幸逢貴人 다행히귀인을만나니
可得大財 큰재물을얻는다

**三月**

朱雀發動 주작이발동하니
必有口舌 반드시구설이있다

莫聽人言 남의말을듣지마라 길
吉變爲凶 함이변하여흉하게된다

凡事如意 범사가여의하니
心神自安 마음이편안하다

**四月**

心與事合 마음과일이합하니
諸事可成 모든일을이룬다

財在南方 재물이남방에있으니
求而可得 구하면얻는다

東山花發 동산에꽃이피니
蜂蝶探香 봉접이향기를탐한다

**五月**

得而反失 얻고도리어잃으니
徒傷心中 한갓심중이상한다

財數論之 재수를의논하면 처음
初吉後凶 은길하나뒤에흉하다

心神不安 심신이불안한데
又何口舌 또무슨구설인고

**六月**

在家則吉 집에있으면길하고
出行有害 출행하면해가있다

雖有生財 비록생재는있으나 먼
先得後失 저는얻고뒤에는잃는다

東方不利 동방이불리하니
勿爲出行 출행하지마라

**七月**

勿貪外財 외재를탐하지마라
反爲損財 도리어손재한다

財旺北方 재물은북방에왕성하고
事有西方 일은서방에있다

勿建家宅 집을세우지마라
不利之數 불리하다

**八月**

或有疾病 혹질병이있으나
即時退去 즉시물러간다

若無妻憂 만일아내에근심이없으
膝下之厄 면 슬하에근심이있다

愼之西人 서쪽사람을삼가라
有名無實 이름은있고실상은없다

**九月**

時運逢吉 시운이길함을만났으니
事事如意 일마다여의하다

勿貪虛慾 허욕을탐하지마라
不利於財 재물에불리하다

西方有吉 서방에길함이있으니
求財可得 재물을구하면얻는다

**十月**

商路得財 장사길에재물을얻으니
必是米穀 필시미곡이라

或有官祿 혹관록이있거든
勿爲退職 퇴직하지마라

靜則無益 고요하면유익이없으며
動則滿利 동하면이가가득하다

**十一月**

出路有險 길에나서험함을만나니
欲行不進 가려하나나가지못한다

凡事可愼 범사를삼가라
或有災禍 혹재화가있다

雖有得財 비록재물은얻으나
疾病侵身 질병이몸에침노한다

**十二月**

枯木逢春 고목이봄을만나니
花開葉茂 꽃이피고잎이무성하다

西方來人 서방으로오는사람을
善交得利 잘사귀면이를얻는다

財數亨通 재수가형통하니
凶中有吉 흉한가운데길함이있다

## 七六一

蒙之損

【註解】先得後失하니 無益之象이라

【卦象】一人之害 及於百人

【해왈】 한사람의 해로 인하여 여러 사람이 해를 입게 되니 이런 신세를 어느 곳에 용납할고 모든 일을 조심하지 아니하면 재앙을 면하기 어려운 괘

**卦辭**
一人之害 及於百人 한사람의 해가 백사람에게 미친다
雖有謀計 不中奈何 비록 모계는 있으나 맞지 아니하니 어찌할고
打起鷗鷺 鴛鴦分散 구로를 쳐서 일으키니 원앙이 흩어진다
失物有數 盜賊愼之 실물수가 있으니 도둑을 조심하라
若不謹愼 災厄不免 만일 근신하지 않으면 재액을 면하지 못한다
勿近女色 不利於身 여색을 가까이 마라 몸에 이롭지 못하리라
有形無形 後悔無益 유형무형하니 후회하나 유익이 없다
若非服制 膝下有厄 만일 복제가 아니면 슬하에 액이 있다
在外無益 不如歸家 밖에 있어 이익이 없으니 집에 돌아감만 못하다

**正月**
有志未就 徒傷中心 뜻은 있으나 이루지 못하니 한갓 중심만 상한다
勿交水姓 自然有害 수성을 사귀지 마라 자연히 해가 있다
若無服制 孫厄難免 만일 복제가 아니면 손자의 액을 면하기 어렵다

**二月**
家人不和 家庭風波 집안사람이 불화하니 가정에 풍파가 있다
莫向水邊 損財之數 물가를 향하지 마라 손재할 수다
雖有求事 赤手奈何 비록 일을 구하나 적수라 어찌할고

**三月**
時運不利 有勞無功 시운이 불리하니 수고하나 공이 없다
莫出凶計 害及於身 흉한 계교를 내지 마라 해가 몸에 미친다
被害他人 出行北方 타인에게 해를 입을 것이니 북방으로 출행하라

**四月**
年運不利 祈禱則吉 연운이 불리하니 기도하면 길하다
勿爲輕言 不利之數 경솔한 말을 마라 불리할 수다
雖有憤事 忍之爲德 비록 분한 일이 있어도 참는 것이 덕이 된다

**五月**
若非移徙 憂苦難免 만일 이사하지 아니하면 우고를 면하기 어렵다
吉地移居 福祿自來 좋은 땅에 옮겨 살면 복록이 스스로 온다
致誠家神 終有亨通 가신에게 기도하면 마침내 형통함이 있다

**六月**
事不稱心 常有煩悶 일이 마음에 맞지 아니하니 항상 번민이 있다
福星照門 危中有安 복성이 문에 비치니 위태한 중에 편함이 있다
先失後得 必有橫財 먼저는 잃고 뒤에 얻으니 반드시 횡재한다

**七月**
勿爲出路 疾病可畏 길에 나가지 마라 질병이 두렵다
妖鬼發動 妻憂何免 요귀가 발동하니 아내의 근심을 어찌 면할고
莫信他人 橫厄有數 타인을 믿지 마라 횡액수가 있다

**八月**
有事兩處 有疑未辨 일이 두곳에 있으니 의심이 있어 판단치 못한다
謹身安靜 必有成功 근신하여 안정하면 반드시 성공함이 있다
心勿太急 遲則有吉 마음을 급하게 마라 더디면 길함이 있다

**九月**
與人同事 被害不少 남과 동사하면 피해가 적지 않다
南方有吉 出行得利 남방에 길함이 있으니 출행하여 이를 얻는다
莫近喪家 疾病不利 상가집을 가까이 마라 질병으로 불리하다

**十月**
愼之盜賊 失物可畏 도둑을 조심하라 실물할까 두렵다
莫近親人 不利之數 친한 사람을 가까이 마라 불리할 수다
朴李兩姓 偶然害我 박가 이가 두 성은 우연히 나를 해한다

**十一月**
身在路上 勞苦誰堪 몸이 길 위에 있으니 노고를 견디기 어렵다
親友不利 愼之損財 친구가 불리하니 손재를 조심하라
時運不到 謀事不利 시운이 이르지 아니하니 일을 꾀하면 불리하다

**十二月**
朱雀暗動 口舌可畏 주작이 암동하니 구설이 두렵다
事有南北 喜憂相雜 일이 남북에 있는데 기쁨과 근심이 서로 섞인다
損財人離 每事難成 손재하고 사람 떠나니 매사를 이루기 어렵다

# 七六二

☶☵ ☶☷ 蒙之剝

【註解】 隨時有吉之意

【卦象】 隨時應物 到處有榮

【해왈】 높은 벼슬을 하여 군왕을 섬기니 일신이 안락하고 가는 곳마다 영화가 있고 국가가 태평하며 권리가 많고 귀자를 낳을 괘

| | | | |
|---|---|---|---|
| 卦辭 | 隨時應物 때를따라물건이응하니<br>到處有榮 도처에영화가있다 | 若逢貴人 만일귀인을만나면<br>功名遠播 공명이멀리퍼진다 | 隨人遠行 남을따라멀리가면<br>到處有吉 도처에길함이있다 |
| | 莫近女色 여색을가까이마라<br>疾病可畏 질병이두렵다 | 心無所定 마음에정한바가없으니<br>或東或西 혹동혹서한다 | 頭帶金冠 머리에금관을띠었으니<br>官祿隨身 관록이몸에따른다 |
| | 火熱鼎底 불이솥밑을사르니<br>調和五味 다섯가지맛이고르다 | 雨順風調 비가순하고바람이고르<br>萬物蕃殖 니 만물이번식한다 | 吉人天佑 길한사람은하늘이돕나<br>終必大亨 니마침내크게형통한다 |
| 正月 | 到處有財 도처에재물이있으니<br>財祿隨身 재록이몸에따른다 | 可得功名 가히공명을얻으니<br>官祿臨身 관록이몸에임한다 | 財星逢吉 재성이길함을만나니<br>財帛陳陳 재백이진진하다 |
| 二月 | 名利俱吉 명리가다길하나<br>手弄千金 손으로천금을희롱한다 | 幸逢明君 다행히밝은임금을만나<br>財產興旺 니 재산이흥왕한다 | 良友滿堂 좋은벗이집에가득하고<br>酒肴豐滿 술과안주가풍만하다 |
| 三月 | 手執貴文 손에귀한문서를잡았으<br>以考百姓 니 백성을상고한다 | 一身榮貴 일신이영귀하니<br>所望如意 소망이여의하다 | 西北兩方 서북양방에<br>必有財旺 반드시재물이왕성한다 |
| 四月 | 東園紅桃 동원의홍도가 꽃이떨<br>花落結實 어지고열매를맺는다 | 若非產慶 만일생산할경사가아니<br>人口增加 면 식구를더한다 | 虛荒之事 허황한일은<br>愼勿行之 삼가행하지마라 |
| 五月 | 身數無缺 신수의흠은없으나<br>勞苦甚多 노고는심히많다 | 莫恨勞苦 노고함을한하지마라먼<br>先苦後吉 저는흉하고뒤에길하다 | 西方貴人 서방의귀인이<br>偶來助我 우연히와서나를돕는다 |
| 六月 | 口舌多端 구설이많고<br>官災可畏 관재가두렵다 | 莫近女色 여색을가까이마라<br>疾病侵身 질병이몸에침노한다 | 人皆致賀 사람이다치하하나<br>有名無實 이름은있고실상은없다 |
| 七月 | 財祿俱興 재록이다일어나니<br>金玉滿堂 금옥이만당하다 | 先困後吉 먼저곤하고뒤에형통하<br>可得大財 니반드시재물을얻는다 | 若非身病 만일신병이아니면<br>膝下有厄 슬하에액이있다 |
| 八月 | 沼魚出海 소어가바다에나가니<br>意氣洋洋 의기양양하다 | 若非科甲 만일과거가아니면<br>可得財物 재물을가히얻는다 | 財帛滿堂 재백이만당하니<br>一室和氣 한집이화기롭다 |
| 九月 | 身運通泰 신운이통태하니<br>到處有財 도처에재물이있다 | 財物豐滿 재물이풍만하니<br>家道中興 가도가중흥한다 | 財星隨身 재성이몸에따르니<br>手弄千金 손으로천금을희롱한다 |
| 十月 | 身上無憂 신상에근심이없으니<br>安處太平 편한곳에서태평하다 | 官鬼暗動 관귀가암동하니<br>出行有害 출행하면해가있다 | 莫向酒家 술집에향하지마라<br>橫厄可侵 횡액이침노한다 |
| 十一月 | 春風到處 춘풍이이르는곳에<br>萬物回生 만물이회생한다 | 若非折桂 만일과거가아니면<br>必然生男 반드시생남한다 | 若非如此 만일이같지않으면<br>移居外方 외방으로이사한다 |
| 十二月 | 凶中得吉 흉한중에길함을얻으니<br>轉禍爲福 화가옮겨복이된다 | 莫交水姓 수성을사귀지마라<br>必有不利 반드시불리함이있다 | 南方有害 남방이해로우니<br>張李害我 장가이가나를해한다 |

# 七六三

☶☵ ☶☴ 蒙之蠱

【註解】

有大利之象

【卦象】

飛龍在天
利見大人

【해왈】

높은 벼슬하여 대관이 되어 군왕을 섬기니 일신이 평안하고 귀자를 낳을 패

| | | | |
|---|---|---|---|
| 卦辭 | 飛龍在天 나는용이하늘에있으니 | 若逢貴人 만일귀인을만나면 | 七八兩月 칠월과팔월에는 |
| | 利見大人 큰사람을보아야이롭다 | 一身自安 몸이편안하리라 | 勿失好期 좋은기회를잃지마라 |
| | 若非家慶 만일집안경사가아니면 | 花林深處 꽃수풀깊은곳에서 | 吉星助我 길성이나를도우니 |
| | 移徙之數 이사할수다 | 佳人招配 가인이짝을부른다 | 名播四方 이름이사방에퍼진다 |
| | 枯木朽株 마른나무썩은등걸에 | 哲人知命 철인은명을아는지라 | 日麗中天 해가중천에걸리니 |
| | 新葉更生 새잎이다시난다 | 守分則安 분수를지키면편안하다 | 萬象咸照 만상이모두빛난다 |
| 正月 | 官居得財 벼슬하면재물을얻고 | 不意之時 뜻하지아니한때에 | 有財何處 재물은어디에있는고 |
| | 商則得利 장사하면이를얻는다 | 貴人來助 귀인이와서돕는다 | 必有西方 반드시서방에있다 |
| 二月 | 財穀豊滿 재물과곡식이풍만하고 | 皇恩自得 황은을스스로얻으니 | 財帛綿綿 재백이면면하니 |
| | 家有榮華 집에영화가있다 | 官祿隨身 관록이몸에따른다 | 太平之象 태평한기상이다 |
| 三月 | 財運旺盛 재운이왕성하니 | 金玉滿堂 금옥이만당하니 | 若非橫財 만일횡재가아니면 |
| | 勿失此期 이기회를잃지마라 | 喜滿家庭 기쁨이가정에가득하다 | 膝下有榮 슬하에영화가있다 |
| 四月 | 有財多權 재물도있고권리도많으 | 財在南方 재물이남방에있으니 | 利在遠方 이가원방에있는데 |
| | 人多仰視 니사람이많이앙시한다 | 必得大財 반드시큰재물을얻는다 | 朴金有吉 박가김가에길함이있다 |
| 五月 | 家運旺盛 가운이왕성하니 | 常時積德 상시에덕을쌓으니 반 | 其性有情 그성품이유정하니 |
| | 喜事重重 기쁜일이중중하다 | 必有餘慶 드시나머지경사가있다 | 貴人來助 귀인이와서돕는다 |
| 六月 | 好雨知時 좋은비가때를아니 | 致誠家神 가신에게치성하라 | 若非妻憂 만일아내의근심이아니 |
| | 百穀豊登 백곡이풍등하다 | 或有身憂 혹몸에근심이있다 | 兄弟之厄 면 형제의액이있다 |
| 七月 | 祿重名高 녹이중하고이름이높으 | 東方來人 동방으로오는사람이 | 居家不安 집에있으면불안하고다 |
| | 萬人仰視 니 만인이앙시한다 | 偶然助我 우연히나를돕는다 | 出他心安 른데가면마음이편하다 |
| 八月 | 謀事如意 꾀하는일이여의하고 | 利在文書 이가문서에있으니 | 貴人來助 귀인이와서도우니 |
| | 求財必得 재물을구하면얻는다 | 手弄千金 손으로천금을희롱한다 | 所望如意 소망이여의하다 |
| 九月 | 有財難得 재물은있으나얻기어려 | 東南不利 동남이불리하니 | 若非如此 만일이같지않으면 |
| | 安靜則吉 우니 안정하면길하다 | 勿爲出行 출행하지마라 | 或有膝憂 혹아환이있다 |
| 十月 | 如干財數 여간재수는 먼저는얻 | 運數漸回 운수가점점돌아오니 | 與人同事 남과동사하면 |
| | 先得後失 고뒤에는잃는다 | 出行可得 출행하여얻는다 | 其利不少 그이가적지않다 |
| 十一月 | 威振四方 위엄이사방에떨치니 | 財星隨身 재성이몸에따르니 | 祈禱佛前 불전에기도하면 |
| | 必得財利 반드시재리를얻는다 | 可得千金 가히천금을얻는다 | 必有慶事 반드시경사가있다 |
| 十二月 | 名高財旺 이름높고재물이왕성하 | 一身榮貴 일신이영귀하니 | 愼之親人 친한사람을조심하라 |
| | 可謂男兒 니 가위남아이다 | 世事太平 세상일이태평하다 | 不利其事 그일에불리하다 |

# 八一一

☷☷ 泰之升
☰☴

【註解】前進通達之意

【卦象】萬里長空 日月明朗

【해왈】모든재앙은어느듯다없어지고 가정이안락하며 복록이돌아오니 만사가마음과같이되어가는괘

| | | | |
|---|---|---|---|
| 卦辭 | 萬里長空 日月明朗 다티장공에 일월이명랑하다<br>若非添口 功名之數 만일식구를더하지않으면 공명할수다<br>猛虎負岩 神劍化龍 맹호가바위를억지하고 신검이화하여용이된다 | 碧桃花間 蜂蝶來喜 벽도꽃사이에 봉접이와서기뻐한다<br>災消福來 無雙福祿 재앙이사라지고복이오니 복록이무쌍하리라<br>掘地見水 掬土爲山 땅을파서물을보고 흙을움키어산을만든다 | 君臣善良 百姓自安 임금과신하가착하니 백성이스스로편안하다<br>今年之數 自然安樂 금년의운수는 자연히안락하리라<br>指東指西 南方最吉 동도가리키고서도가리키니남방이가장길하다 |
| 正月 | 謀事如意 必有財旺 꾀하는일이여의하니 반드시재물이왕성한다 | 福祿俱興 子孫榮貴 복록이같이일어나고 자손이영귀한다 | 災去福來 百事如意 재앙이가고복이오니 백사가여의하다 |
| 二月 | 龍得明珠 造化不測 용이밝은구슬을얻었으니 조화가불측하다 | 身數大吉 財福自來 신수가대길하니 재복이스스로온다 | 時運興旺 必是成功 시운이왕성하니 필시성공한다 |
| 三月 | 黃龍得水 魚遊春水 황룡이물을얻고 고기가봄물에논다 | 意外功名 榮華之數 뜻밖에공명하니 영화할수다 | 東南有吉 喜事重重 동남에길함이있으니 기쁜일이중중하다 |
| 四月 | 事事如意 廣置田庄 일마다여의하니 널리전장을장만한다 | 若非如此 添口之數 만일이같지않으면 식구가늘수다 | 小求大得 必然富貴 적은것을구하다큰것을 얻으니반드시부귀한다 |
| 五月 | 東西有家 必得小妾 동서에집이있으니 반드시소첩을얻는다 | 家產興旺 心神安樂 가산이흥왕하니 심신이안락하다 | 愼之木姓 被害不少 목성을조심하라 해입음이적지않다 |
| 六月 | 身數旺盛 身上無災 신수가왕성하니 신상에재앙이없다 | 入山求兎 終時可得 산에들어가토끼를구하니 마침내얻는다 | 諸事可成 利在田庄 모든일을이루니 이가전장에있다 |
| 七月 | 到處用權 謀事多端 도처에권리를쓰니 꾀하는일이많다 | 若非如此 虛送歲月 만일이같지않으면 허송세월한다 | 西方之人 近則損財 서방사람은 가까이하면손재한다 |
| 八月 | 若非生男 必然橫財 만일생남하지아니하면 반드시횡재한다 | 莫信人言 損財之數 남의말을믿지마라 손재할수다 | 財在北方 宜行北方 재물이북방에있으니 마땅히북방으로행하라 |
| 九月 | 財在路上 出路可得 재물이노상에있으니 길에나가서얻는다 | 草木逢雨 憂散喜生 초목이비를만났으니근심흩어지고기쁨생긴다 | 事事如意 財物自到 일마다여의하니 재물이스스로이른다 |
| 十月 | 東風細雨 萬山花發 동풍세우에 만산에꽃이핀다 | 財在北方 出求多得 재물이북방에있으니 나가구하면많이얻는다 | 莫近喪家 素服可畏 상가에가까이마라 소복이두렵다 |
| 十一月 | 井魚出海 意氣活潑 우물고기가바다에나가니 의기가활발하다 | 吉神助我 萬事有吉 길신이나를도우니 만사가길하다 | 莫親土姓 口舌難免 토성을친하지마라 구설을면하기어렵다 |
| 十二月 | 吉星常照 必有吉慶 길성이항상비치니 반드시경사가있다 | 若非慶事 財數旺盛 만일경사가아니면 재수가왕성한다 | 莫出遠方 疾病可畏 원방에가지마라 질병이두렵다 |

# 八一二

䷊ ䷣ 泰之明夷

【註解】有順通達之意니 不傷其身이로다

【卦象】入水不溺 入火不傷

【해왈】운수가 대길하니 재수가 대통하여 재물을 마음대로 취하여도 시비하는 사람이 없고 태평한 괘

| | | | |
|---|---|---|---|
| 卦辭 | 入水不溺 入火不傷<br>물에들어도빠지지않고 불에들어도상치않는다 | 到處有吉 出入得財<br>도처에길함이있으니 출입하여재물을얻는다 | 財星隨身 橫財之數<br>재성이몸에따르니 횡재할수다 |
| | 財旺北方 海物生財<br>재물이북방에왕성한데 해물로생재하리라 | 隨時而動 必有成功<br>때를따라동하니 반드시성공한다 | 今年之數 女色愼之<br>금년의운수는 여색을조심하라 |
| | 蒼松綠竹 不變其節<br>창송과녹죽이 그절개를변치않는다 | 一心不懈 必成大功<br>일심으로게을리아니하면 반드시공을이루리라 | 並州雖樂 不可久住<br>병주가비록즐거우나 오래머물지못한다 |
| 正月 | 到處無害 身數泰平<br>도처에해가없으니 신수가태평하다 | 凶化爲吉 先凶後吉<br>흉함이변하여길하게되니 먼저흉하고뒤에좋다 | 心勿太急 遲則成事<br>마음을급하게하지마라 더디면성사한다 |
| 二月 | 月出東天 明朗世界<br>달이동천에나오니 명랑한세계로다 | 東風細雨 草木茂盛<br>동풍세우에 초목이무성하다 | 財在西方 出求可得<br>재물이서방에있으니 나가서구하면얻는다 |
| 三月 | 有人多助 必是成功<br>많이돕는사람이있으니 반드시성공한다 | 事事如意 終時亨通<br>매사가여의하니 마침내형통한다 | 中心堅固 何事不成<br>중심이단단하니 무슨일이든지못하겠는가 |
| 四月 | 天佑地助 萬事如意<br>하늘이돕고땅이도우니 만사가여의하다 | 木姓不利 莫交遠之<br>목성이불리하니 사귀지말고멀리하라 | 意外橫財 人多欽仰<br>뜻밖에횡재하니 사람이많이흠앙한다 |
| 五月 | 三春已過 探花無益<br>삼춘이이미지났으니 꽃을찾는게무익하다 | 若非服制 身厄可慮<br>만일복제가아니면 신액이두렵다 | 中心不堅 每事多滯<br>중심이단단치못하니 매사에막힘이있다 |
| 六月 | 心無所主 謀事不成<br>마음이주장한바가없으니 꾀하는일을못이룬다 | 吉人反害 好事多魔<br>길인이도리어해하니 좋은일에마가많다 | 家運不利 疾病可侵<br>가운이불리하니 질병이침노한다 |
| 七月 | 池渴無水 池魚受困<br>못이마르고물이없으니 못고기가곤함을받는다 | 祈禱佛前 疾病可畏<br>불전에기도하라 질병이두렵다 | 利在何方 東西有吉<br>이는어느방위에있는고 동서에길함이있다 |
| 八月 | 利在賣買 商路得財<br>이가매매하는데있으니 장사로재물을얻는다 | 南方貴人 偶來助我<br>남방의귀인이 우연히와서나를돕는다 | 改舊從新 大財難得<br>옛것을고쳐새것을좇으니 큰재물은얻기어렵다 |
| 九月 | 居家無益 出他則吉<br>집에있으면무익하니 다른데나가면길하다 | 家有吉慶 必是生子<br>집에경사가있으니 반드시아들을낳는다 | 閑處有財 利見山水<br>한가한곳에재물이있으니 이가산수에있다 |
| 十月 | 奔走東西 得失相半<br>동서로분주하나 얻고잃는것이상반하다 | 妖鬼暗動 疾病不離<br>요귀가암동하니 질병이떠나지않는다 | 莫近女色 陰事不利<br>여색을가까이하지마라 음사에불리하다 |
| 十一月 | 身數泰平 一家平安<br>신수가태평하고 한집안이평안하다 | 凡事無計 成功可難<br>범사에계교가없으니 성공이어렵다 | 愼之親人 被害難免<br>친한사람을조심하라 피해를면하기어렵다 |
| 十二月 | 謹愼守分 利在其中<br>근신하여분수를지키면 이가그가운데있다 | 一家和平 子孫榮貴<br>집안이화평하고 자손이영귀하다 | 大財難望 小財可得<br>큰재물은바라기어렵고 작은재물은가히얻는다 |

# 八一三

泰之臨

【註解】 有吉通達之意니 必有亨通이라

【卦象】 凶方宜避 吉方宜隨

【해왈】 흉한방위를 피하고 길한방위를 찾으니 가정이 편안하고 이사를 하든지 다른데 가면 길할 패

| | | | |
|---|---|---|---|
| 卦辭 | 凶方宜避 吉方宜隨 흉방은 마땅히 피할 것이요 길방은 마땅히 따르라 | 種竹成籬 生活泰平 대를 심어 울을 이루니 생활이 태평하다 | 財穀滿庫 衣食豐足 재물과 곡식이 창고에 가득하니 의식이 풍족하다 |
| | 四野回春 桃李爭春 사야에 봄이 돌아오니 도리가 봄을 다툰다 | 財在北方 出則入手 재물이 북방에 있으니 나가면 손에 들어온다 | 今年之數 移徙有吉 금년의 운수는 이사하면 길하리라 |
| | 幸逢貴人 趨拜丹闕 다행히 귀인을 만나서 추창하여 단궐에 절하다 | 福祿千鍾 萬事如意 천종록을 누리니 만사가 여의하다 | 若不勤力 善福何期 부지런히 힘쓰지 않으면 수와 복을 어찌 기약하랴 |
| 正月 | 持善遠惡 凶人在近 착한 것을 갖고 악을 멀리하나 흉인이 가까이 있다 | 進退可知 庶免此數 진퇴를 가히 아나 거의 이수를 면한다 | 待時以動 終見吉利 때를 기다려 동하면 마침내 길리를 보리라 |
| 二月 | 吉在何方 必是西方 길함은 어디에 있는고 필시 서방이다 | 善交火姓 我事有吉 화성을 잘 사귀면 나의 일에 길하다 | 不發虛慾 反爲損財 허욕을 발하지 마라 도리어 손재한다 |
| 三月 | 財在東方 出求多得 재물이 동방에 있으니 가서 구하면 많이 얻는다 | 雖有得財 口舌少有 비록 재물은 얻으나 구설이 조금 있다 | 莫向技場 成敗多端 잡기판에 가지 마라 성패가 많다 |
| 四月 | 青龍登天 造化無雙 청룡이 하늘에 오르니 조화가 무쌍하다 | 若不勤力 不得成功 만일 부지런히 힘쓰지 않으면 성공을 얻지 못한다 | 勿爲他營 必有失敗 다른 경영을 하지 마라 반드시 실패가 있다 |
| 五月 | 勿爲改業 必是虛荒 업을 고치지 마라 반드시 허황하다 | 凡事愼之 損財多端 범사를 조심하라 손재가 많다 | 莫近酒色 必有大害 만일 주색을 가까이하면 반드시 큰 해가 있다 |
| 六月 | 智謀兼全 必是成功 지모가 겸전하니 반드시 성공한다 | 有財有權 仁聲通隣 재물과 권리가 있으니 어진 소리가 이웃을 통한다 | 待時以動 吉無不利 때를 기다려 동하면 길하여 이롭지 못함이 없다 |
| 七月 | 吉地移居 必有得利 좋은 땅으로 이사하면 반드시 이를 얻는다 | 家庭和平 事事亨通 가정이 화평하니 일마다 형통한다 | 東方有吉 求得必得 동방에 길함이 있으니 구하면 얻으리라 |
| 八月 | 若非移基 妻憂何免 만일 이사하지 아니하면 아내의 근심을 어찌할고 | 南方有害 出行不利 남방에 해가 있으니 출행하면 불리하다 | 七八之月 先困後吉 칠월과 팔월에 먼저 곤하고 뒤에 길하다 |
| 九月 | 貴人來助 財福自來 귀인이 와서 도우니 재복이 스스로 온다 | 木姓不利 火姓有吉 목성은 불리하고 화성은 길하다 | 經營順成 積財如山 경영을 순성하니 재물 쌓은 것이 산 같다 |
| 十月 | 東南兩方 勿謀取利 동남 양방에 취리를 꾀하지 마라 | 財利俱興 心神和平 재리가 다 일어나니 심신이 화평하다 | 身旺財旺 泰平之數 몸도 왕성하고 재물도 왕성하니 태평할 수로다 |
| 十一月 | 臨津無船 何而渡江 나루를 임하여 배가 없으니 어찌 강을 건널고 | 莫行酒家 有損無益 술집에 가지 마라 손은 있고 이는 없다 | 明月紗窓 良友來尋 밝은 달 사창에 좋은 벗이 와서 찾는다 |
| 十二月 | 祿重名高 一身榮貴 녹이 중하고 이름이 높으니 일신이 영귀하다 | 莫近女色 女人害我 여색을 가까이 마라 여인이 나를 해한다 | 貴人恒助 榮華彬彬 귀인이 항상 도우니 영화가 빈빈하다 |

# 八二一

☷☱ ☷☵ 臨之師

【註解】 心高有通達之意

【卦象】 乘龍乘虎 變化無雙

【해왈】 좋은 기회를 얻어 활동하니 변화가 무쌍하고 일을 하여도 공은 없으며 슬픈 소리를 들으니 자연 희심이 나고 늦게 대길할 괘

| | | | |
|---|---|---|---|
| 卦辭 | 乘龍乘虎 變化無雙 용을타고범을타니 변화가무쌍하다 | 掘井見水 勞後有得 우물을파서물을보니 수고한뒤에얻는다 | 種竹待林 何時來吉 대를심어수풀을기다리니 어느때에길함이올고 |
| | 莫與人爭 恐或官訟 남과다투지마라 혹관송이있을까두렵다 | 三春之數 財數大吉 삼춘의운수는 재수가대길하리라 | 枯木逢春 千里有光 고목이봄을만나니 천리에빛이있다 |
| | 金玉滿堂 玉樹鱗鱗 금옥이만당하니 옥수가인린하도다 | 紅杏花下 偶逢佳人 붉은살구꽃아래에서 우연히가인을만난다 | 金冠玉帶 趨拜鳳闕 금관옥대로 봉궐에추배한다 |
| 正月 | 百穀豐登 人人自樂 백곡이풍등하니 사람마다스스로즐긴다 | 家人和合 福祿自來 집안사람이화합하니 복록이스스로온다 | 貴人助我 財利可得 귀인이나를도우니 재리를얻는다 |
| 二月 | 飛來之福 偶然到家 날아오는복이 우연히집에이른다 | 到處有財 手入大財 도처에재물이있으니 큰재물이손에들어온다 | 春風暖和 四面花山 춘풍이온화하니 사면이꽃산이다 |
| 三月 | 勤苦十年 終見榮華 십년을근고하여 마침내영화를보도다 | 一身榮貴 財祿興旺 일신이영귀하니 재록이흥왕한다 | 皇恩自受 必是官祿 황은을스스로받으니 필시관록이다 |
| 四月 | 運數興旺 陰謀有吉 운수가흥왕하니 음모에도길함이있다 | 莫貪浮財 小求大失 뜬재물을탐하지마라 소를구하려다대를잃는다 | 此月之數 官事無益 이달의운수는 관사에무익하다 |
| 五月 | 居家不利 出門何向 집에있어불리하면 문을나서어디로행할고 | 莫近他人 損害難免 타인을가까이마라 손해를면하기어렵다 | 運數不利 事有遲滯 운수가불리하니 일에지체됨이있다 |
| 六月 | 吉運漸回 事事成就 길운이점점돌아오니 일마다성취한다 | 若非官祿 膝下有榮 만일관록이아니면 슬하에영화가있다 | 魚遊碧海 意氣洋洋 고기가벽해에노니 의기가양양하다 |
| 七月 | 臨津無船 空然嘆息 나루를임하여배가없으니 공연히한탄한다 | 愼之金姓 偶然口舌 금성을조심하라 우연히구설이있다 | 若非移居 出行則吉 만일이사아니하면 출행하는것이좋다 |
| 八月 | 兄弟之間 家有憂患 형제지간에 집에우환이있다 | 若非如此 家母有憂 만일이같지않으면 가모의근심이있다 | 此月之數 服制可慮 이달의운수는 복제가두렵다 |
| 九月 | 運數亨通 一家平安 운수가형통하니 한집안이편안하다 | 人口增進 廣置田庄 인구가늘고 널리전장을둔다 | 金姓可親 謀事順成 금성을친하면 꾀하는일을순성한다 |
| 十月 | 經營之事 必有成事 경영하는일은 반드시성사한다 | 財在路上 出行得財 재물이노상에있으니 출행하면재물을얻는다 | 若行東方 凡事如意 만일동방으로가면 범사가여의하다 |
| 十一月 | 若爲改業 財福豐滿 만일업을고치면 재복이풍족하다 | 飛龍在天 雲行雨施 날으는용이하늘에있으니 구름이가고비가온다 | 吉星照身 官祿隨身 길성이몸을비치니 관록이몸에따른다 |
| 十二月 | 守家無益 出他有益 집을지키면무익하고 출타하면유익하다 | 莫近酒色 凡事可成 주색을가까이말면 범사를이룬다 | 心固修德 終時無咎 마음을굳게하고덕을닦으면 종시허물이없다 |

# 八二二

☷☷ 臨

☷☳ 之復

【註解】 大而有吉하니 必有光明之意

【卦象】 三陽漸生 萬物生榮

【해왈】 운수 대통하여 귀자를 낳으니 한가정의 영화요 천한 사람이 귀히 되고 빈한 자가 부자되니 재수가 대통한 괘

| | | | |
|---|---|---|---|
| 卦辭 | 三陽漸生 萬物生榮 삼양이 점점 생하니 만물에 영화가 생긴다 | 雲歸月出 終見喜事 구름이 가고 달이 나오니 마침내 기쁜 일이 있다 | 小往大來 積小成大 작게 가고 크게 오니 작은 것을 쌓아 큰 것을 이룬다 |
| | 雖有財旺 用處多端 비록 재물이 왕성하나 쓸 곳이 많다 | 三春之數 吉多凶少 삼춘의 운수는 길함은 많고 흉함은 적다 | 今年之數 必有財旺 금년의 운수는 반드시 재물이 왕성한다 |
| | 五穀豐登 穰穰滿家 오곡이 풍등하니 양양하여 집에 가득하다 | 財交逢旺 財如邱山 재효가 왕기를 띠었으니 재물이 구산 같다 | 水陸經營 手弄千金 수륙으로 경영하니 손으로 천금을 회롱한다 |
| 正月 | 上下和合 泰平之數 상하가 화합하니 태평할 수다 | 若非得財 一身榮財 만일 재물을 얻지 않으면 일신이 영귀하리라 | 運數大吉 萬事如意 운수가 대길하니 만사가 여의하다 |
| 二月 | 誠心謀事 必是成事 성심으로 일을 꾀하면 필시 성사하리라 | 小求大得 必有亨通 적게 구하려다 크게 얻으니 반드시 형통한다 | 人口增加 諸事可成 인구를 더하고 모든 일을 이룬다 |
| 三月 | 幸逢貴人 祿重名高 다행히 귀인을 만나면 녹이 중하고 이름이 높다 | 木姓可親 必得大財 목성을 친하면 반드시 큰 재물을 얻는다 | 膝下有榮 財物興旺 슬하에 영화가 있으며 재물이 흥왕한다 |
| 四月 | 家運大吉 諸事有成 가운이 대길하니 모든 일에 이룸이 있다 | 春風暖和 到處花發 봄바람이 온화하니 도처에 꽃이 핀다 | 財在西南 出行得財 재물이 서남에 있으니 출행하면 재물을 얻는다 |
| 五月 | 雪裡得筍 出天之孝 눈속에서 대순을 얻으니 하늘이 낸 효도다 | 田庄多益 家道興旺 전장에 이익이 많고 가도가 흥왕한다 | 神靈助我 福祿常在 신령이 나를 도와주니 복록이 왕성한다 |
| 六月 | 秋菊春桃 各得其時 가을국화와 봄복숭아가 각각 그때를 얻는다 | 若非官祿 子孫榮華 만일 관록이 아니면 자손에 영화가 있다 | 若非如此 商業得利 만일 이같지 않으면 상업하여 득리하리라 |
| 七月 | 名泰身旺 閑處求財 이름이 크고 몸이 왕성하니 한처에서 재물구하다 | 身數不利 橫厄操心 신수가 불리하니 횡액을 조심하라 | 陰陽和合 四野回春 음양이 화합하니 사야에 봄이 돌아오도다 |
| 八月 | 淘沙取金 以小易大 모래를 일어 금을 취하니 작은 것으로 큰 것을 바꾼다 | 若非慶事 或有口舌 만일 경사가 아니면 혹 구설이 있다 | 事事如意 喜滿家庭 일마다 여의하니 기쁨이 가정에 가득하다 |
| 九月 | 上下相親 家道中興 위와 아래가 서로 친하니 가도가 중흥하다 | 財自天來 家給人足 재물이 하늘로부터 오니 집이 족하고 사람이 많다 | 愼之水姓 空然損財 수성을 조심하라 공연히 손재한다 |
| 十月 | 身數泰平 財物自到 신수가 태평하니 재물이 스스로 이른다 | 以小易大 諸事可成 작은 것으로 큰 것을 바꾸니 모든 일을 이룬다 | 莫信人言 損財難免 남의 말을 믿지 마라 손재를 면하기 어렵다 |
| 十一月 | 日暮江山 夕鳥投林 해가 강산에 저문데 잘새가 수풀에 든다 | 凡事順成 一家和氣 범사를 순성하니 한집의 화기다 | 枯木逢春 旱苗逢雨 고목이 봄을 만나고 가문 싹이 비를 만난다 |
| 十二月 | 災消福來 轉禍爲福 재앙이 가고 복이 오니 화가 옮겨 복이 된다 | 必受天福 財聚甚多 반드시 천복을 받으니 재물 모은 것이 심히 많다 | 利在西人 害在東方 이는 서쪽 사람에게 있고 해는 동쪽에 있다 |

# 八二三

☷☱ ☷☰ 臨之泰

【註解】

大通之意이니 往來之象이라

【卦象】

九秋霜降 落葉歸根

【해왈】

객지에서 고생하다가 공명하고 고향에 돌아오니 곤궁한 것은 면하기 어려우나 모든 일을 조심하면 낙이 되는 괘

| | | | | | | |
|---|---|---|---|---|---|---|
| 卦辭 | 九秋霜降 落葉歸根 | 구월에서리가내리니 낙엽이뿌리에떨어진다 | 離鄕貴客 錦衣還鄕 | 고향을떠난귀한손이성공해서고향에돌아온다 | 意外得財 富貴兼全 | 뜻밖에재물을얻으니 부귀를겸전한다 |
| | 吉變爲凶 妄動不利 | 길함이변하여흉함이되니 망동하면불리하다 | 初困後吉 晩時有光 | 처음은곤하고뒤에길하니 늦게야빛이있다 | 今年之數 安靜則吉 | 금년의운수는 안정하면길하다 |
| | 十年勤苦 榮華在今 | 십년을근고하니 영화가이제있다 | 元氣相生 百事流通 | 원기가서로생하니 백사가유통한다 | 劫殺來侵 失物愼之 | 겁살이와서침노하니 실물을조심하라 |
| 正月 | 天神助我 喜事重重 | 천신이나를도우니 기쁜일이중중하다 | 居家不安 出他有吉 | 집에있으면불안하고 다른데가면길하다 | 莫近金姓 偶然害我 | 금성을가까이마라 우연히나를해한다 |
| 二月 | 松林茂盛 百鳥來棲 | 송림이무성하니 백조가와깃들인다 | 貴人來助 利在其中 | 귀인이와서도우니 이가그가운데있다 | 財穀豊滿 一家泰平 | 재곡이풍만하니 한집안이태평하다 |
| 三月 | 穀雨霏霏 春花正開 | 곡우에비가비비하니 봄꽃이바로핀다 | 運數亨通 諸事可決 | 운수가형통하니 모든일을결단한다 | 一家泰平 百事順成 | 한집안이태평하니 백사를순성한다 |
| 四月 | 財星隨我 千金自得 | 재성이나를따르니 천금을스스로얻는다 | 財旺身旺 錦衣還鄕 | 재물과몸이왕성하니 금의환향한다 | 愼之金姓 有損無益 | 금성을조심하라 손은있고이익은없다 |
| 五月 | 吉星助我 必有成家 | 길성이나를도우니 반드시성가하리라 | 偶然之中 橫財豊饒 | 우연한가운데 횡재하여풍요하다 | 吉中有凶 服制可畏 | 길한중에흉이있으니 복제가두렵다 |
| 六月 | 親人愼之 一次相爭 | 친한사람을조심하라 한번서로다툰다 | 百事有吉 日致千金 | 백사가길하니 날로천금이이른다 | 預爲致誠 或有妻憂 | 미리치성하라 혹아내의근심이있다 |
| 七月 | 家人同心 謀事可成 | 집안사람이마음을같이하니 꾀하는일을이룬다 | 靈神助我 必有好事 | 영신이나를도우니 반드시좋은일이있다 | 木金之姓 空然害我 | 목성과금성은 공연히나를해한다 |
| 八月 | 若逢貴人 可得千金 | 만일귀인을만나면 천금을얻는다 | 若非橫財 膝下有榮 | 만일횡재하지않으면 슬하에영화가있다 | 財物興旺 可期富貴 | 재물이왕성하니 가히부귀를기약하리라 |
| 九月 | 意外得財 廣置田庄 | 뜻밖에재물을얻으니 널리전장을둔다 | 若逢貴人 官祿臨身 | 만일귀인을만나면 관록이몸에임한다 | 官鬼守路 遠行則害 | 관귀가길을지키니 원행하면해롭다 |
| 十月 | 桃花付竹 賴人成功 | 도화가대나무에붙으니 남의힘을입어성공한다 | 順水行舟 浪靜波平 | 순한물에배가가니 물결과파도가평평하다 | 利在外方 動則得財 | 재물이외방에있으니 동하면재물을얻는다 |
| 十一月 | 金冠玉帶 皇恩自得 | 금관과옥대로 황은을스스로얻는다 | 意外成功 功名遠播 | 뜻밖에성공하여 공명이멀리퍼진다 | 君子得祿 小人有咎 | 군자는녹을얻고 소인은허물이있다 |
| 十二月 | 高岡來鳳 太平之象 | 높은메에봉이오니 태평한기상이다 | 若非得財 生男之數 | 만일재물을얻지않으면 생남할수다 | 若無親憂 孫厄難免 | 만일부모의근심이없으면 손자의액을못면한다 |

# 八三一

明夷 之 ☷☷ ☲☳

【註解】 若有不正之心이면 吉變爲凶이라

【卦象】 入山修道 本性可見

【해왈】 조용한 곳을 취하니 세상 일이 꿈 같고 혼인하면 부부가 화락하여 경영하는 일이 여의할 괘

**卦辭**
入山修道 本性可見 산에들어도를닦으니 본천성을가히보리라
鳳棲梧桐 喜事重重 봉이오동에깃들이니 기쁜일이중중하다
有人多助 所望如意 사람이있어도우니 소망이여의하도다
在家則吉 遠行不利 집에있으면길하고 원행하면불리하다
家人和合 安過太平 집안사람이화합하니 편안하고태평하다
今年之數 婚姻最吉 금년의운수는 혼인하면대길하다
受天百祿 享之無窮 하늘의백록을받아서 누리니무궁하다
乘槎浮海 瑞風時吹 뗏목을타고바다에뜨니 상서바람이때로분다
晨鵲報喜 貴客臨門 새벽까치가기쁨을알리니 귀객이문에당도한다

**正月**
出路得車 日行萬里 길에가서수레를얻으니 날로만리를간다
百事如意 終見大利 백사가여의하니 마침내큰이를본다
財數大吉 或有口舌 재수는대길하나 혹구설이있다

**二月**
貴星助我 財帛綿綿 귀성이나를도우니 재백이면면하다
守分安居 可得平安 수분하고편안히거하면 가히편함을얻으리라
南山四老 夢入蓬萊 남산에늙은이가 꿈에봉래산에들어간다

**三月**
南山紅桃 獨帶春光 남산의홍도가 홀로춘광을띠도다
東耶西耶 移徙有吉 동이든서이든 이사하면길하다
莫近是非 或有口舌 시비를가까이마라 혹구설이두렵다

**四月**
財星隨身 財必可得 재성이몸에따르니 재물을반드시얻는다
一心求事 必然成功 일심으로일을구하면 반드시성공한다
與人同事 必是有利 남과동사하면 필시유리하다

**五月**
鼠入多庫 衣食自足 쥐가겨울곳간에드니 의식이자족하다
一身自安 橫財多端 일신이스스로편하고 횡재가많다
閑處求財 人爭則害 한가한곳에서재물을구하라 남과다투면해롭다

**六月**
小求大得 其利十倍 작게구하다크게얻으니 그이가십배나된다
名高多權 人人仰視 이름이높고권리가많으니 사람마다우러러본다
事財成就 日得大財 일에성취함이있으니 날로큰재물을얻는다

**七月**
勿問財數 得而反失 재수를묻지마라 얻어서되잃는다
背明向暗 必然損財 밝음을등지고어둠으로 향하니필연손재하리라
若非如此 火災可畏 만일이같지않으면 화재가두렵다

**八月**
雲散月出 四方明朗 구름이흩어지고달이나니 사방이명랑하다
花笑東山 蜂蝶自來 꽃이동산에웃으니 봉접이스스로온다
莫貪外財 反爲損財 외재를탐하지마라 도리어손재한다

**九月**
飛鳥失巢 空飛中天 나는새가길을잃으니 공연히중천을난다
損財人離 心神不安 손재하고사람이떠나니 심신이불안하다
莫恨辛苦 終得吉運 신고함을한하지마라 마침내길운을얻는다

**十月**
貴人助我 生活泰平 귀인이나를도우니 생활이태평하도다
財物豐滿 事事如意 재물이풍만하니 일마다여의하다
魚龍得水 意氣洋洋 고기와용이물을얻으니 의기가양양하다

**十一月**
出行不利 守舊安靜 출행하면불리하니 옛을지키고안정하라
若非如此 橫厄難免 만일이같지않으면 횡액을면하기어렵다
愼之水火 意外一驚 수화를조심하라 뜻밖에한번놀란다

**十二月**
若逢貴人 可保泰平 만일귀인을만나면 가히태평을보존한다
吉人何姓 李朴兩姓 길인은무슨성인고 이가박가두성이다
身數無缺 或有口舌 신수는험이없으나 혹구설이있다

# 八三二

䷣ 明夷之泰

【註解】 有事必中之意

【卦象】 往釣于淵 金鱗自至

【해왈】 경영하는 일이 여의하니 재수가 대통하고 뜻밖에 부귀하고 공명을 얻으니 한집안에 화기로다 백사가 대길하고 횡재할 괘

| | | | |
|---|---|---|---|
| 卦辭 | 往釣于淵 金鱗自至 못에가서낚으니 금비늘이저절로이른다 | 枯木逢春 終見開花 고목이봄을만나니 마침내꽃이핀다 | 三春之數 生男之數 삼춘의운수는 생남할수다 |
| | 意外得財 生活泰平 뜻밖에재물을얻으니 생활이족하리라 | 南方有吉 北方有害 남방에길함이있고 북방은해롭다 | 雨順風調 萬物自來 우순풍조하니 만물이절로생긴다 |
| | 持身謙恭 扶之者衆 몸가지기를겸손히하니 붙드는자가많다 | 植木高山 積小成大 나무를고산에심으니 작은걸로큰것을이룬다 | 量入計出 財恒足矣 양입계출하니 재물이항상족하다 |
| 正月 | 東園紅桃 逢時花發 동원의홍도가 때를만나꽃이핀다 | 若非新婚 生男之數 만일새로혼인하지않으면 생남할수다 | 天賜奇福 百事順成 하늘이기이한복을주니 백사를순성한다 |
| 二月 | 積小成大 百事可成 작은것을쌓아큰것을이루니 백사를이루리라 | 災消福來 到處有財 재앙이사라지고복이오니 도처에재물이있다 | 利在何姓 必是金姓 이는어느성에있는고 반드시금성이다 |
| 三月 | 神靈助我 財帛陳陳 신령이나를도우니 재백이진진하다 | 偶然得財 可期富名 우연히재물을얻으니 가히부명을기약한다 | 若逢木姓 凶中有福 만일목성을만나면 흉한중에복이있다 |
| 四月 | 雖有財旺 膝下有憂 비록재물은왕성하나 슬하에근심이있다 | 祈禱七星 可免此數 칠성에게기도하면 이수를면한다 | 名利俱興 富貴兼全 명리가다흥왕하니 부귀를겸전한다 |
| 五月 | 意外功名 人皆稱讚 뜻밖에공명하니 사람이다칭찬한다 | 安靜則吉 出行不利 안정하면길하고 출행하면불리하다 | 愼之親友 損財之數 친구를조심하라 손재할수다 |
| 六月 | 鄭金二姓 偶來助我 정가와김가두성이 우연히와서나를돕는다 | 手執權柄 名振四方 손에권세를지었으니 이름이사방에떨친다 | 到處有榮 意氣男兒 도처에영화가있으니 의기남아로다 |
| 七月 | 財星臨身 必是得財 재성이몸에임하니 반드시재물을얻는다 | 吉星助我 必有喜事 길성이나를도우니 반드시기쁜일이있다 | 君子得祿 小人得財 군자는녹을얻고 소인은재물을얻는다 |
| 八月 | 飛龍在天 利見大人 날으는용이하늘에있으니 이롭게대인을본다 | 執心如一 必得功名 마음잡음이한결같으면 반드시공명을얻는다 | 聚財如山 必成大家 재물을모음이산같으니 반드시대가를이룬다 |
| 九月 | 財星助我 必得大財 재성이나를도우니 반드시큰재물을얻는다 | 家道興旺 必生貴子 가도가흥왕하니 반드시귀자를낳는다 | 春色弄花 乃得寶榮 봄빛이꽃을희롱하니 보배영화를얻으리라 |
| 十月 | 若而欺人 反有其害 만일남을속이면 도리어큰해가있다 | 身上有憂 或有是非 신상에근심이있으니 혹시비가있다 | 若近木姓 損財不少 만일목성을가까이하면 손재가적지않다 |
| 十一月 | 財數何如 得而反失 재수는어떠한고 얻어서되잃는다 | 愼之女色 損財難免 여색을조심하라 손재를면하기어렵다 | 初困後旺 先失後得 처음은곤궁하나뒤에왕성하니 선실후득한다 |
| 十二月 | 家運大吉 和氣滿堂 가운이대길하니 화기가만당하다 | 時運逢吉 喜事重重 시운이길함을만났으니 기쁜일이중중하다 | 晚歲風流 財祿所餘 늦은해의풍류에 재록에나머지가있다 |

## 八三三

☷☷ ☷☳ 明夷之復

【註解】 無咎安靜之意

【卦象】 靜中滋味 最不尋常

【해왈】 조용하게 사니 재미는 좋다 공명을 하거나 귀자를 낳을 것이니 때를 기다리고 있으면 일신이 편하게 될 괘

| | | | |
|---|---|---|---|
| 卦辭 | 靜中滋味 最不尋常 고요한가운데재미가 가장심상치아니하다 | 春風和暢 四面花山 봄바람이화창하니 사면이꽃산이다 | 貴人相助 應時成功 귀인이서로도우니 응당성공한다 |
| | 若非功名 必是生男 만일공명이아니면 반드시생남한다 | 安靜守分 逢時成功 안정하여분수를지키면 때를만나성공한다 | 今年之數 偶然安樂 금년의운수는 우연히안락하리라 |
| | 入山修道 仙緣可期 산에들어도를닦으면신 선의인연을기약하리라 | 危中求安 先困後泰 위태한중에편함을구하 니먼저곤하고뒤에좋다 | 潤屋潤身 心廣體胖 집과몸을윤택케하니마 음과몸이넓고편안하다 |
| 正月 | 守分安居 身上無憂 수분하여편히거하면 신상에근심이없다 | 前路有險 妄動不利 앞길에험함이있으니망 녕되이동하면불리하다 | 月入雲中 其色不見 달이구름속에드니 그빛을나타내지못한다 |
| 二月 | 貴人來助 壽福綿綿 귀인이와서도우니 수복이면면하다 | 若非官祿 必生貴子 만일관록이아니면 반드시귀자를낳는다 | 財數最吉 或有口舌 재수는좋으나 혹구설이있다 |
| 三月 | 掘地得金 終得大利 땅을파서금을얻으니 마침내큰이를얻는다 | 東南兩方 必有財旺 동남양방에 반드시재물이왕성한다 | 一身平安 此外何望 일신이평안하니 이밖에무엇을바라는고 |
| 四月 | 積德不輕 大福自來 적덕이많으니 큰복이절로온다 | 若非如此 子孫榮貴 만일이같지않으면 자손이영귀한다 | 財物旺盛 勿失此時 재물이왕성하니 이때를잃지마라 |
| 五月 | 勿爲爭論 口舌可侵 쟁론하지마라 구설이침노한다 | 莫出路上 一次虛驚 길위에나가지마라 한번헛되이놀란다 | 財在賣買 必是田庄 재물이매매하는데있으 니 반드시전장이다 |
| 六月 | 莫近金姓 必有損財 금성을가까이마라 반드시손재가있다 | 賣買有害 必有水產 매매하는데해가있음은 반드시수산물에있다 | 此月之數 別無吉利 이달의운수는 별로이롭고길함은없다 |
| 七月 | 財物隨我 必得大財 재물이나를따르니 반드시큰재물을얻는다 | 乘時積德 身受吉慶 때를타서덕을쌓으니 몸소길경을받는다 | 蒼松綠竹 不變其色 창송과녹죽이 그빛을변하지않는다 |
| 八月 | 飢者逢豐 食祿陳陳 주린자가풍년을만나니 식록이진진하다 | 財物豐滿 或有妻憂 재물은풍만하나 혹아내에근심이있다 | 崔李兩姓 近則有害 최가와이가는 가까이하면해가있다 |
| 九月 | 居家不安 出他有吉 집에있으면불안하고 다른데가면길하다 | 木姓不利 親則有害 목성이불리하니 친하면해가있다 | 若非如此 損財難免 만일이같지않으면 손재를면하기어렵다 |
| 十月 | 外富內貧 喜中憂吉 밖은부자요안은가난하 니기쁜중에근심이있다 | 莫信人言 必有損害 남의말을믿지마라 반드시손재가있다 | 愼之火姓 口舌紛紛 화성을조심하라 구설이분분하다 |
| 十一月 | 青龍得水 必有慶事 청룡이물을얻었으니 반드시경사가있다 | 若逢貴人 可得功名 만일귀인을만나면 가히공명을얻는다 | 勿爲太急 遲則有吉 급하게하지마라 늦으면길하다 |
| 十二月 | 危中思安 先失後得 위난중에편함을생각하 니먼저잃고뒤에얻는다 | 鄭金兩姓 空然猜我 정가와김가두성은 공연히나를시기한다 | 今年之數 安靜則吉 금년의운수는 안정하면길하다 |

# 八四一

☷☷ ☷☳ 復之坤

【註解】 不得安逸之象이니 初不成이나 終必有成이다

【卦象】 碌碌浮生 不知安分

【해왈】 처음은 조금 실패가 있으나 칠팔월에 귀인을 만나 재수도 있고 몸도 편안하다 재물은 많이 생기나 쓰는데가 많으니 모으기 어렵고 정이월에는 아내를 얻었다 이별할 괘

| | | | |
|---|---|---|---|
| 卦辭 | 碌碌浮生 不知安分 용렬한 인생이니 편안함을 알지 못한다 | 花落無春 狂蝶失路 꽃이 떨어지고 봄이 없으니 광접이 길을 잃는다 | 欲知年運 三遷之數 연운을 알고자 했더니 세번 옮길 수란다 |
| | 在家無益 出他心閑 집에 있으면 이익이 없고 나가면 마음이 한가하다 | 初吉後困 妄動之故 처음은 길하고 뒤는 곤하니 망동한 까닭이다 | 三秋之數 貴人助力 삼추의 운수는 귀인이 힘을 돕는다 |
| | 風起雲散 海天一碧 풍기운산하니 바다와 하늘이 같이 푸르다 | 災消福興 事事如意 재앙이 사라지고 복이 이니 일마다 여의하다 | 吉星入命 憂散喜生 길성이 명궁에 드니 근심이 흩어지고 기쁨이 난다 |
| 正月 | 雖有經營 損而難成 비록 경영함은 있으나 손해만 있고 이루기 어렵다 | 奔走東西 別無所益 분주동서하나 별로 소익은 없다 | 財數論之 先得後失 재수를 의논하면 먼저는 얻고 뒤에는 잃는다 |
| 二月 | 他鄕風霜 心神凄凉 타향의 풍상에 마음이 처량하다 | 患者得配 不久離別 환자가 짝을 얻으니 오래지 못하여 이별한다 | 莫近女子 損財口舌 여자를 가까이 하지 마라 손재하고 구설이 있다 |
| 三月 | 諸事不成 一無所得 모든일을 이루지 못하니 하나도 소득이 없다 | 雖有生財 得而難聚 비록 재물은 생기나 얻어도 모으기 어렵다 | 在家有困 出他有望 집에 있으면 곤하고 다른데 가면 유망하다 |
| 四月 | 有始無終 行事如雲 처음은 있고 끝이 없으니 행하는 일이 구름 같다 | 家庭平安 一身辛苦 가정은 편안하나 일신이 괴롭다 | 幸逢金姓 一時平安 다행히 금성을 만나면 일시는 편안하다 |
| 五月 | 三春已過 蜂蝶不來 삼춘이 이미 지났으니 봉접이 오지 않는다 | 旅館燈殘 客心悽然 여관의 쇠잔한 등불에 객의 마음 처연하다 | 若非損財 子孫有憂 만일 손재가 아니면 자손의 근심이 있다 |
| 六月 | 貴人助我 財數亨通 귀인이 나를 도우니 재수가 형통한다 | 文書有喜 以文得財 문서에 기쁨이 있으니 글로써 재물을 얻는다 | 初雖財窮 晩得財利 처음은 비록 재물이 궁하나 늦게야 재리를 얻는다 |
| 七月 | 財星隨身 文筆生財 재성이 몸에 따르니 문필로써 재물이 생긴다 | 入則心亂 出他求財 들면 심란하니 나가서 재물을 구한다 | 若非橫財 必生貴子 만일 횡재가 아니면 반드시 귀자를 낳는다 |
| 八月 | 身數大吉 財數亨通 신수가 대길하고 재수가 형통한다 | 大財難望 小財可得 큰 재물은 바라기 어려우나 작은 재물은 얻는다 | 若逢李姓 小財可得 만일 이가성을 만나면 작은 재물을 얻는다 |
| 九月 | 在家心亂 出行得利 집에 있으면 심란하고 출행하면 이를 얻는다 | 西南兩方 必有財旺 서쪽과 남쪽 양방에서 반드시 재물이 왕성한다 | 大財難望 小財可得 큰 재물은 바라기 어려우나 작은 재물은 얻는다 |
| 十月 | 身數泰平 虛送歲月 신수는 태평하나 허송세월한다 | 守分安靜 平平之數 수분안정하면 평평할 운수다 | 謀事不利 在家則吉 꾀하는 일은 불리하고 집에 있으면 길하다 |
| 十一月 | 經營之事 損財不成 경영하는 일은 손재만 있고 이루지 못한다 | 勿爲遠行 損財難免 원행을 하지 마라 손재를 면하기 어렵다 | 若近酒家 損財口舌 만일 술집을 가까이하면 손재하고 구설이 있다 |
| 十二月 | 財數不利 家母不寧 재수는 불리하고 가모는 편치 못하다 | 家運如此 損財之數 가운이 이같으니 손재할 수다 | 在家則吉 遠行不利 집에 있으면 길하고 원행하면 불리하다 |

# 八四二

䷗ ䷒ 復之臨

【註解】 有吉無咎之象이니 守分安居之意

【卦象】 採薪飮水 樂在其中

【해왈】 한가한곳에 농사짓고 사니 즐거움이 그 가운데 있다 귀인을 만나서 경영하는 일이 뜻과 같이 되어 가는 괘

## 卦辭

採薪飮水 樂在其中 나무하고 물마시니 낙이 그가운데 있다

若逢貴人 田庄增進 만일 귀인을 만나면 전장을 더하리라

豹隱南山 修道遠惡 표범이 남산에 숨어서 도를 닦아 악을 멀리한다

農則有吉 商則不利 농사지으면 길하고 장사하면 불리하다

安靜守分 利在其中 안정하여 수분하면 이가 그가운데 있다

世持旺財 手弄千金 재물을 많이 가졌으니 손으로 천금을 희롱한다

修道遠惡 終見豐饒 도를 닦고 악을 멀리하면 마침내 풍요하리라

若而遠行 後悔難免 만일 원행하면 후회를 면하기 어렵다

若欲捕虎 先掘其穽 만일 범을 잡으려면 먼저 그 함정을 파라

## 正月

枯木逢春 必有生光 마른나무가 봄을 만나니 반드시 빛이 난다

凡事順成 利在田庄 범사를 순성하니 이가 전장에 있다

若非如此 人口增進 만일 이같지 않으면 인구를 더한다

## 二月

守分安居 樂在其中 분수를 지키고 편안히 살면 낙이 그가운데 있다

到處有利 福祿旺盛 도처에 재물이 있으니 복록이 왕성한다

春園桃花 蜂蝶來喜 봄동산 도화에 봉접이 와서 기뻐한다

## 三月

一身保居 世事泰平 한몸을 보호하여 사니 세상일이 태평하다

誠心勞力 謀事可成 성심으로 노력하면 꾀하는 일을 이룬다

東方貴人 意外助我 동방의 귀인이 뜻밖에 나를 돕는다

## 四月

夫婦和合 喜滿家庭 부부가 화합하니 기쁨이 가정에 가득하다

官祿隨身 到處春風 관록이 몸에 따르니 도처에 봄바람이라

財帛陳陳 人人仰視 재백이 진진하니 사람마다 앙시한다

## 五月

渡江無船 凡事難成 강을 건너려하나 배가 없으니 범사를 못이룬다

西北兩方 出行不利 서북양방에는 출행하면 불리하다

家神發動 移徙有吉 가신이 발동하니 이사하면 길하다

## 六月

如干財數 先得後失 여간재수는 먼저는 얻으나 뒤에는 잃는다

愼之金姓 必有損害 금성을 조심하라 반드시 손해가 있다

若逢貴人 終得吉利 만일 귀인을 만나면 마침내 길리를 얻는다

## 七月

身上無憂 一身平安 신상에 근심이 없으니 일신이 편안하다

有財有土 衣食豐足 재물도 있고 토지도 있으니 의식이 풍족하다

東北兩方 必得大財 동북양방에서 반드시 큰 재물을 얻는다

## 八月

財物豐滿 一家泰平 재물이 풍만하니 집안이 태평하다

若非官祿 子孫有慶 만일 관록이 아니면 자손의 경사가 있다

意外成功 意氣男兒 뜻밖에 성공하니 의기남아다

## 九月

本性忠直 災禍不侵 본성이 충직하니 재화가 침노치 않는다

災去福來 安處泰平 재앙이 가고 복이 오니 편안한 곳에 태평하다

若非家憂 反有官祿 만일 집에 근심이 아니면 도리어 관록이 있다

## 十月

家有小憂 必是妻憂 집에 작은 근심이 있으니 반드시 아내의 근심이다

莫近女子 怪事重重 여자를 가까이 마라 괴이한 일이 중중하다

喜散憂生 喜憂相半 기쁨이 흩어지고 근심이 나니 희우상반하다

## 十一月

月中丹桂 蜂蝶探香 달속 계수나무에 봉접이 향기를 탐한다

若非婚姻 必有弄璋 만일 혼인이 아니하면 반드시 생남한다

財數平吉 或有口舌 재수는 평길하나 혹 구설이 있다

## 十二月

有財有穀 樂在其中 재물과 곡식이 있으니 낙이 그가운데 있다

有人多助 喜事重重 사람이 있어 많이 도우니 기쁜일이 중중하다

有酒有肴 高朋萬堂 술도 있고 안주도 있으니 높은 벗이 집에 가득하다

# 八四三

☷☷ ☷☰ 復之明夷

【註解】 有人助力之意

【卦象】 人有舊緣 偶來助力

【해왈】 운수가 대통하니 뜻밖에 귀인을 만나 도움을 받고 때를 얻어 공명하여 이름이 널리 날 괘

| | | | | | | |
|---|---|---|---|---|---|---|
| 卦辭 | 人有舊緣 偶來助力 | 옛인연의 사람이 있어 우연히 와서 돕는다 | 龍得天門 雲行雨施 | 용이 천문을 얻으니 구름이 행하고 비를 베푼다 | 有路南北 貴人助我 | 길이 남북에 있으니 귀인이 나를 돕는다 |
| | 得而多失 年運奈何 | 얻고 많이 잃으니 연운을 어찌할고 | 探花登山 終見開花 | 꽃을 탐하여 산에 올라 꽃핀 것을 보도다 | 年運最吉 到處不傷 | 연운이 가장 길하니 이르는 곳마다 상하지 않는다 |
| | 龍門山下 天馬嘶風 | 용분산 아래에 천마가 비바람에 운다 | 高朋滿座 勝友如雲 | 높은 벗이 좌석에 가득하니 좋은 벗이 구름같다 | 勤功燕然 男兒得意 | 공을 연연산에 새기니 남아가 뜻을 얻는다 |
| 正月 | 運數大吉 百事順成 | 운수가 대길하니 백사를 순성한다 | 虛中得實 一家和平 | 헛된 중에 실상을 얻으니 집안이 화평하다 | 若非添口 生男之數 | 만일 식구를 더하지 않으면 생남할 수다 |
| 二月 | 守分安居 凡事可成 | 분수를 지키고 편히 거하면 범사를 이룬다 | 南方有吉 貴人相助 | 남방이 길하니 귀인이 서로 돕는다 | 夫婦不合 家有不平 | 부부가 불합하니 집에 불평이 있다 |
| 三月 | 天降膏露 地出甘泉 | 하늘이 기름진 이슬을 내리니 땅에는 단샘이 난다 | 五穀豐登 衣食自足 | 오곡이 풍등하니 의식이 자족하다 | 貴人恒助 福祿常存 | 귀인이 항상 도우니 복록이 항상 있다 |
| 四月 | 守舊安靜 利在其中 | 옛을 지키고 안정하면 이가 그 가운데 있다 | 莫信人言 被害不少 | 남의 말을 믿지 마라 피해가 적지 않다 | 先困後泰 賤人爲貴 | 먼저 곤하고 뒤에 평평하니 천한 사람이 귀히 된다 |
| 五月 | 運數亨通 家有吉祥 | 운수가 형통하니 집에 길상이 있다 | 靈神助我 到處有財 | 영신이 나를 도우니 도처에 재물이 있다 | 若非婚姻 橫財之數 | 만일 혼인이 아니면 횡재할 수다 |
| 六月 | 草綠江邊 牛逢盛草 | 풀이 푸른 강가에 소가 무성한 풀을 만나다 | 財在外方 遠行得財 | 재물이 외방에 있으니 원행하면 재물을 얻는다 | 財祿俱興 橫財豐饒 | 재록이 다 일어나니 횡재하여 풍요하다 |
| 七月 | 道高名利 名振四方 | 도가 높고 이름이 이로우니 이름이 사방에 떨친다 | 官祿隨身 喜色滿面 | 관록이 몸에 따르니 희색이 만면하다 | 金玉滿堂 一家和平 | 금옥이 만당하니 한집안이 화평하다 |
| 八月 | 勿貪虛慾 反有損害 | 허욕을 탐하지 마라 도리어 손해가 있다 | 預爲度厄 疾病可畏 | 미리 도액하라 질병이 두렵다 | 若非如此 故人無情 | 만일 이같지 않으면 고인이 무정하다 |
| 九月 | 春風和暢 花落結實 | 봄바람이 화창하니 꽃이 떨어져 열매를 맺는다 | 若非得財 子孫有榮 | 만일 재물을 얻지 않으면 자손에 영화가 있다 | 吉運已回 赤手成家 | 길한 운수가 이미 돌아오니 적수성가한다 |
| 十月 | 先失後得 終時有吉 | 먼저는 잃고 뒤에는 얻으니 마침내 길함이 있다 | 與人東行 必得功名 | 사람과 같이 동으로 가라 반드시 공명을 얻는다 | 財運亨通 必得大財 | 재운이 형통하니 반드시 큰 재물을 얻는다 |
| 十一月 | 暗中行人 偶得明燭 | 어둠속에 가는 사람이 우연히 촛불을 얻도다 | 貴人常助 必是成功 | 귀인이 항상 도우니 반드시 성공한다 | 誠心勞力 成功最吉 | 성심으로 노력하면 성공하기 가장 길하다 |
| 十二月 | 勿貪分外 反有不利 | 분수 밖에 것을 탐내지 마라 도리어 불리하다 | 愼之木姓 損財多端 | 목성을 조심하라 손재가 많다 | 守分上策 妄動不利 | 분수를 지키는 것이 좋으니 망동하면 불리하다 |

# 八五一

☷☴ ☷☰ 升之泰

【註解】 有言無凶하니 前進亨通之意

【卦象】 蠱食衆心 事不安靜

【해왈】 모든일이 마음과같이 되지아니하니 공연히한탄만한다 망녕되이동하지말고 있으면늦계야운수가 열릴괘

| | | | |
|---|---|---|---|
| 卦辭 | 蠱食衆心 事不安靜 (곤충이여러마음을먹으니 일이안정치못하다) 若而妄動 後悔不少 (만일망녕되이동하면 후회가적지않다) 祝融爲災 禍及池魚 (축융이재앙을만드니 화가못고기에미친다) | 運數不利 事多有滯 (운수가불리하니 일에막힘이많다) 身上有苦 家憂難免 (신상에괴로움이있고집 안근심을면하기어렵다) 夫妻反目 家中不和 (부처가반목하니 가중이화하지못한다) | 身上有險 凡事愼之 (신상에험함이있으니 범사를조심하라) 若非如此 損財之數 (만일이같지않으면 손재할수다) 浮雲蔽日 陰陽不交 (뜬구름이해를가리니 음양이사귀지못한다니) |
| 正月 | 日中則昃 月盈則虧 (해가낮이되면기울고 달이차면이지러진다) | 東奔西走 一無成事 (동으로달리고서로달리나 하나도성사됨이없다) | 在家心亂 出他傷心 (집에있으면심란하고 나가면마음이상한다) |
| 二月 | 心雖泰高 欲飛無羽 (마음은높으나 날려고하나날개가없다) | 凡事愼之 口舌可畏 (범사를조심하라 구설이두렵다) | 愼之親人 笑中有刀 (친한사람을조심하라 웃음속에칼이있다) |
| 三月 | 吉運漸回 自然富貴 (길운이점점돌아오니 자연히부귀한다) | 守分安居 一家泰平 (수분하여편안히거하면 집안이태평하다) | 危中得安 先凶後吉 (위태한중에편함을얻으니 먼저흉하고뒤에좋다) |
| 四月 | 春燕來巢 不忘舊情 (봄제비가집에돌아오니 구정을잊지못한다) | 身數太平 財數興旺 (신수가태평하고 재수가홍왕하다) | 所爲之事 日益興財 (하는바의일은 날로재물을더한다) |
| 五月 | 家有不安 疾病不絕 (집이불안하니 질병이끊이지않는다) | 若非如此 與人爭訟 (만일이같지않으면 남과송사하리라) | 若非膝憂 損財難免 (만일슬하에근심이아니면 손재를면하기어렵다) |
| 六月 | 莫近是非 口舌紛紛 (시비를가까이마라 구설이분분하다) | 莫近酒色 必有損害 (주색을가까이마라 반드시손해가있다) | 勿貪虛慾 不利之數 (허욕을탐하지마라 불리할수다) |
| 七月 | 不爲勞力 壽福何望 (노력하지않고 수복을어찌바라는고) | 利在何方 必是南方 (이는어느방위에있는고 반드시남방이다) | 西方有吉 木姓救我 (서방이길하니 목성이나를구한다) |
| 八月 | 莫渡江水 損在多端 (강물을건너지마라 손재가많다) | 祈禱水神 可免此數 (수신에게기도하면 가히이수를면한다) | 安靜有吉 妄動有害 (안정하면길하고 망녕되이동하면해가있다) |
| 九月 | 飛鳥羽傷 欲飛不飛 (나는새가날개가상하니 날려고하나날지못한다) | 初雖有吉 後必有悔 (처음은비록재수가길하나 뒤에는후회가있다) | 莫近李姓 必有不利 (이가를가까이하지마라 반드시불리하다) |
| 十月 | 淺水行舟 有勞有苦 (얕은물에배가가니 수고도있고괴롭다) | 心神散亂 一無所成 (심신이산란하고 하나도이루는바가없다) | 莫近土姓 被害不少 (토성을가까이마라 피해가적지않다) |
| 十一月 | 草木逢秋 其心悽凉 (초목이가을을만나니 그마음이슬프다) | 若非身病 服制可畏 (만일신병이아니면 복제가두렵다) | 金姓助我 自然橫財 (금성이나를도우면 자연히횡재한다) |
| 十二月 | 今逢吉運 災去福來 (지금에야길운을만나니 재앙이가고복이온다) | 驛馬到門 西北移去 (역마가문에이르니 서북으로옮겨간다) | 意外成功 財帛陳陳 (뜻밖에성공하니 재백이진진하다) |

# 八五二

升之謙

【註解】

雖有志謀나 世人이 不識之意

【卦象】

一入山門 人不知仙

【해왈】

지식이 많아도 남이 알아주지 아니하고 분주히 돌아다닌다 이는 없고 괴롭기만 한 괘

## 卦辭

一入山門 人不知仙 한번산문에들어가니 사람이신선을알지못한다
寂寞天地 無依之格 적막한천지에 의지함이없는격이다
世事如夢 此亦身數 세상일이꿈같으니 이것도또한신수로다

身上有困 家憂何事 신상에곤함이있는데 집안근심은무슨일인고
莫行東方 必有損財 동방에가지마라 반드시손재가있다
今年之數 奔走之格 금년의운수는 분주한격이다

日暮道遠 步步心慌 해가저물고길이머니 걸음마다마음이황망하다
前程無緣 所望何成 앞길에인연이없으니 바라는바를어찌이룰고
勿參是非 官厄侵身 시비에참가하지마라 관재가몸에침노한다

## 正月

運數亨通 一身平安 운수가형통하니 일신이편안하다
山耶水耶 利在其中 산이나물이나 이가그가운데있다
愼之金姓 損財不少 금성을조심하라 손재가적지않다

## 二月

隨時而行 不失其度 때를따라행하니 그도수를잃지아니한다
去惡取善 偶得平安 악을버리고선을취하면 우연히편안함을얻는다
莫恨辛苦 終見安逸 신고함을한하지마라 마침내편함을얻는다

## 三月

若向西方 貴人相逢 만일서방으로가면 귀인을서로만난다
財數如何 得而半失 재수는어떠한고 얻고반은잃는다
利在何處 閑處得利 이는어느곳에있는고 한가한곳에서이를얻는다

## 四月

勿爲出行 損害多端 출행하지마라 손해가많다
南方不利 每事不成 남방이불리하니 매사를이루지못한다
勿爲妄動 利在安靜 망동하지마라 안정하는데이가있다

## 五月

執心如一 自然得利 마음잡기를한결같이하면 자연히이를얻는다
意外得財 終時成家 뜻밖에재물을얻으니 마침내성가한다
財星隨我 勿失此時 재성이나를따르니 이때를잃지마라

## 六月

先吉後凶 凡事愼之 먼저길하고뒤에는흉하니 범사를조심하라
莫近東方 有損無益 동방에가지마라 손은있고이익은없다
身上無憂 財數不利 신상에근심은없으나 재수는불리하다

## 七月

擇地移居 一室平安 땅을가리어옮겨살면 집안이평안하다
勿爲凌人 反有其害 남을업신여기지마라 도리어그해가있다
守分在家 自然有福 수분하고집에있으면 자연히복이있다

## 八月

東山青松 移植成林 동산에청송을 옮겨심어숲을이루도다
飢者逢豐 食祿陳陳 주린자가풍년을만나니 식록이진진하다
若謀陰事 反受其害 만일음사를꾀하면 도리어그해를받는다

## 九月

枯木逢春 豈非生光 고목이봄을만났으니 어찌생광치않으랴
積德之家 必有餘慶 적덕한집에 나머지경사가있다
橫厄有數 莫近木姓 횡액수가있으니 목성을가까이마라

## 十月

財數大通 膝下有憂 재수대통하나 슬하에근심이있다
若非身病 妻憂何免 만일신병이아니면 아내의근심을어찌면할고
家庭不安 心神不安 가정이불안하니 심신이불안하다

## 十一月

雖有求事 似成不成 비록일을구해도 될것같으나이루지못한다
偶然之事 口舌可侵 우연한일로 구설이침노한다
自此以後 漸入佳境 이후부터는 점점아름다운지경에들어간다

## 十二月

財運旺盛 以文生財 재운이왕성하니 글로써재물이생긴다
若逢貴人 意外功名 만일귀인을만나면 뜻밖에공명한다
名利稱心 不求自得 명리가마음에맞으니 구하지않아도스스로온다

# 八五三

☷☴ 升之師
☷☵

【註解】

才不足而有能하니 有志不中之意

【卦象】

入山擒虎 生死難辨

【해왈】

분수밖의 일을하면 손재하고 재화있으며 집안주장이 불안하니 가족도 불안하다 미리준비가 있어도 막기어려운 괘

| | | | |
|---|---|---|---|
| 卦辭 | 入山擒虎 生死難辨 산에들어가범 잡으니 생사를판단하기어렵다 | 日何不明 浮雲蓋月 해가어찌밝지못한고 뜬구름이달을덮도다 | 勿貪分外 有損無益 분수밖의것을탐하지마라 손은있고이익은없다 |
| | 妄動不利 安靜則吉 망녕되이동하면불리하고 안정하면길하다 | 三春之數 勿參官事 삼춘의운수는 관사에참여하지마라 | 家有不安 身數奈何 집에불안함이있으니 신수라어찌할고 |
| | 枯旱三年 野無青草 삼년이가무니 들에푸른풀이없다 | 相克相冲 淚洒滄波 서로극하고서로충하니 눈물을창파에뿌린다 | 其間吉事 女人芳緣 그사이에길한일은 여인의꽃다운인연이다 |
| 正月 | 家運大吉 一家泰平 가운이대길하니 집안이태평하다 | 貴星助我 官祿臨身 귀성이나를도우니 관록이몸에임한다 | 勿貪分外 反爲不利 분수밖을탐하지마라 도리어불리하다 |
| 二月 | 事不如意 有始無終 일이여의치못하니 처음은있고끝이없다 | 勿參官事 不利之數 관사에참여하지마라 불리한수다 | 此月之數 有凶無吉 이달의수는 흉은있고길함은없다 |
| 三月 | 財星隨身 求財可得 재성이몸에따르니 재물을구하면언는다 | 若非妻憂 身憂何免 만일아내의근심이아니면 신우를어찌면할고 | 與人同謀 其害不少 남과같이꾀하면 그해가적지않다 |
| 四月 | 有志未就 身數奈何 뜻은있으나이루지못하니 신수를어찌할고 | 在家不利 出頭何向 집에있으면불리하니머리를들고어디로향할까 | 入則有困 出則有吉 들면곤하고 나가면길하다 |
| 五月 | 入山逢虎 進退兩難 산에들어가범을만나니 진퇴가양난하다 | 神靈助我 死中求生 신령이나를도우니 죽을데서삶을구하도다 | 勿爲他營 損財不免 다른경영은하지마라 손재를면하지못한다 |
| 六月 | 意外功名 喜滿家庭 뜻밖에공명하니 기쁨이가정에가득하다 | 若逢火姓 家道昌盛 만일화성을만나면 가도가창성한다 | 膝下之憂 別無被害 슬하의근심은 별로피해는없다 |
| 七月 | 山中行人 失路彷徨 산중에가는사람이 길을잃고방황한다 | 奔走東西 別無所得 동서로분주하나 별로소득은없다 | 心危大段 此亦奈何 마음이위태하니 이것을또어찌할고 |
| 八月 | 青山歸客 山中失路 청산에들어가는손이 산중에서길을잃도다 | 若無損財 親憂奈何 만일손재가없으면 친환을어찌할고 | 勿參官事 不利之兆 관사에참여하지마라 불리할징조다 |
| 九月 | 心神不安 心如浮雲 마음이불안하니 마음이뜬구름이라 | 橫厄有數 祈禱山神 횡액수가있으니 산신에게기도하라 | 勿貪分外 反有損災 분수밖의것을탐하지마라 도리어손재가있다 |
| 十月 | 勿爲他營 事不稱心 다른경영을하지마라 일이마음에맞지않는다 | 金姓不利 西方有害 금성이불리하고 서방에해가있다 | 莫近是非 口舌可侵 시비를가까이하지마라 구설이두렵다 |
| 十一月 | 寂寞山窓 空然自嘆 적막한산창에서 공연히탄식한다 | 心神散亂 世事浮雲 심신이산란하니 세상일이뜬구름같다 | 勿爲相爭 口舌紛紛 서로다투지마라 구설이분분하다 |
| 十二月 | 吉人天佑 自無疾苦 길한사람은하늘이도우니 저절로질고가없다 | 財星隨我 意外得財 재성이나를따르니 뜻밖에재물을언는다 | 若非如此 憂在膝下 만일이같지않으면 슬하에근심이있다 |

# 八六一

䷆䷒ 師之臨

【註解】 失時而動하면不適當之意

【卦象】 夕陽歸客 步步忙忙

【해왈】 다년간 경영하던 일은 순간영화에 지나지 못하고 도리어 손재하니 마음이 상한다 잘못한 것을 깨달으면 다시 복이 오는 괘

| | | | |
|---|---|---|---|
| 卦辭 | 夕陽歸客 步步忙忙<br>석양에돌아가는손이 걸음이바쁘다 | 十年經營 眼前無成<br>십년이나경영한것을 눈앞에이루지못한다 | 出路失馬 何望遠行<br>길에나서말을잃으니 어찌원행을바라리오 |
| | 先損後得 晚時財物<br>먼저는손하고뒤에얻으니 늦게재물을얻는다 | 若非家憂 一次身病<br>만일집안근심이아니면 한번신병이있다 | 今年之數 喜憂相半<br>금년의운수는 기쁨과근심이상반하다 |
| | 三人同行 一人難信<br>세사람이동행하나 한사람도믿기어렵다 | 捉蟹放水 逐鷄望籬<br>게를잡아물에놓고 닭을좇다가울을본다 | 凶殺來侵 疾苦不離<br>흉살이와서침노하니 질고가떠나지않는다 |
| 正月 | 奔走四方 辛苦奈何<br>분주사방하니 신고함을어찌할고 | 事多不成 別無所得<br>일은많으나이루지못하니 별로소득이없다 | 勿謀他營 有損無益<br>다른경영을하지마라 손은있고유익은없다 |
| 二月 | 雷動百里 有聲無形<br>우뢰가백리를움직이니 소리는있고형상은없다 | 守分安居 別無災禍<br>수분하고편히거하면 별로재화는없다 | 莫近木姓 損財難免<br>목성을가까이하지마라 손재를면하기어렵다 |
| 三月 | 三月東風 喜事重重<br>삼월동풍에 기쁜일이중중하다 | 若非如此 膝下有慶<br>만일이같지않으면 슬하에경사가있다 | 財星助我 得財成家<br>재성이나를도우니 재물을얻어서성가한다 |
| 四月 | 財旺東方 南方有吉<br>재물은동방에왕성하고 남방에길함이있다 | 若非慶事 必然橫財<br>만일경사가아니면 필연횡재한다 | 財數雖吉 或有口舌<br>재수는비록길하나 혹구설이있다 |
| 五月 | 家有風波 是非可畏<br>집에풍파가있으니 시비가두렵도다 | 若非親人 兄弟之間<br>만일친한사람이아니면 형제지간이다 | 西方有吉 宜行西方<br>서방이길하니 서방으로가라 |
| 六月 | 時運不利 空然傷心<br>시운이불리하니 공연히마음만상한다 | 奔走四方 別無利害<br>분주사방하나 별로이해는없다 | 西方之人 必是有害<br>서쪽사람은 반드시해롭다 |
| 七月 | 莫行酒家 損財損名<br>술집에가지마라 손재하고명예를손상한다 | 身數不利 盜賊愼之<br>신수가불리하니 도둑을조심하라 | 莫近親人 偶然損財<br>친한사람을가까이마라 우연히손재한다 |
| 八月 | 雖有財數 得而反失<br>비록재수는있으나 얻어도도리어잃는다 | 妖鬼作害 事多有魔<br>요귀가작해하니 일에마가많다 | 若近女子 損財不少<br>만일여자를가까이하면 손재가적지않다 |
| 九月 | 雖有勞力 終無所得<br>비록노력은하나 소득은없다 | 事不如意 恨嘆不已<br>일이여의치못하니 한탄함을마지않는다 | 夫婦不安 家有不安<br>부부가불안하니 집에불안함이있다 |
| 十月 | 心多煩悶 愁心難解<br>마음에번민이많으니 수심을풀기어렵다 | 一身有困 疾病不絶<br>일신이곤하고 질병이떠나지않는다 | 若逢木姓 偶然得財<br>만일목성을만나면 우연히재물을얻는다 |
| 十一月 | 破屋重修 晚時生光<br>헌집을다시고치니 늦게빛이난다 | 西北兩方 貴人助我<br>서북양방에서 귀인이나를돕는다 | 若無妙計 反而有困<br>만일묘한계책이없으면 도리어곤하다 |
| 十二月 | 財數論之 少得多用<br>재수를의논하면 적게얻고많이쓴다 | 若非膝厄 妻憂何免<br>만일슬하에액이아니면 아내의근심을어찌할까 | 橫財有數 勿失此時<br>횡재수가있으니 이때를잃지마라 |

# 八六二

師之坤

【註解】

若不待時면 無不利之意

【卦象】

一聲砲響 禽獸皆驚

【해왈】

한 사람의 불안으로 인하여 온 집안이 불안하다 일이 해결되기 어려운 괘

**卦辭**

一聲砲響 禽獸皆驚 한소리포향에 금수가다놀란다
先困後吉 年運奈何 먼저는곤하고뒤에는길하니 연운이라어찌할고
一喜一悲 口舌愼之 한번은기쁘고한번은슬프니 구설을조심하라

心無所定 有勞無功 마음에정한바가없으니 수고하나공은없다
若非橫財 一次虛驚 만일횡재하지않으면 한번헛되이놀란다
今年之數 橫厄愼之 금년의운수는 횡액을조심하라

猛虎負岩 光明通泰 맹호가바위를지니 광명하고통태한다
浪裡乘舟 凶多吉少 물결속에배를타니 흉함은많고길함은적다
祿從天降 謀事漸新 녹이하늘로부터내리니 꾀하는일이점점새롭다

**正月**

兩虎相爭 見者失色 두범이서로다투니 보는자가실색한다
雖有勞力 徒費心力 비록수고는하나 심력만허비한다
愼之親人 言甘事違 친한사람을조심하라 말은다나일은어긴다

**二月**

多事多滯 吉中有凶 매사에막힘이많으니 길한중에흉함이있다
木姓有害 勿爲取利 목성이해로우니 취리를하지마라
北方有害 東西有吉 북방은해가있으나 동쪽서쪽은길하다

**三月**

莫信他人 有損無益 타인을믿지마라 손은있고이익은없다
若非口舌 橫厄可畏 만일구설이아니면 횡액이두렵다
若非如此 服制可畏 만일이같지않으면 복제가두렵다

**四月**

奔走東西 每事不成 동서로분주하니 매사를이루지못한다
財在西方 宜行西方 재물이서방에있으니 마땅히서방으로가라
妖鬼發動 愼之怪病 요귀가발동하니 괴병을조심하라

**五月**

入山求魚 必有虛荒 산에가서고기를구하니 반드시허황하다
若非病苦 妻宮不利 만일질고가없으면 처궁이불리하다
吉神助我 危中得安 길신이나를도우니 위태한중에편함을얻는다

**六月**

取善遠惡 或有人害 착한것을취하고악한것을멀리하니 해가있다
莫信親人 損財損名 친한사람을믿지마라 손재있고명예도손상된다
勿爲他營 得而反失 다른경영을하지마라 얻고도리어잃는다

**七月**

守舊安靜 遠行有害 옛을지키고안정하라 원행하면해가있다
勿爲爭論 口舌可侵 쟁론하지마라 구설이침노한다
大財難望 小財入手 큰재물은바라기어려우나 작은재물은들어온다

**八月**

勿爲經營 別無所益 경영을하지마라 별로소익이없다
意外得財 晩時生光 뜻밖에재물을얻으니 늦게빛이난다
若非橫財 一次虛驚 만일횡재가아니면 한번헛되이놀란다

**九月**

有勞無功 此亦奈何 수고는있고공은없으니 이것을또어찌할고
心有虛動 不吉之兆 마음에허동함이있으니 불길한징조다
莫近女色 必有不利 여색을가까이마라 반드시불리하다

**十月**

身遊他鄕 危事間間 몸이타향에노니 위태한일이간간히있다
前程險惡 預爲度厄 앞길이험악하니 미리도액하라
莫近外人 損財不少 외인을가까이하지마라 손재가적지않다

**十一月**

入海求金 徒費心力 바다에들어가금을구하니 심력만허비한다
守舊安靜 別無災厄 옛을지키고안정하면 별로액이없다
雖有生財 得而反失 비록재물은생기나 얻고도리어잃는다

**十二月**

吉運漸回 憂散喜生 길운이점점돌아오니근심이흩고기쁨이생긴다
吉星助我 家有吉慶 길성이나를도우니 집에길경이있다
身旺財旺 此外何望 몸이성하고재물이성하니이밖에무엇을바랄고

# 八六三

䷆ 師之升 ䷭

【註解】 進達榮貴之意

【卦象】 東風淡蕩 春花富貴

【해왈】 신수가대통하여좋은운을만나니 부귀공명하고 재수가대통할괘

卦辭
東風淡蕩 春花富貴 동풍이담탕하니 봄꽃같이부귀하다
意外功名 名振四方 뜻밖에공명하니 이름이사방에떨친다
寶劍入匣 以臣遇君 보검이갑에드니 신하로서임금을만난다
掘地見金 絕代之功 땅을파서금을보니 절대의공이다
富貴兼全 人多仰視 부귀를겸전하니 사람들이앙시한다
船涉重灘 外虛內實 배가중한여울을건너니 밖은허하고안은실하다
家運最吉 財祿陳陳 가운이가장길하니 재록이진진하다
到處有權 喜滿家庭 도처에권리가있으니 기쁨이가정에가득하다
名成利遂 賀客塡門 공명을이루니 치하하는손이문에메우도다

正月
龍得明珠 造化無窮 용이밝은구슬을얻으니 조화가무궁하다
有財多權 人多欽仰 재물도있고권리도많으니 사람이많이앙시한다
事事如意 萬事大通 일마다여의하니 만사가대통한다

二月
四野回春 萬物回生 사야에봄이돌아오니 만물이회생한다
到處有財 意氣洋洋 도처에재물이있으니 의기가양양하다
乘時以動 家有吉祥 때를타서동하니 집에길경이있다

三月
吉運已回 喜事重重 길한운이이미돌아오니 기쁜일이중중하다
添口添土 家道昌盛 인구를더하고토지를더하니 가도가창성한다
雲散月出 天地明朗 구름이흩어지고달이나오니 천지가명랑하다

四月
青鳥傳信 必然喜信 청조가신을전하니 반드시기쁜소식이다
貴人助我 必有喜事 귀인이나를도우니 반드시기쁜일이있다
南方不利 勿爲出行 남방은불리하니 출행하지마라

五月
百事如意 一家和平 백사가여의하니 집안이화평하다
家有吉祥 家人和悅 집에경사가있으니 집안사람이기뻐한다
若逢貴人 官祿臨身 만일귀인을만나면 관록이몸에임한다

六月
金玉滿堂 可期富名 금옥이만당하니 가히부명을기약한다
身上無憂 一身平安 신상에근심이없으니 일신이편안하다
到處有吉 泰平之數 도처에길함이있으니 태평할수다

七月
天佑神助 財帛陳陳 하늘이돕고땅이도우니 재백이진진하다
若逢東人 必有大財 만일동쪽사람을만나면 큰재물을얻는다
運數大通 事事如意 운수가대통하니 일마다여의하다

八月
東園桃花 蜂蝶探香 동원도화에 봉접이향기를탐한다
所望如意 事有成就 소망이여의하니 일마다성취한다
家在有吉 遠行不利 집에있으면길하고 원행하면불리하다

九月
庭前寶樹 採香採馥 뜰앞보배나무에 향기를탐하고캐도다
必有慶事 家有弄璋 집에경사가있으니 반드시생남한다
若非如此 損財可畏 만일이같지않으면 손재가두렵다

十月
魚龍得水 意氣洋洋 고기와용이물을얻으니 의기가양양하다
財在路中 出求必得 재물이길가운데있으니 나가서구하면얻는다
事多成就 利在其中 일이많이성취되니 이가그가운데있다

十一月
運數興旺 福祿恒在 운수가흥왕하니 복록이항상있다
家道漸昌 一室和氣 가도가점점창성하니 한집안이평화롭다
財數大吉 或有口舌 재수는대길하나 혹구설이있다

十二月
若無服制 家中有榮 만일복제가없으면 집안에영화가있다
有財有土 事事亨通 재물도있고토지도있으니 일마다형통한다
意外功名 財帛豐滿 뜻밖에공명하니 재백이풍만하다

## ○직성 행년법(直星行年法)

직성 행년법을 내었으니 십세 터 육십 삼세까지 가로 벌려 알기쉽게 하고、육십 사세 후를 알려면 육십 오세 직성은 십일세와 같고 육십 육세 직성 이십 이세와 같으며 육십 오세 행년은 십 칠세와 같고 육십 육세 행년은 십 팔세와 같으니、이대로 세어보면 백세까지라도 알 수 있다。

| | | | | | | | | |
|---|---|---|---|---|---|---|---|---|
| 나이 | 남 | 여 | 남 | 여 | 남 | 여 | 남 | 여 |
| 십　세 | 제용직성 | 목직성 | 미륵보살 | 미륵보살 | 등명 | 등명 | 강에든 쥐의몸 | 강에든 쥐의몸 |
| 십일세 | 토직성 | 제용직성 | 여래보살 | 관음보살 | 신후 | 하괴 | 재에든 매의몸 | 구렁에든 노루의몸 |
| 십이세 | 수직성 | 토직성 | 최정보살 | 아미보살 | 대길 | 종괴 | 밭에든 이리의몸 | 섬에든 돌의몸 |
| 십삼세 | 금직성 | 수직성 | 보현보살 | 대세지보살 | 공조 | 전송 | 산에든 범의몸 | 방안에든 평의몸 |
| 십사세 | 일직성 | 금직성 | 약사보살 | 마리보살 | 태충 | 소길 | 수풀에든 매의몸 | 동산에든 사자의몸 |
| 십오세 | 화직성 | 일직성 | 문수보살 | 전관보살 | 천강 | 승광 | 메에든 평의몸 | 꽃에든 범의몸 |
| 십륙세 | 계도직성 | 화직성 | 지장보살 | 지장보살 | 태을 | 태을 | 끓는물에든 돌의몸 | 끓는물에든 이리의몸 |
| 십칠세 | 월직성 | 계도직성 | 전관보살 | 문수보살 | 승광 | 천강 | 꽃에든 노루의몸 | 메뿌리에든 매의몸 |
| 십팔세 | 목직성 | 월직성 | 마리보살 | 약사보살 | 소길 | 태충 | 동산에든 쥐의몸 | 수풀에든 쥐의몸 |
| 십구세 | 제용직성 | 목직성 | 대세지보살 | 보현보살 | 전송 | 공조 | 방안에든 매의몸 | 산에든 노루의몸 |

| | | | | | |
|---|---|---|---|---|---|
| 이십세 | 남 | 토직성 | 아미보살 | 종괴 | 섭에 든 이리의 몸 |
| | 여 | 제용직성 | 최정보살 | 대길 | 밭에 든 돌의 몸 |
| 이십일세 | 남 | 수직성 | 관음보살 | 하괴 | 구령에 든 범의 몸 |
| | 여 | 토직성 | 여래보살 | 신후 | 재에 든 평의 몸 |
| 이십이세 | 남 | 금직성 | 미륵보살 | 등명 | 강에 든 사자의 몸 |
| | 여 | 수직성 | 미륵보살 | 등명 | 강에 든 사자의 몸 |
| 이십삼세 | 남 | 일직성 | 여래보살 | 신후 | 재에 든 평의 몸 |
| | 여 | 금직성 | 관음보살 | 하괴 | 구령에 든 범의 몸 |
| 이십사세 | 남 | 화직성 | 최정보살 | 대길 | 밭에 든 돌의 몸 |
| | 여 | 일직성 | 아미보살 | 종괴 | 섭에 든 이리의 몸 |
| 이십오세 | 남 | 게도직성 | 보현보살 | 공조 | 산에 든 노루의 몸 |
| | 여 | 화직성 | 대세지보살 | 전송 | 방안에 든 매의 몸 |
| 이십육세 | 남 | 월직성 | 약사보살 | 태충 | 수풀에 든 쥐의 몸 |
| | 여 | 게도직성 | 마리보살 | 소길 | 동산에 든 쥐의 몸 |
| 이십칠세 | 남 | 목직성 | 문수보살 | 천강 | 메뿌리에 든 매의 몸 |
| | 여 | 월직성 | 전관보살 | 승광 | 꽃에 든 노루의 몸 |
| 이십팔세 | 남 | 제용직성 | 지장보살 | 태을 | 끓는물에 든 이리의 몸 |
| | 여 | 목직성 | 지장보살 | 태을 | 끓는물에 든 돌의 몸 |
| 이십구세 | 남 | 토직성 | 전관보살 | 승광 | 꽃에 든 범의 몸 |
| | 여 | 제용직성 | 문수보살 | 천강 | 메뿌리에 든 사자의 몸 |
| 삼십세 | 남 | 수직성 | 마리보살 | 소길 | 동산에 든 사자의 몸 |
| | 여 | 토직성 | 약사보살 | 태충 | 수풀에 든 사자의 몸 |
| 삼십일세 | 남 | 금직성 | 대세지보살 | 전송 | 방안에 든 평의 몸 |
| | 여 | 수직성 | 보현보살 | 공조 | 산에 든 범의 몸 |
| 삼십이세 | 남 | 일직성 | 아미보살 | 종괴 | 섭에 든 돌의 몸 |
| | 여 | 금직성 | 최정보살 | 대길 | 밭에 든 이리의 몸 |
| 삼십삼세 | 남 | 화직성 | 관음보살 | 하괴 | 구령에 든 노루의 몸 |
| | 여 | 일직성 | 여래보살 | 신후 | 재에 든 매의 몸 |
| 삼십사세 | 남 | 게도직성 | 미륵보살 | 등명 | 강에 든 쥐의 몸 |
| | 여 | 화직성 | 미륵보살 | 등명 | 강에 든 쥐의 몸 |

| | | | | | |
|---|---|---|---|---|---|
| 삼십오세 | 남 | 월직성 | 여래보살 | 신후 | 재에든이리의몸 |
| | 여 | 계도직성 | 관음보살 | 하괴 | 구렁에든돌의몸 |
| 삼십륙세 | 남 | 목직성 | 최정보살 | 대길 | 밭에든이리의몸 |
| | 여 | 월직성 | 아머보살 | 종괴 | 섬에든돌의몸 |
| 삼십칠세 | 남 | 제용직성 | 보현보살 | 공조 | 산에든범의몸 |
| | 여 | 목직성 | 대세지보살 | 전송 | 방안에든평의몸 |
| 삼십팔세 | 남 | 토직성 | 약사보살 | 태충 | 수풀에든사자의몸 |
| | 여 | 제용직성 | 마리보살 | 소길 | 동산에든사자의몸 |
| 삼십구세 | 남 | 수직성 | 문수보살 | 천강 | 메에든평의몸 |
| | 여 | 토직성 | 전관보살 | 승광 | 꽃에든범의몸 |
| 사십세 | 남 | 금직성 | 지장보살 | 태을 | 끓는물에든돌의몸 |
| | 여 | 수직성 | 지장보살 | 태을 | 끓는물에든이리의몸 |
| 사십일세 | 남 | 일직성 | 전관보살 | 승광 | 꽃에든노루의몸 |
| | 여 | 금직성 | 문수보살 | 천강 | 메에든쥐의몸 |
| 사십이세 | 남 | 화직성 | 마리보살 | 소길 | 동산에든쥐의몸 |
| | 여 | 일직성 | 약사보살 | 태충 | 수풀에든쥐의몸 |
| 사십삼세 | 남 | 계도직성 | 대세지보살 | 전송 | 방안에든매의몸 |
| | 여 | 화직성 | 보현보살 | 공조 | 산에든노루의몸 |
| 사십사세 | 남 | 월직성 | 아미보살 | 종괴 | 섬에든이리의몸 |
| | 여 | 계도직성 | 최정보살 | 대길 | 밭에든돌의몸 |
| 사십오세 | 남 | 목직성 | 관음보살 | 하괴 | 구렁에든범의몸 |
| | 여 | 월직성 | 여래보살 | 신후 | 재에든평의몸 |
| 사십륙세 | 남 | 제용직성 | 미륵보살 | 등명 | 강에든사자의몸 |
| | 여 | 목직성 | 미륵보살 | 등명 | 강에든사자의몸 |
| 사십칠세 | 남 | 토직성 | 여래보살 | 신후 | 재에든평의몸 |
| | 여 | 제용직성 | 관음보살 | 하괴 | 구렁에든범의몸 |
| 사십팔세 | 남 | 수직성 | 최정보살 | 대길 | 바다에든돌의몸 |
| | 여 | 토직성 | 아미보살 | 종괴 | 섬에든이리의몸 |
| 사십구세 | 남 | 금직성 | 보현보살 | 공조 | 산에든노루의몸 |
| | 여 | 수직성 | 대세지보살 | 전송 | 방안에든매의몸 |

| 나이 | 남 | 여 | 남 | 여 | 남 | 여 | 남 | 여 | 남 | 여 |
|---|---|---|---|---|---|---|---|---|---|---|
| 오십세 | 남 | 여 | 일직성 | 금직성 | 약사보살 | 마리보살 | 태충 | 소길 | 수풀에 든 쥐의 몸 | 동산에 든 쥐의 몸 |
| 오십일세 | 남 | 여 | 화직성 | 일직성 | 문수보살 | 전관보살 | 천강 | 승광 | 메뿌리에 든 매의 몸 | 꽃에 든 노루의 몸 |
| 오십이세 | 남 | 여 | 계도직성 | 화직성 | 지장보살 | 지장보살 | 태을 | 태을 | 끓는 물에 든 이리의 몸 | 끓는 물에 든 돝의 몸 |
| 오십삼세 | 남 | 여 | 월직성 | 계도직성 | 전관보살 | 문수보살 | 승광 | 천강 | 꽃에 든 범의 몸 | 메에 든 평의 몸 |
| 오십사세 | 남 | 여 | 목직성 | 월직성 | 마리보살 | 약사보살 | 소길 | 태충 | 동산에 든 사자의 몸 | 수풀에 든 사자의 몸 |
| 오십오세 | 남 | 여 | 제용직성 | 목직성 | 대세지보살 | 보현보살 | 전송 | 공조 | 방안에 든 평의 몸 | 산에 든 범의 몸 |
| 오십육세 | 남 | 여 | 토직성 | 제용직성 | 아미보살 | 최정보살 | 종괴 | 대길 | 섬에 든 돝의 몸 | 바다에 든 이리의 몸 |
| 오십칠세 | 남 | 여 | 수직성 | 토직성 | 관음보살 | 여래보살 | 하괴 | 신후 | 구렁에 든 노루의 몸 | 재에 든 매의 몸 |
| 오십팔세 | 남 | 여 | 금직성 | 수직성 | 미륵보살 | 미륵보살 | 동명 | 동명 | 강에 든 쥐의 몸 | 강에 든 쥐의 몸 |
| 오십구세 | 남 | 여 | 일직성 | 금직성 | 여래보살 | 관음보살 | 신후 | 하괴 | 재에 든 매의 몸 | 구렁에 든 매의 몸 |
| 육십세 | 남 | 여 | 화직성 | 일직성 | 최정보살 | 아미보살 | 대길 | 종괴 | 밭에 든 이리의 몸 | 섬에 든 돝의 몸 |
| 육십일세 | 남 | 여 | 계도직성 | 화직성 | 아미보살 | 보현보살 | 공조 | 전송 | 산에 든 범의 몸 | 방안에 든 평의 몸 |
| 육십이세 | 남 | 여 | 월직성 | 계도직성 | 약사보살 | 마리보살 | 태충 | 소길 | 수풀에 든 사자의 몸 | 동산에 든 사자의 몸 |
| 육십삼세 | 남 | 여 | 목직성 | 월직성 | 문수보살 | 전단보살 | 천강 | 승광 | 메뿌리에 든 평의 몸 | 꽃에 든 범의 몸 |
| 육십사세 | 남 | 여 | 제웅직성 | 목직성 | 지장보살 | 지장보살 | 태을 | 태을 | 끓는 물에 든 돝의 몸 | 끓는 물에 든 돝의 몸 |

## 토정비결 상·중·하괘 계산법(나이와 생월 생일은 음력임)

1。첫번째 즉 상괘(上卦)는 주인공의 당년 나이수에 표에 기재된 당년(예 1998년이면 戊寅年) 태세수를 합쳐 합한 숫자에서 8로 나눈 나머지 수(나머지가 없이 떨어지면 8을 취한다)로 윗자리 수를 정한다。

1998년은 태세가 戊寅이다。상괘는 무인년 태세수만(월건수는 중괘、일진수는 하괘에 적용) 취한다。즉 무인년 태세수는 15인바 당년 나이수에 이 15를 합쳐 8로 나누어 나머지 수가 찾는 번호 맨 윗자리가 된다。

| | | |
|---|---|---|
| 태세수 | | 十五 |
| 월건수 | 戊寅 | 十二 |
| 일진수 | | 十三 |

예를 들어 당년 28세인 사람의 무인년 상괘는 (15+28=43、43÷8=5…3) 3이오、당년 33세의 무인년 태세수는 (15+33=48、48÷8=6) 나머지가 없으니 그냥 8을 취한다。

무인년 28세와 33세 주인공이 다음해인 己卯년의 상괘를 계산한다면 己卯년 태세수는 19요 28세는 29세가 되어 (19+29=48、48÷8=6) 합이 48이오、8로 나누니 나머지가 없으므로 8이 된다。또 33세는 34세라 기묘년 태세수 19에 34를 합쳐 8로 나누면 (19+34=53、53÷8=6…5)라 나머지 5로 상괘를 정한다。

2。두번째、중괘(中卦)는 주인공이 출생한 음력 달의 월건수와 그 달의 크고 작은 것을 보아 달이 크면 30을、작으면 29를 합쳐 6으로 나눈 나머지 수를 중괘 즉 가운데 숫자를 놓는다(이 경우도 나머지가 없이 0으로 떨어지면 6을 취한다)。

| | |
|---|---|
| 태세수 | 二十 |
| 월건수 庚申 | 十五• |
| 일진수 | 十八 |

１９９８년 즉 戊寅년에 당년 28세 되는 이가 음력 7월생인 경우 戊寅년 음력 7월에 해당하는 월건수를 적용해야 된다。즉 戊寅년 7월은 庚申月이고 월건수는 15다。그리고 생월인 7월(庚申月)이 大月(큰달)이므로 월건수 15에 30을 더하여 6으로 나누면(15＋30＝45、45÷6＝7…3) 나머지가 3이므로 3이 중괘、즉 가운데 숫자이다。또 戊寅년에 당년 33세인 주인공이 음력 8월생이라면 8월의 월건은 辛酉요 辛酉月의 월건수는 13이며 8월(辛酉月)은 小月(작은 달)이므로 월건수 13에 29를 합쳐 6으로 나누면 (13＋29＝42、42÷6＝7) 나머지가 없으니 6으로 중괘(中卦)를 정하게 된다。

**3。셋째 하괘(下卦)는 주인공의 생일에 해당하는 당년의 생일간지(生日干支) 즉 日辰수에 생일수를 합쳐 3으로 나눈 나머지 수를 취한다(나머지가 없으면 그냥 3을 취한다)**

| | |
|---|---|
| 태세수 | 十七 |
| 월건수 乙巳 | 十二 |
| 일진수 | 十五• |

１９９８(무인년)에 당년 28세、음력 7월 5일생인 경우 무인년 음력 7월 5일의 日辰(日의 干支)은 乙巳日이오 乙巳日의 일진수는 15다。이 15에 생일수인 5(5일)를 합쳐 3으로 나누면(15＋5＝20、20÷3＝6…2) 나머지가 2이니 2가 하괘다。즉 무인년에 28세요 7월 5일생이면 ３３２란 숫자가 해당되는 괘의 숫자다。또 戊寅년에 33세이고 8월 17일생이라면 음 8월 17일의 간지는 丁亥日이고、丁亥日의 日辰수는 15이므로 이를 합쳐 3으로 나누면 (15＋17＝32、32÷3＝10…2) 나머지가 2이다。그러므로 무인년에 33세이고 8월 17일생인 주인공의 토정비결 해당숫자는 8·6·2로 정해진다。

• 주의 : 태세 월건 일진은 주인공이 출생한 당년이 아니고 토정비결 보는 해의 태세 월건 일진이다。

西紀 2028年
檀紀 4361年

# 戊申年 松亭 土亭秘訣 作卦 早見表(무신년 송정 토정비결 작괘 조견표)

**송정 토정비결 작괘 조견표**

**太歲(上卦)**

| 年齡 | 戊申 一세 | 丁未 二세 | 丙午 三세 | 乙巳 四세 | 甲辰 五세 | 癸卯 六세 | 壬寅 七세 | 辛丑 八세 | 庚子 九세 | 己亥 十세 | 戊戌 一一 | 丁酉 一二 | 丙申 一三 | 乙未 一四 | 甲午 一五 | 癸巳 一六 | 壬辰 一七 | 辛卯 一八 | 庚寅 一九 | 己丑 二〇 |
|---|---|---|---|---|---|---|---|---|---|---|---|---|---|---|---|---|---|---|---|---|
| 太歲 | 2 | 3 | 4 | 5 | 6 | 7 | 8 | 1 | 2 | 3 | 4 | 5 | 6 | 7 | 8 | 1 | 2 | 3 | 4 | 5 |
| 年齡 | 戊子 二一 | 丁亥 二二 | 丙戌 二三 | 乙酉 二四 | 甲申 二五 | 癸未 二六 | 壬午 二七 | 辛巳 二八 | 庚辰 二九 | 己卯 三〇 | 戊寅 三一 | 丁丑 三二 | 丙子 三三 | 乙亥 三四 | 甲戌 三五 | 癸酉 三六 | 壬申 三七 | 辛未 三八 | 庚午 三九 | 己巳 四〇 |
| 太歲 | 6 | 7 | 8 | 1 | 2 | 3 | 4 | 5 | 6 | 7 | 8 | 1 | 2 | 3 | 4 | 5 | 6 | 7 | 8 | 1 |
| 年齡 | 戊辰 四一 | 丁卯 四二 | 丙寅 四三 | 乙丑 四四 | 甲子 四五 | 癸亥 四六 | 壬戌 四七 | 辛酉 四八 | 庚申 四九 | 己未 五〇 | 戊午 五一 | 丁巳 五二 | 丙辰 五三 | 乙卯 五四 | 甲寅 五五 | 癸丑 五六 | 壬子 五七 | 辛亥 五八 | 庚戌 五九 | 己酉 六〇 |
| 太歲 | 2 | 3 | 4 | 5 | 6 | 7 | 8 | 1 | 2 | 3 | 4 | 5 | 6 | 7 | 8 | 1 | 2 | 3 | 4 | 5 |
| 年齡 | 戊申 六一 | 丁未 六二 | 丙午 六三 | 乙巳 六四 | 甲辰 六五 | 癸卯 六六 | 壬寅 六七 | 辛丑 六八 | 庚子 六九 | 己亥 七〇 | 戊戌 七一 | 丁酉 七二 | 丙申 七三 | 乙未 七四 | 甲午 七五 | 癸巳 七六 | 壬辰 七七 | 辛卯 七八 | 庚寅 七九 | 己丑 八〇 |
| 太歲 | 6 | 7 | 8 | 1 | 2 | 3 | 4 | 5 | 6 | 7 | 8 | 1 | 2 | 3 | 4 | 5 | 6 | 7 | 8 | 1 |
| 年齡 | 戊子 八一 | 丁亥 八二 | 丙戌 八三 | 乙酉 八四 | 甲申 八五 | 癸未 八六 | 壬午 八七 | 辛巳 八八 | 庚辰 八九 | 己卯 九〇 | 戊寅 九一 | 丁丑 九二 | 丙子 九三 | 乙亥 九四 | 甲戌 九五 | 癸酉 九六 | 壬申 九七 | 辛未 九八 | 庚午 九九 | 己巳 一〇〇 |
| 太歲 | 2 | 3 | 4 | 5 | 6 | 7 | 8 | 1 | 2 | 3 | 4 | 5 | 6 | 7 | 8 | 1 | 2 | 3 | 4 | 5 |

**月建(中卦)**

| 月別 | 甲寅 正月小 | 乙卯 二月大 | 丙辰 三月大 | 丁巳 四月小 | 戊午 五月大 | 戊午 閏五月小 | 己未 六月小 | 庚申 七月大 | 辛酉 八月小 | 壬戌 九月小 | 癸亥 十月大 | 甲子 十一月大 | 乙丑 十二月小 |
|---|---|---|---|---|---|---|---|---|---|---|---|---|---|
| 月建 | 3 | 2 | 6 | 3 | 2 | 1 | 4 | 3 | 6 | 4 | 3 | 6 | 3 |

**日辰(下卦)**

| 月別 | 初日 日辰 | 初一日 | 初二日 | 初三日 | 初四日 | 初五日 | 初六日 | 初七日 | 初八日 | 初九日 | 初十日 | 十一日 | 十二日 | 十三日 | 十四日 | 十五日 | 十六日 | 十七日 | 十八日 | 十九日 | 二十日 | 廿一日 | 廿二日 | 廿三日 | 廿四日 | 廿五日 | 廿六日 | 廿七日 | 廿八日 | 廿九日 | 三十日 |
|---|---|---|---|---|---|---|---|---|---|---|---|---|---|---|---|---|---|---|---|---|---|---|---|---|---|---|---|---|---|---|---|
| 正月小 | 辛亥 | 2 | 2 | 1 | 3 | 3 | 3 | 2 | 2 | 2 | 1 | 1 | 2 | 3 | 2 | 1 | 1 | 1 | 1 | 2 | 2 | 3 | 2 | 2 | 2 | 3 | 3 | 2 | 2 | 1 | 1 |
| 二月大 | 庚辰 | 2 | 1 | 1 | 2 | 3 | 3 | 1 | 2 | 2 | 3 | 3 | 3 | 3 | 2 | 1 | 2 | 1 | 1 | 2 | 2 | 2 | 1 | 1 | 1 | 3 | 2 | 2 | 3 | 2 | 1 |
| 三月大 | 庚戌 | 2 | 3 | 3 | 2 | 1 | 1 | 1 | 3 | 3 | 3 | 2 | 2 | 3 | 1 | 3 | 2 | 2 | 2 | 2 | 3 | 3 | 1 | 3 | 3 | 3 | 1 | 1 | 3 | 3 | 2 |
| 四月小 | 庚辰 | 2 | 1 | 1 | 2 | 3 | 3 | 1 | 2 | 2 | 3 | 3 | 3 | 3 | 2 | 1 | 2 | 1 | 1 | 2 | 2 | 2 | 1 | 1 | 1 | 3 | 2 | 2 | 3 | 2 | 1 |
| 五月大 | 己酉 | 2 | 3 | 1 | 1 | 3 | 2 | 2 | 2 | 1 | 1 | 1 | 3 | 3 | 1 | 2 | 1 | 3 | 3 | 3 | 3 | 1 | 1 | 2 | 1 | 1 | 1 | 2 | 2 | 1 | 1 |
| 閏五月小 | 己卯 | 3 | 3 | 2 | 2 | 3 | 1 | 1 | 2 | 3 | 3 | 1 | 1 | 1 | 1 | 3 | 2 | 3 | 2 | 2 | 3 | 3 | 3 | 2 | 2 | 2 | 1 | 3 | 3 | 1 | 3 |
| 六月小 | 戊申 | 1 | 3 | 1 | 2 | 2 | 1 | 3 | 3 | 3 | 2 | 2 | 2 | 1 | 1 | 2 | 3 | 2 | 1 | 1 | 1 | 1 | 2 | 2 | 3 | 2 | 2 | 2 | 3 | 3 | 2 |
| 七月大 | 丁丑 | 3 | 3 | 2 | 2 | 1 | 1 | 2 | 3 | 3 | 1 | 2 | 2 | 3 | 3 | 3 | 3 | 2 | 1 | 2 | 1 | 1 | 2 | 2 | 2 | 1 | 1 | 1 | 3 | 2 | 2 |
| 八月小 | 丁未 | 3 | 2 | 1 | 2 | 3 | 3 | 2 | 1 | 1 | 1 | 3 | 3 | 3 | 2 | 2 | 3 | 1 | 3 | 2 | 2 | 2 | 2 | 3 | 3 | 1 | 3 | 3 | 3 | 1 | 1 |
| 九月小 | 丙子 | 2 | 1 | 1 | 3 | 3 | 2 | 2 | 3 | 1 | 1 | 2 | 3 | 3 | 1 | 1 | 1 | 1 | 3 | 2 | 3 | 2 | 2 | 3 | 3 | 3 | 2 | 2 | 2 | 1 | 3 |
| 十月大 | 乙巳 | 1 | 1 | 2 | 1 | 3 | 1 | 2 | 2 | 1 | 3 | 3 | 3 | 2 | 2 | 2 | 1 | 1 | 2 | 3 | 2 | 1 | 1 | 1 | 1 | 2 | 2 | 3 | 2 | 2 | 2 |
| 十一月大 | 乙亥 | 3 | 3 | 2 | 2 | 1 | 1 | 3 | 3 | 1 | 2 | 2 | 3 | 1 | 1 | 2 | 2 | 2 | 2 | 1 | 3 | 1 | 3 | 3 | 1 | 1 | 1 | 3 | 3 | 3 | 2 |
| 十二月小 | 乙巳 | 1 | 1 | 2 | 1 | 3 | 1 | 2 | 2 | 1 | 3 | 3 | 3 | 2 | 2 | 2 | 1 | 1 | 2 | 3 | 2 | 1 | 1 | 1 | 1 | 2 | 2 | 3 | 2 | 2 | 2 |

## 五行屬姓

金 姓=徐 黃 韓 成 南 柳 申 安 郭 盧 裵 文 王 元 梁 方 杜 河 白
楊 片 慶 蔣 晋 邵 班 陰 張

木 姓=金 朴 趙 崔 兪 洪 曺 劉 高 孔 車 康 廉 朱 陸 董 虞 周 延 秋 固 鼎 簡 火

水 姓=吳 呂 禹 奇 許 蘇 馬 魯 乜 余 千 孟 卞 卜 尙 魚 庚 龍 牟 毛 南宮 皇甫
鮮于 東方 皐 梅

火 姓=李 尹 鄭 姜 蔡 羅 愼 辛 丁 全 邊 池 石 陳 吉 玉 卓 鄧 薛 咸 具 秦 唐 宣 段

土 姓=宋 權 閔 任 林 嚴 孫 皮 丘 都 田 沈 奉 明 甘 玄 睦 仇 童 貢 陶 牛 冉

이 五行屬姓은 本 土亭秘訣 내용 중에 稱하는 姓氏(木姓土星 등)에 적용된다。

西紀 2027年
檀紀 4360年

# 丁未年 松亭 土亭秘訣 作卦 早見表(정미년 송정 토정비결 작괘 조견표)

## 太歲(上卦)

| | | | | | | | | | | | | | | | | | | | | |
|---|---|---|---|---|---|---|---|---|---|---|---|---|---|---|---|---|---|---|---|---|
| 年齡 | 丁未 一세 | 丙午 二세 | 乙巳 三세 | 甲辰 四세 | 癸卯 五세 | 壬寅 六세 | 辛丑 七세 | 庚子 八세 | 己亥 九세 | 戊戌 十세 | 丁酉 一一 | 丙申 一二 | 乙未 一三 | 甲午 一四 | 癸巳 一五 | 壬辰 一六 | 辛卯 一七 | 庚寅 一八 | 己丑 一九 | 戊子 二〇 |
| 太歲 | 4 | 5 | 6 | 7 | 8 | 1 | 2 | 3 | 4 | 5 | 6 | 7 | 8 | 1 | 2 | 3 | 4 | 5 | 6 | 7 |
| 年齡 | 丁亥 二一 | 丙戌 二二 | 乙酉 二三 | 甲申 二四 | 癸未 二五 | 壬午 二六 | 辛巳 二七 | 庚辰 二八 | 己卯 二九 | 戊寅 三〇 | 丁丑 三一 | 丙子 三二 | 乙亥 三三 | 甲戌 三四 | 癸酉 三五 | 壬申 三六 | 辛未 三七 | 庚午 三八 | 己巳 三九 | 戊辰 四〇 |
| 太歲 | 8 | 1 | 2 | 3 | 4 | 5 | 6 | 7 | 8 | 1 | 2 | 3 | 4 | 5 | 6 | 7 | 8 | 1 | 2 | 3 |
| 年齡 | 丁卯 四一 | 丙寅 四二 | 乙丑 四三 | 甲子 四四 | 癸亥 四五 | 壬戌 四六 | 辛酉 四七 | 庚申 四八 | 己未 四九 | 戊午 五〇 | 丁巳 五一 | 丙辰 五二 | 乙卯 五三 | 甲寅 五四 | 癸丑 五五 | 壬子 五六 | 辛亥 五七 | 庚戌 五八 | 己酉 五九 | 戊申 六〇 |
| 太歲 | 4 | 5 | 6 | 7 | 8 | 1 | 2 | 3 | 4 | 5 | 6 | 7 | 8 | 1 | 2 | 3 | 4 | 5 | 6 | 7 |
| 年齡 | 丁未 六一 | 丙午 六二 | 乙巳 六三 | 甲辰 六四 | 癸卯 六五 | 壬寅 六六 | 辛丑 六七 | 庚子 六八 | 己亥 六九 | 戊戌 七〇 | 丁酉 七一 | 丙申 七二 | 乙未 七三 | 甲午 七四 | 癸巳 七五 | 壬辰 七六 | 辛卯 七七 | 庚寅 七八 | 己丑 七九 | 戊子 八〇 |
| 太歲 | 8 | 1 | 2 | 3 | 4 | 5 | 6 | 7 | 8 | 1 | 2 | 3 | 4 | 5 | 6 | 7 | 8 | 1 | 2 | 3 |
| 年齡 | 丁亥 八一 | 丙戌 八二 | 乙酉 八三 | 甲申 八四 | 癸未 八五 | 壬午 八六 | 辛巳 八七 | 庚辰 八八 | 己卯 八九 | 戊寅 九〇 | 丁丑 九一 | 丙子 九二 | 乙亥 九三 | 甲戌 九四 | 癸酉 九五 | 壬申 九六 | 辛未 九七 | 庚午 九八 | 己巳 九九 | 戊辰 一〇〇 |
| 太歲 | 4 | 5 | 6 | 7 | 8 | 1 | 2 | 3 | 4 | 5 | 6 | 7 | 8 | 1 | 2 | 3 | 4 | 5 | 6 | 7 |

## 月建(中卦)

| | | | | | | | | | | | | |
|---|---|---|---|---|---|---|---|---|---|---|---|---|
| 月別 | 壬寅 正月小 | 癸卯 二月大 | 甲辰 三月小 | 乙巳 四月大 | 丙午 五月小 | 丁未 六月小 | 戊申 七月大 | 己酉 八月小 | 庚戌 九月小 | 辛亥 十月大 | 壬子 十一月大 | 癸丑 十二月大 |
| 月建 | 6 | 5 | 1 | 6 | 3 | 1 | 6 | 2 | 6 | 5 | 3 | 1 |

## 日辰(下卦)

| 月別 | 日辰 (初日) | 初一日 | 初二日 | 初三日 | 初四日 | 初五日 | 初六日 | 初七日 | 初八日 | 初九日 | 初十日 | 十一日 | 十二日 | 十三日 | 十四日 | 十五日 | 十六日 | 十七日 | 十八日 | 十九日 | 二十日 | 廿一日 | 廿二日 | 廿三日 | 廿四日 | 廿五日 | 廿六日 | 廿七日 | 廿八日 | 廿九日 | 三十日 |
|---|---|---|---|---|---|---|---|---|---|---|---|---|---|---|---|---|---|---|---|---|---|---|---|---|---|---|---|---|---|---|---|
| 正月小 | 丁巳 | 2 | 2 | 2 | 1 | 1 | 2 | 3 | 2 | 1 | 1 | 1 | 1 | 2 | 2 | 3 | 2 | 2 | 2 | 3 | 3 | 2 | 2 | 1 | 1 | 3 | 3 | 1 | 2 | 2 | 3 |
| 二月大 | 丙戌 | 1 | 2 | 2 | 3 | 3 | 3 | 3 | 2 | 1 | 2 | 1 | 1 | 2 | 2 | 2 | 1 | 1 | 1 | 3 | 2 | 2 | 3 | 2 | 1 | 2 | 3 | 3 | 2 | 1 | 1 |
| 三月小 | 丙辰 | 1 | 3 | 3 | 3 | 2 | 2 | 3 | 1 | 3 | 2 | 2 | 2 | 2 | 3 | 3 | 1 | 3 | 3 | 3 | 1 | 1 | 3 | 3 | 2 | 2 | 1 | 1 | 2 | 3 | 3 |
| 四月大 | 乙酉 | 1 | 2 | 3 | 3 | 1 | 1 | 1 | 1 | 3 | 2 | 3 | 2 | 2 | 3 | 3 | 3 | 2 | 2 | 2 | 1 | 3 | 3 | 1 | 3 | 2 | 3 | 1 | 1 | 3 | 2 |
| 五月小 | 乙卯 | 2 | 2 | 1 | 1 | 1 | 3 | 3 | 1 | 2 | 1 | 3 | 3 | 3 | 3 | 1 | 1 | 2 | 1 | 1 | 1 | 2 | 2 | 1 | 1 | 3 | 3 | 2 | 2 | 3 | 1 |
| 六月小 | 甲申 | 2 | 2 | 3 | 1 | 1 | 2 | 2 | 2 | 2 | 1 | 3 | 1 | 3 | 3 | 1 | 1 | 1 | 3 | 3 | 3 | 2 | 1 | 1 | 2 | 1 | 3 | 1 | 2 | 2 | 1 |
| 七月大 | 癸丑 | 2 | 1 | 1 | 1 | 3 | 3 | 3 | 2 | 2 | 3 | 1 | 3 | 2 | 2 | 2 | 2 | 3 | 3 | 1 | 3 | 3 | 3 | 1 | 1 | 3 | 3 | 2 | 2 | 1 | 1 |
| 八月小 | 癸未 | 2 | 3 | 3 | 1 | 2 | 2 | 3 | 3 | 3 | 3 | 2 | 1 | 2 | 1 | 1 | 2 | 2 | 2 | 1 | 1 | 1 | 3 | 2 | 2 | 3 | 2 | 1 | 2 | 3 | 3 |
| 九月小 | 壬子 | 1 | 3 | 2 | 2 | 2 | 1 | 1 | 1 | 3 | 3 | 1 | 2 | 1 | 3 | 3 | 3 | 3 | 1 | 1 | 2 | 1 | 1 | 1 | 2 | 2 | 1 | 1 | 3 | 3 | 2 |
| 十月大 | 辛巳 | 3 | 3 | 1 | 2 | 2 | 3 | 1 | 1 | 2 | 2 | 2 | 2 | 1 | 3 | 1 | 3 | 3 | 1 | 1 | 1 | 3 | 3 | 3 | 2 | 1 | 1 | 2 | 1 | 3 | 1 |
| 十一月大 | 辛亥 | 2 | 2 | 1 | 3 | 3 | 3 | 2 | 2 | 2 | 1 | 1 | 2 | 3 | 2 | 1 | 1 | 1 | 1 | 2 | 2 | 3 | 2 | 2 | 2 | 3 | 3 | 2 | 2 | 1 | 1 |
| 十二月大 | 辛巳 | 3 | 3 | 1 | 2 | 2 | 3 | 1 | 1 | 2 | 2 | 2 | 2 | 1 | 3 | 1 | 3 | 3 | 1 | 1 | 1 | 3 | 3 | 3 | 2 | 1 | 1 | 2 | 1 | 3 | 1 |

## 五行屬姓

金姓=徐黃韓成南柳申安郭盧裵文王元梁方杜河白楊片慶蔣晋邵班陰張

木姓=金朴趙崔兪洪曺劉高孔車康廉朱陸董虞周延秋固鼎簡火

水姓=吳呂禹奇許蘇馬魯乜余千孟卞卜尙魚庚龍牟毛南宮皇甫鮮于東方皐梅

火姓=李尹鄭姜蔡羅愼辛丁全邊池石陳吉玉卓鄧薛咸具秦唐宣段

土姓=宋權閔任林嚴孫皮丘都田沈奉明甘玄睦仇童貢陶牛冉

이 五行屬姓은 本 土亭秘訣 내용 중에 稱하는 姓氏(木姓·土星 등)에 적용된다。

西紀 2025年
檀紀 4358年

# 乙巳年 松亭 土亭秘訣 作卦 早見表(을사년 송정 토정비결 작괘 조견표)

송정 토정비결 작괘 조견표

## 太歲(上卦)

| | | | | | | | | | | | | | | | | | | | | |
|---|---|---|---|---|---|---|---|---|---|---|---|---|---|---|---|---|---|---|---|---|
| 年齡 | 一세 乙巳 | 二세 甲辰 | 三세 癸卯 | 四세 壬寅 | 五세 辛丑 | 六세 庚子 | 七세 己亥 | 八세 戊戌 | 九세 丁酉 | 十세 丙申 | 一一 乙未 | 一二 甲午 | 一三 癸巳 | 一四 壬辰 | 一五 辛卯 | 一六 庚寅 | 一七 己丑 | 一八 戊子 | 一九 丁亥 | 二〇 丙戌 |
| 太歲 | 2 | 3 | 4 | 5 | 6 | 7 | 8 | 1 | 2 | 3 | 4 | 5 | 6 | 7 | 8 | 1 | 2 | 3 | 4 | 5 |
| 年齡 | 二一 乙酉 | 二二 甲申 | 二三 癸未 | 二四 壬午 | 二五 辛巳 | 二六 庚辰 | 二七 己卯 | 二八 戊寅 | 二九 丁丑 | 三〇 丙子 | 三一 乙亥 | 三二 甲戌 | 三三 癸酉 | 三四 壬申 | 三五 辛未 | 三六 庚午 | 三七 己巳 | 三八 戊辰 | 三九 丁卯 | 四〇 丙寅 |
| 太歲 | 6 | 7 | 8 | 1 | 2 | 3 | 4 | 5 | 6 | 7 | 8 | 1 | 2 | 3 | 4 | 5 | 6 | 7 | 8 | 1 |
| 年齡 | 四一 乙丑 | 四二 甲子 | 四三 癸亥 | 四四 壬戌 | 四五 辛酉 | 四六 庚申 | 四七 己未 | 四八 戊午 | 四九 丁巳 | 五〇 丙辰 | 五一 乙卯 | 五二 甲寅 | 五三 癸丑 | 五四 壬子 | 五五 辛亥 | 五六 庚戌 | 五七 己酉 | 五八 戊申 | 五九 丁未 | 六〇 丙午 |
| 太歲 | 2 | 3 | 4 | 5 | 6 | 7 | 8 | 1 | 2 | 3 | 4 | 5 | 6 | 7 | 8 | 1 | 2 | 3 | 4 | 5 |
| 年齡 | 六一 乙巳 | 六二 甲辰 | 六三 癸卯 | 六四 壬寅 | 六五 辛丑 | 六六 庚子 | 六七 己亥 | 六八 戊戌 | 六九 丁酉 | 七〇 丙申 | 七一 乙未 | 七二 甲午 | 七三 癸巳 | 七四 壬辰 | 七五 辛卯 | 七六 庚寅 | 七七 己丑 | 七八 戊子 | 七九 丁亥 | 八〇 丙戌 |
| 太歲 | 6 | 7 | 8 | 1 | 2 | 3 | 4 | 5 | 6 | 7 | 8 | 1 | 2 | 3 | 4 | 5 | 6 | 7 | 8 | 1 |
| 年齡 | 八一 乙酉 | 八二 甲申 | 八三 癸未 | 八四 壬午 | 八五 辛巳 | 八六 庚辰 | 八七 己卯 | 八八 戊寅 | 八九 丁丑 | 九〇 丙子 | 九一 乙亥 | 九二 甲戌 | 九三 癸酉 | 九四 壬申 | 九五 辛未 | 九六 庚午 | 九七 己巳 | 九八 戊辰 | 九九 丁卯 | 一〇〇 丙寅 |
| 太歲 | 2 | 3 | 4 | 5 | 6 | 7 | 8 | 1 | 2 | 3 | 4 | 5 | 6 | 7 | 8 | 1 | 2 | 3 | 4 | 5 |

## 月建(中卦)

| 月別 | 戊寅 正月大 | 己卯 二月小 | 庚辰 三月大 | 辛巳 四月小 | 壬午 五月小 | 癸未 六月大 | 癸未 閏六月小 | 甲申 七月大 | 乙酉 八月小 | 丙戌 九月大 | 丁亥 十月大 | 戊子 十一月大 | 己丑 十二月小 |
|---|---|---|---|---|---|---|---|---|---|---|---|---|---|
| 月建 | 6 | 2 | 1 | 4 | 2 | 1 | 6 | 4 | 1 | 6 | 4 | 2 | 4 |

## 日辰(下卦)

| 月別 / 初日 日辰 / 日別 | | 初一日 | 初二日 | 初三日 | 初四日 | 初五日 | 初六日 | 初七日 | 初八日 | 初九日 | 初十日 | 十一日 | 十二日 | 十三日 | 十四日 | 十五日 | 十六日 | 十七日 | 十八日 | 十九日 | 二十日 | 卄一日 | 卄二日 | 卄三日 | 卄四日 | 卄五日 | 卄六日 | 卄七日 | 卄八日 | 卄九日 | 三十日 |
|---|---|---|---|---|---|---|---|---|---|---|---|---|---|---|---|---|---|---|---|---|---|---|---|---|---|---|---|---|---|---|---|
| 正月大 | 戊戌 | 2 | 2 | 2 | 1 | 1 | 1 | 3 | 2 | 2 | 3 | 2 | 1 | 2 | 3 | 3 | 2 | 1 | 1 | 1 | 3 | 3 | 3 | 2 | 2 | 3 | 1 | 3 | 2 | 2 | 2 |
| 二月小 | 戊辰 | 2 | 3 | 3 | 1 | 3 | 3 | 3 | 1 | 1 | 3 | 3 | 2 | 2 | 1 | 1 | 2 | 3 | 3 | 1 | 2 | 2 | 3 | 3 | 3 | 3 | 2 | 1 | 2 | 1 | 1 |
| 三月大 | 丁酉 | 2 | 3 | 3 | 3 | 2 | 2 | 2 | 1 | 3 | 3 | 1 | 3 | 2 | 3 | 1 | 1 | 3 | 2 | 2 | 2 | 1 | 1 | 1 | 3 | 3 | 1 | 2 | 1 | 3 | 3 |
| 四月小 | 丁卯 | 3 | 3 | 1 | 1 | 2 | 1 | 1 | 1 | 2 | 2 | 1 | 1 | 3 | 3 | 2 | 2 | 3 | 1 | 1 | 2 | 3 | 3 | 1 | 1 | 1 | 1 | 3 | 2 | 3 | 2 |
| 五月小 | 丙申 | 3 | 3 | 1 | 1 | 1 | 3 | 3 | 3 | 2 | 1 | 1 | 2 | 1 | 3 | 1 | 2 | 2 | 1 | 3 | 3 | 3 | 2 | 2 | 2 | 1 | 1 | 2 | 3 | 2 | 1 |
| 六月大 | 乙丑 | 2 | 2 | 2 | 2 | 3 | 3 | 1 | 3 | 3 | 3 | 1 | 1 | 3 | 3 | 2 | 2 | 1 | 1 | 2 | 3 | 3 | 1 | 2 | 2 | 3 | 3 | 3 | 3 | 2 | 1 |
| 閏六月小 | 乙未 | 2 | 1 | 1 | 2 | 2 | 2 | 1 | 1 | 1 | 3 | 2 | 2 | 3 | 2 | 1 | 2 | 3 | 3 | 2 | 1 | 1 | 1 | 3 | 3 | 3 | 2 | 2 | 3 | 1 | 3 |
| 七月大 | 甲子 | 1 | 3 | 3 | 3 | 3 | 1 | 1 | 2 | 1 | 1 | 1 | 2 | 2 | 1 | 1 | 3 | 3 | 2 | 2 | 3 | 1 | 1 | 2 | 3 | 3 | 1 | 1 | 1 | 1 | 3 |
| 八月小 | 甲午 | 2 | 3 | 2 | 2 | 3 | 3 | 3 | 2 | 2 | 2 | 1 | 3 | 3 | 1 | 3 | 2 | 3 | 1 | 1 | 3 | 2 | 2 | 2 | 1 | 1 | 1 | 3 | 3 | 1 | 2 |
| 九月大 | 癸亥 | 3 | 2 | 1 | 1 | 1 | 1 | 2 | 2 | 3 | 2 | 2 | 2 | 3 | 3 | 2 | 2 | 1 | 1 | 3 | 3 | 1 | 2 | 2 | 3 | 1 | 1 | 2 | 2 | 2 | 2 |
| 十月大 | 癸巳 | 1 | 3 | 1 | 3 | 3 | 1 | 1 | 1 | 3 | 3 | 3 | 2 | 1 | 1 | 2 | 1 | 3 | 1 | 2 | 2 | 1 | 3 | 3 | 3 | 2 | 2 | 2 | 1 | 1 | 2 |
| 十一月大 | 癸亥 | 3 | 2 | 1 | 1 | 1 | 1 | 2 | 2 | 3 | 2 | 2 | 2 | 3 | 3 | 2 | 2 | 1 | 1 | 3 | 3 | 1 | 2 | 2 | 3 | 1 | 1 | 2 | 2 | 2 | 2 |
| 十二月小 | 甲午 | 1 | 3 | 1 | 3 | 3 | 1 | 1 | 1 | 3 | 3 | 3 | 2 | 1 | 1 | 2 | 1 | 3 | 1 | 2 | 2 | 1 | 3 | 3 | 3 | 2 | 2 | 2 | 1 | 1 | 2 |

## 五行屬姓

金姓=徐黃韓成南柳申安郭盧裵文王元梁方杜河白
楊片慶蔣晋邵班陰張

木姓=金朴趙崔兪洪曺劉高孔車康廉朱陸董虞周延秋固鼎簡火

水姓=吳呂禹奇許蘇馬魯乜余千孟卞卜尙魚庚龍牟毛南宮皇甫
鮮于東方阜梅

火姓=李尹鄭姜蔡羅愼辛丁全邊池石陳吉玉卓鄧薛咸具秦唐宣段

土姓=宋權閔任林嚴孫皮丘都田沈奉明甘玄睦仇童貢陶牛冉

이 五行屬姓은 本 土亭秘訣 내용 중에 稱하는 姓氏(木姓・土星 등)에 적용된다.

西紀 2026年
檀紀 4359年

# 丙午年 松亭 土亭秘訣 作卦 早見表(병오년 송정 토정비결 작괘 조견표)

송정 토정비결 작괘 조견표

### 太歲(上卦)

| | | | | | | | | | | | | | | | | | | | | |
|---|---|---|---|---|---|---|---|---|---|---|---|---|---|---|---|---|---|---|---|---|
| 年齡 | 丙午 一세 | 乙巳 二세 | 甲辰 三세 | 癸卯 四세 | 壬寅 五세 | 辛丑 六세 | 庚子 七세 | 己亥 八세 | 戊戌 九세 | 丁酉 十세 | 丙申 一一 | 乙未 一二 | 甲午 一三 | 癸巳 一四 | 壬辰 一五 | 辛卯 一六 | 庚寅 一七 | 己丑 一八 | 戊子 一九 | 丁亥 二〇 |
| 太歲 | 1 | 2 | 3 | 4 | 5 | 6 | 7 | 8 | 1 | 2 | 3 | 4 | 5 | 6 | 7 | 8 | 1 | 2 | 3 | 4 |
| 年齡 | 丙戌 二一 | 乙酉 二二 | 甲申 二三 | 癸未 二四 | 壬午 二五 | 辛巳 二六 | 庚辰 二七 | 己卯 二八 | 戊寅 二九 | 丁丑 三〇 | 丙子 三一 | 乙亥 三二 | 甲戌 三三 | 癸酉 三四 | 壬申 三五 | 辛未 三六 | 庚午 三七 | 己巳 三八 | 戊辰 三九 | 丁卯 四〇 |
| 太歲 | 5 | 6 | 7 | 8 | 1 | 2 | 3 | 4 | 5 | 6 | 7 | 8 | 1 | 2 | 3 | 4 | 5 | 6 | 7 | 8 |
| 年齡 | 丙寅 四一 | 乙丑 四二 | 甲子 四三 | 癸亥 四四 | 壬戌 四五 | 辛酉 四六 | 庚申 四七 | 己未 四八 | 戊午 四九 | 丁巳 五〇 | 丙辰 五一 | 乙卯 五二 | 甲寅 五三 | 癸丑 五四 | 壬子 五五 | 辛亥 五六 | 庚戌 五七 | 己酉 五八 | 戊申 五九 | 丁未 六〇 |
| 太歲 | 1 | 2 | 3 | 4 | 5 | 6 | 7 | 8 | 1 | 2 | 3 | 4 | 5 | 6 | 7 | 8 | 1 | 2 | 3 | 4 |
| 年齡 | 丙午 六一 | 乙巳 六二 | 甲辰 六三 | 癸卯 六四 | 壬寅 六五 | 辛丑 六六 | 庚子 六七 | 己亥 六八 | 戊戌 六九 | 丁酉 七〇 | 丙申 七一 | 乙未 七二 | 甲午 七三 | 癸巳 七四 | 壬辰 七五 | 辛卯 七六 | 庚寅 七七 | 己丑 七八 | 戊子 七九 | 丁亥 八〇 |
| 太歲 | 5 | 6 | 7 | 8 | 1 | 2 | 3 | 4 | 5 | 6 | 7 | 8 | 1 | 2 | 3 | 4 | 5 | 6 | 7 | 8 |
| 年齡 | 丙戌 八一 | 乙酉 八二 | 甲申 八三 | 癸未 八四 | 壬午 八五 | 辛巳 八六 | 庚辰 八七 | 己卯 八八 | 戊寅 八九 | 丁丑 九〇 | 丙子 九一 | 乙亥 九二 | 甲戌 九三 | 癸酉 九四 | 壬申 九五 | 辛未 九六 | 庚午 九七 | 己巳 九八 | 戊辰 九九 | 丁卯 一〇〇 |
| 太歲 | 1 | 2 | 3 | 4 | 5 | 6 | 7 | 8 | 1 | 2 | 3 | 4 | 5 | 6 | 7 | 8 | 1 | 2 | 3 | 4 |

### 月建(中卦)

| 月別 | 庚寅 正月大 | 辛卯 二月小 | 壬辰 三月大 | 癸巳 四月小 | 甲午 五月小 | 乙未 六月大 | 丙申 七月小 | 丁酉 八月大 | 戊戌 九月小 | 己亥 十月大 | 庚子 十一月大 | 辛丑 十二月大 |
|---|---|---|---|---|---|---|---|---|---|---|---|---|
| 月建 | 3 | 6 | 5 | 2 | 5 | 4 | 1 | 6 | 3 | 1 | 5 | 3 |

### 日辰(下卦)

| 月別 | 初日 日辰 | 初一日 | 初二日 | 初三日 | 初四日 | 初五日 | 初六日 | 初七日 | 初八日 | 初九日 | 初十日 | 十一日 | 十二日 | 十三日 | 十四日 | 十五日 | 十六日 | 十七日 | 十八日 | 十九日 | 二十日 | 廿一日 | 廿二日 | 廿三日 | 廿四日 | 廿五日 | 廿六日 | 廿七日 | 廿八日 | 廿九日 | 三十日 |
|---|---|---|---|---|---|---|---|---|---|---|---|---|---|---|---|---|---|---|---|---|---|---|---|---|---|---|---|---|---|---|---|
| 正月大 | 壬戌 | 3 | 1 | 3 | 2 | 2 | 2 | 2 | 3 | 3 | 1 | 3 | 3 | 3 | 1 | 1 | 3 | 3 | 2 | 2 | 1 | 1 | 2 | 3 | 3 | 1 | 2 | 2 | 3 | 3 | 3 |
| 二月小 | 壬辰 | 3 | 2 | 1 | 2 | 1 | 1 | 2 | 2 | 2 | 1 | 1 | 1 | 3 | 2 | 2 | 3 | 2 | 1 | 2 | 3 | 3 | 2 | 1 | 1 | 1 | 3 | 3 | 3 | 2 | 2 |
| 三月大 | 辛酉 | 3 | 1 | 2 | 1 | 3 | 3 | 3 | 3 | 1 | 1 | 2 | 1 | 1 | 1 | 2 | 2 | 1 | 1 | 3 | 3 | 2 | 2 | 3 | 1 | 1 | 2 | 3 | 3 | 1 | 1 |
| 四月小 | 辛卯 | 1 | 1 | 3 | 2 | 3 | 2 | 2 | 3 | 3 | 3 | 2 | 2 | 2 | 1 | 3 | 3 | 1 | 3 | 2 | 3 | 1 | 1 | 3 | 2 | 2 | 2 | 1 | 1 | 1 | 3 |
| 五月小 | 庚申 | 1 | 1 | 2 | 3 | 2 | 1 | 1 | 1 | 1 | 2 | 2 | 3 | 2 | 2 | 2 | 3 | 3 | 2 | 2 | 1 | 1 | 3 | 3 | 1 | 2 | 2 | 3 | 1 | 1 | 2 |
| 六月大 | 己丑 | 3 | 3 | 3 | 3 | 2 | 1 | 2 | 1 | 1 | 2 | 2 | 2 | 1 | 1 | 1 | 3 | 2 | 2 | 3 | 2 | 1 | 2 | 3 | 3 | 2 | 1 | 1 | 1 | 3 | 3 |
| 七月小 | 己未 | 3 | 2 | 2 | 3 | 1 | 3 | 2 | 2 | 2 | 2 | 3 | 3 | 1 | 3 | 3 | 3 | 1 | 1 | 3 | 3 | 2 | 2 | 1 | 1 | 2 | 3 | 3 | 1 | 2 | 2 |
| 八月大 | 戊子 | 3 | 1 | 1 | 1 | 1 | 3 | 2 | 3 | 2 | 2 | 3 | 3 | 3 | 2 | 2 | 2 | 1 | 3 | 3 | 1 | 3 | 2 | 3 | 1 | 1 | 3 | 2 | 2 | 2 | 1 |
| 九月小 | 戊午 | 1 | 1 | 3 | 3 | 1 | 2 | 1 | 3 | 3 | 3 | 3 | 1 | 1 | 2 | 1 | 1 | 1 | 2 | 2 | 1 | 1 | 3 | 3 | 2 | 2 | 3 | 1 | 1 | 2 | 3 |
| 十月大 | 丁亥 | 1 | 1 | 2 | 2 | 2 | 2 | 1 | 3 | 1 | 3 | 3 | 1 | 1 | 1 | 3 | 3 | 3 | 2 | 1 | 1 | 2 | 1 | 3 | 1 | 2 | 2 | 1 | 3 | 3 | 3 |
| 十一月大 | 丁巳 | 2 | 2 | 2 | 1 | 1 | 2 | 3 | 2 | 1 | 1 | 1 | 1 | 2 | 2 | 3 | 2 | 2 | 2 | 3 | 3 | 2 | 2 | 1 | 1 | 3 | 3 | 1 | 2 | 2 | 3 |
| 十二月大 | 丁亥 | 1 | 1 | 2 | 2 | 2 | 2 | 1 | 3 | 1 | 3 | 3 | 1 | 1 | 1 | 3 | 3 | 3 | 2 | 1 | 1 | 2 | 1 | 3 | 1 | 2 | 2 | 1 | 3 | 3 | 3 |

## 五行屬姓

金姓=徐黃韓成南柳申安郭盧裵文王元梁方杜河白
楊片慶蔣晋邵班陰張

木姓=金朴趙崔兪洪曺劉高孔車康廉朱陸董虞周延秋固鼎簡火

水姓=吳呂禹奇許蘇馬魯乜余千孟卞卜尙魚庚龍牟毛南宮皇甫
鮮于 東方 皐梅

火姓=李尹鄭姜蔡羅愼辛丁全邊池石陳吉玉卓鄧薛咸具秦唐宣段

土姓=宋權閔任林嚴孫皮丘都田沈奉明甘玄睦仇童貢陶牛冉

이 五行屬姓은 本 土亭秘訣 내용 중에 稱하는 姓氏(木姓土星 등)에 적용된다。